U0867921

TEAM OF TEAMS

赋能

打造应对不确定性的敏捷团队

[美] 斯坦利·麦克里斯特尔（Stanley McChrystal） 坦吐姆·科林斯（Tantum Collins）
戴维·西尔弗曼（David Silverman） 克里斯·富塞尔（Chris Fussell）◎著
林爽喆◎译

NEW RULES OF ENGAGEMENT FOR
A COMPLEX WORLD

中信出版集团 · 北京

图书在版编目（CIP）数据

赋能：打造应对不确定性的敏捷团队 /（美）斯坦利·麦克里斯特尔等著；林爽喆译. -- 北京：中信出版社，2017.12（2025.12 重印）

书名原文：Team of Teams

ISBN 978-7-5086-7655-5

I. ①赋… II. ①斯… ②林… III. ①企业管理 IV. ①F272

中国版本图书馆CIP数据核字（2017）第119332号

Team of Teams

First published by Portfolio / Penguin, an imprint of Penguin Publishing Group, a division of Penguin Random House LLC, 2015.

Copyright © 2015 by McChrystal Group LLC.

All rights reserved including the right of reproduction in whole or in part in any form.

This edition published by arrangement with Portfolio, an imprint of Penguin Publishing Group, a division of Penguin Random House LLC, arrangement through Andrew Nurnberg Associates International Ltd.

Simplified Chinese translation copyright © 2017 by CITIC Press Corporation

本书仅限中国大陆地区发行销售

赋能——打造应对不确定性的敏捷团队

著　　者：[美] 斯坦利·麦克里斯特尔，坦吐姆·科林斯，戴维·西尔弗曼，克里斯·富塞尔

译　　者：林爽喆

出版发行：中信出版集团股份有限公司

（北京市朝阳区东三环北路 27 号嘉铭中心　邮编　100020）

承 印 者：河北鹏润印刷有限公司

开　　本：787mm×1092mm　1/16　　印　　张：24　　字　　数：270 千字

版　　次：2017 年 12 月第 1 版　　印　　次：2025 年 12 月第 55 次印刷

京权图字：01-2015-8586

书　　号：ISBN 978-7-5086-7655-5

定　　价：58.00 元

版权所有·侵权必究

如有印刷、装订问题，本公司负责调换。

服务热线：400-600-8099

投稿邮箱：author@citicpub.com

献给

历史上所有与不确定性做斗争的人

尤其感谢那些为本书提供个人经验的人

包括军界、私人部门以及学术界的朋友

没有你们英勇的事迹以及睿智的贡献，本书不可能完成

· 目　录 ·

· 第二部分 ·

化繁为简

· 第三部分 ·
信息共享

·　第四部分　·
赋　能

· 第五部分 ·
走在时代前面

推荐序

无论是在商场还是在战场上，快速反应和适应能力都至关重要，在技术和干扰性力量导致变革速度加快的时代更是如此。这就要求有新的沟通方式，有新的协作方式。当今世界，创造是协同合作的产物，创新是团队努力的结果。

任何想在这种新环境中获得胜利的组织，都可以从本书中学到东西。本书生动描述了麦克里斯特尔将军担任驻伊拉克、阿富汗美军司令官时的真实经历，并以此为基础告诉大家，一个组织应该如何重新创造自己，包括打破藩篱、跨部门协作，而且当真正的团队工作和协作达成后，也要对整个系统的敏捷反应进行驾驭。

我在研究数码时代的创新时，就注意到了这种现象。最伟大的创新并非来自单个的发明家，那种自上而下、指挥控制式的解决问题方式也产生不了最伟大的创新。真正伟大的成功，是一群团队为了共同目标协同工作的结果，计算机、晶体管、微芯片和互联网的发明，概莫能外。

很多人都错误地以为史蒂夫·乔布斯是一个孤独的、远见卓识的专制领导者。我曾经问过他在创造的那么多东西里哪件最令他骄傲，当时我觉得他会说麦金塔电脑或iPhone（苹果手机），没想到，他却说这些产品都是协同工作的产物。他说，他所创造的最令他自豪的东西是他所打造的团队——从20世纪80年代在一面海盗旗下召集起来的最初的麦金塔电脑团队，到2011年4月他退休前组建的团队，莫不如此。

今日世界正处于快速的变化中，其标志就是发展速度更快，各种因素彼此依赖度更高。这意味着无论在任何地方，从全球恐怖主义到流行病，从供应链被干扰到颠覆性技术的出现，各类组织都要面临令其目眩的挑战。要想解决这些问题，就要建立一支由小团队构建而成的大团队，从而使整个组织具备持续的适应能力。

高速网络和电子通信意味着协作可以实时进行，也必须实时进行。分布式的互联网、去中心化的网状架构使每个人都有能力参与这种协作。同样，实时创新、实时解决问题的必要性，也要求一体化领导、透明化领导，这也使每个团队成员都能获得权力。

这种新的环境也使"基地"组织获得了突出的优势，其网状架构的组织由此能够进行实时快速打击及重新布局，并且实现全球各地行动的一体化。一开始，"基地"组织凭借这种优势压倒了麦克里斯特尔将军率领的特遣部队。而后者作为一支传统的、秘密的、各自为政的、等级森严的军事集团，其设定已经落伍，难以应对新时代的问题。

令人吃惊的是，解决上述问题的办法在于改变管理架构。美国及其盟国的军队必须彻底改变其特种作战行动集群的运作方式，改变其发动反恐战争的方式。

麦克里斯特尔将军及其同僚们的经历，以及他们对其他人经历的审视，使他们意识到，在我们所处的网络化世界中，规模的复杂性使这种简化式的管理方式[①]在解决相关问题时已经无效。效率虽然是必不可少的，但如果想要成为成功的组织，光有效率还不够。简化式的管理方式在 20 世纪曾经奏效，但现在诸如恐怖分子、新兴网络公司、病毒式传播这些“小玩家”所具备的快速和夸张的影响力已经迅速压倒了它。

以规划、预测为基础的管理模式不再适应当今的挑战，新时期管理模式的基础须对变化中的各种状况都能够弹性十足地适应。组织必须网络化，而不是条块化，这样才能成功。组织的目标不应当再是追求效率，而是让自己获得持续适应的能力。这要求组织模式和精神模式有巨大的变化，还要求领导层持续努力地为这样的变化创造适宜的环境。

麦克里斯特尔将军领导特遣部队的经历为我们提供了一个实证：在所有组织里，如何才有可能达成这样的巨大变化。将军及其团队先是认清了“基地”组织适应力强和网络化的特质，他们随即开始探索一个问题：传统组织为何适应力不强？他们得出的结论之一就是，灵敏、适应力强在正常情况下是小型团队才具备的特质。他们开始探索小型团队的适应力能够如此之强的一些特点，诸如互相信任、目标一致、感知类同以及单个成员能获得行动授权。他们同样也认清了传统团队存在的局限性，比如组织中各团队之间的“断点”，协作的链条正

① 简化式的管理方式，即“还原式”，将复杂问题拆解成一个个简单问题，并让各团队、个人分别去完成的管理方式。——译者注

是从这里开始断裂。

本书要详细讲述的第一课，是将各小型团队内部存在的适应力强和内聚力强的优点扩大到企业这一级别规模。这包括建立一支由小团队构成的大团队，从而孕育跨部门协作。这样就能在整个组织内驾驭许多团队和个人的观念与行动。创新和解决问题成为团队工作的产物，而不是单个工程师谋划的结果。

要做到这一点，就需要透明度，保证互相理解和感知类同，还经常需要改变物理空间布局和所有人的行为，从而建立互信，培育协作精神。这样就能培养背景分享的能力，使得所有团队去中心化，并且赋能每个成员可以单独行动。当决定向下传达，允许成员快速行动，这种新的方式同样要求改变传统上“领导者”的概念。领导者的角色将不再是“指挥与控制”的宏观管理者，其作用将是创造一个更为宽松的环境。

在多支团队之间，驾驭、分享每支团队所拥有的实力和经验，能够使特遣部队司令部快速适应前线瞬息万变的情况，并且提出创新的解决方法，而这些都不是自上而下的管理模式所能带来的结果。

正如作者表明的那样，这些课程对于商业组织和其他类型组织一样适用。麦克里斯特尔将军现在正在阿斯彭研究所领导一个项目，该项目使所有美国青年都能获得并满足在军事机构或民事机构为国效力一年的机会和期待。参与到这样一个机构团队中，人们可以学习团队协作、沟通目标，并且被授权自行做出决定，也就是去中心化。当然，学习这些东西的途径还有很多。

无论你在哪个领域，无论你处于哪个领导层级，这些观念和技能都是有必要学习的。除了畅快、缤纷的阅读体验，读者还能通过这本书领略组织变化，深度理解团队协作，因为在今日快速变动的环境下，团队协作是必不可少的。

沃尔特·艾萨克森

《史蒂夫·乔布斯传》作者

自　序

“我们当然知道危险，但我们别无选择。”

阿富汗内政部长身材瘦削，语调柔和，举止得体，因此他的声明往往使用一种耐心解释的语气，而不是愤怒或辩解的口气。这位内政部长年轻时在对苏战争中失去了一条腿，因此走路时一瘸一拐，有些难堪，但他的智慧和精力毋庸置疑，而他有关重塑“后9·11”时代阿富汗的承诺也毋庸置疑。

他讲话时，我认真地听着。

我们在谈论阿富汗的警察，而这正是穆罕默德·哈尼富·阿特马尔负责的领域。这些阿富汗警察在塔利班肆虐区域各个孤立的驻扎地正在承受着可怕的伤亡率。训练不足，装备不精良，领导不力，新招收的警察又经常沉迷于毒品、腐败，甚至还会沦为暴乱的牺牲品。内政部只能不断招收新的警察，而且还没对他们进行训练就把他们部署到行动区域。看到这种情景自然非常有挫败感，但由于一大堆理由的存在，阿特马尔觉得自己别无选择。

我们大多数人都会认为，在准备不充分的情况下行事不太明智，希望等到装备全数到位、成员全部经过良好训练后再行出击。但读者会发现，我们所处的局面就是准备不充分的局面。在写作本书的过程中，我们发现哪怕在远离战场的领域，我们的领导者和组织每天所面临的也是这种准备不充分的局面。

这个故事发生时，正好是精锐军事组织——联合特种行动特遣部队（本书简称为特遣部队）——在战争中进行彻底变革之际。在这种变革中的我们，犹如一支专业橄榄球队在打一场关键比赛时，上半场摆出攻击阵型，下半场却摆出了防守阵势，不过现实中的变化比这种变化还要剧烈。特遣部队的转变更接近于一支原本打橄榄球的队伍，现在改打篮球，进而忽然发现自己原先养成的习惯和观念必须像橄榄球的保护裤和球鞋一样被扔掉。

但橄榄球也好，篮球也罢，无非就是一场游戏、一项运动，而全球反恐战争从20世纪70年代后不断发酵，未曾止歇，并在“9·11”恐怖袭击事件后进入白热化阶段。特遣部队为此先是在阿富汗厮杀，然后随着战事扩大，导致更广阔的中东都成为战场。

2003年春天我们进入伊拉克。一开始这是一次大规模常规军事行动，目标在于推翻萨达姆·侯赛因政权。但到了2003年秋季，这场战争逐渐变成了苦战：越来越多深怀挫败感的逊尼派穆斯林开始团结在颇具个人魅力的约旦极端分子阿布·穆萨布·扎卡维的麾下。第二年，我们（我在2003年10月再次加入特遣部队）发现自己正在陷入一场苦战，并且这场苦战从一开始就不单单是血腥的，而且是让我们晕头转向的。

特遣部队没有主动选择变化，而是被逼着变化的。我们拥有海量资源，并且训练有素，却还是败给了敌人。按照以前的估计，对付这些敌人，我们应该是占据绝对优势的。但随着时间的推移，我们逐渐意识到，相对于敌人，我们却在一个方面处于更为不利的态势：我们受训及制订计划时所针对的环境，与我们实际面临的环境存在根本性差别。事态的快速进展和各因素的互相关联形成了新的动态，而这种动态正在侵蚀我们所建立的以时间至上为宗旨的做事方式和文化。

在我们的彻底变革中，很少有计划之中的事，也很少有计划是因为我们的事先预见而制订出来的。我们开始不断地进行“改变—评估—再改变”这样的快速循环。直觉和得之不易的经验成为我们的明灯，虽然它昏暗朦胧，但还是指引着我们走出迷雾、走出分歧。随着时间的推移，我们意识到我们并未寻求完美的解决方案，事实上也不存在完美的解决方案。我们正处于一个新环境中，21 世纪多种因素和人类永恒互动的综合作用，使得我们需要充满活力，需要不断适应新环境的做事方式。对于一名西点军校培养出来的军人工程师而言，我难以接受这样的观念：一个问题在不同的时间可以有不同的解决方式，但这就是事实。

幸运的是，与我一同效力的专业人士都有一个共同的特质：对于完成任务有着近乎难以解释的狂热。伊朗人质危机让人们意识到美军的失败之处，于是特遣部队应运而生了；而“沙漠一号”[①]行动中坠毁的飞机以及烧焦的美国军人尸体的照片，也使得特遣部队有强烈的取胜欲望。于是，在 21 世纪的第一个 10 年里，我们在苦战中不断地寻求变化，先是遏制住了伊拉克“基地”组织造成的威胁，接着又削弱了这种威胁。

到 2008 年年初，目标已然可见，特遣部队不断地进行适应，让自己改头换面，从而成为一个全新的组织——一个通过完全不同的程序和关系运转的组织。我们对作战如此投入，以至一直在思考和谈论我们正在做的事

① “沙漠一号”，是 1980 年美国营救德黑兰被劫持人质的行动代号，当时美军采取远程空投的方式执行任务，但最终还是失败了。

情。但这种经验若想成为真正关注的焦点，必要前提是我们有机会对这种经验进行解构、研究，然后据此得出有效的结论。这也是本书的切入点所在。

2010 年我退役了，和几个前同事一起开始探寻一个问题：我们共同的经验是独一无二的一种巧合，且只能在 2003 年后的伊拉克出现，还是这其实是一个更广阔的、已经有所改变的环境的缩影，并且能够对今日世界的几乎每一个组织都能产生影响？我们怀疑后者是真实情况，但还是决定开启一段旅程去发现真相。

这本书是 4 位完全不同的作者的劳动结晶，其中 3 位作者有战争经历，而另一位作者与我们一样痴迷、狂热于这一课题。戴维 · 西尔弗曼 1998 年毕业于海军学院，并且成为海豹突击队队员。他先是在伊拉克作战，于 2009 年突然被调到阿富汗与我一起在国际安全援助部队司令部服役。克里斯 · 富塞尔也曾经是名海豹突击队队员，他在海军特战开发小组效力了十多年，其中一年还在特遣部队中担任我的副官，之后又前往位于蒙特利尔的海军研究生学院学习多组织融合细胞。坦吐姆 · 科林斯或者说我们所认识的“泰迪熊”，是我稍后遇到的一位。我在 2010 年以后一直在耶鲁大学教书，坦吐姆 · 科林斯是一名领导人培训班的本科学员。他给我留下了不可磨灭的印象，促使我们向他提出，希望他在毕业后的第一年（之后他要前往英国，以马歇尔奖学金获得者的身份进入剑桥大学学习）负责总结我们的经验，并且负责领导这本书所要探讨的问题的研究工作。在这曲“四重奏”中，我起到的是锦上添花的作用，与同人相比，这本书对于我而言更具里程碑意义，在对这个关键性的创意进行检视的过程中，我在团队中与其说是老师，不如说是学生。

撰写一本书来帮助人们打造、领导复杂的团队，并非一个能够轻易做出的决定。书架上充斥了各种书，其价值也各不相同。商业权威和管理咨询师会通过这些书给老总们灌输各种互相矛盾的建议，从而让老总们晕头转向。但我们在特遣部队服役期间所获得的经验，让我们对自己在过去已经得出的结论重新进行检视，因为各类组织的复杂程度都已经大大增强。

首先，固然特遣部队在伊拉克一地奋战，但不可否认的是，与我们匹敌的是一支世界级的团队。坦率地说，“基地”组织并非一群超人在一个睿智大佬操纵下形成的残忍而极富天才的组织。他们虽然强悍、灵活、韧性十足，但在更多的情况下，他们缺乏训练，而且资源不足。同时，他们固执己见，行为及观点也非常极端。当然，21 世纪各种因素的汇集，也使得“基地”组织获益匪浅，他们的力量和能力也因此成倍地增强。与其说“基地”组织通过自身的聪明才智获得了巨额金钱，不如说他们类似于在硅谷车库中崛起的那批暴发户——怀揣着一个创意或者产品，从而积累起让人感到不可思议的财富。

其次，也是最重要的一点，这些因素并非伊拉克所独有，也并非战争所独有，它们几乎每天都在影响我们的生活和各类机构。与父辈相比或与祖父辈相比，我们既不懒也不笨，但适用于他们的经验却就是无法成为我们获取成功的诀窍。我们别无选择，只有理解并且适应这些变化。在未来的几年里，能否做到这一点将决定我们是否能成功。

想要在这个新时代里获得成功，就要面临许多挑战、面对许多复杂的局面，阅读本书并不能减轻上述挑战的难度，也不能使复杂局面有所简化。不过，这本书提供了一扇窗户，通过它你可以了解上述挑战、了解上述复杂的局面；此外，它也描绘出一条道路，使得一个组织能够沿着这条道路到达成功的彼岸。

为了能够有效地剖析这个课题，我们的研究沿着两条线索进行。首先，我们建立了麦克里斯特尔集团，与一些民间公司密切合作，而这些公司自身也需要调整以适应日益复杂、快速变化的环境。在此期间，我们聚集起一批有才华、年轻并且成熟的人才，他们有的是民间人士，有的曾经在军队或情报机构服务，有的是专业人士，也有的是学院派人员和实践者，这实在让人惊喜。能够与这些合作伙伴在现场协同工作，我们能够直面所有正在变化的因素——曾经让人感到舒适的常量演变成了变量；曾经可以预见的因素开始难以预测；在领导和管理工作中传统的模式也由此受到挑战；对于许多成功的机构来说，曾经完美运转的事物如今似乎开始趋于无效。

其次，除了直接介入上述领域以外，我们还开始试图研究在其他领域和理论维度中的此类现象，以观察在这些领域和理论维度中，如果我们同样进行仔细的研究是否能够得出类似的结论。在很大程度上，我们的确得出了类似的结论。我们还检视了已经出版的著述，拜访了那些慷慨匀出时间与我们进行交流的专家，并同他们在许多领域进行了探讨。然后，我们把自己的个人经历放在显微镜下进行检视，发现得出的一些结论与他们睿智的论断是相悖的。我们并非学院派，不过我们更愿意让学院派来指导我们得出更站得住脚的结论。

一个有关大人物和小人物的故事

固然，在本书中充斥着我们与“基地”组织进行作战的经历，但这并非一本关于战争的书。书中的人物远不只是军人，这是一个关于大人物与小人物的故事，关于蝴蝶、园丁以及象棋大师的故事。读者会看到黏滑的蟾蜍、神秘的野兽、叮当作响的机器以及敏感的生态系统。

我们希望帮助读者理解，在当今世界中哪些东西已经与以前不同，对此我们又必须做些什么。我们认为，人们对于效率依然会孜孜以求，但达到这一目的的方式必须有所变化。效率依然是重要的，但更加不可或缺的是调整适应不确定性并且持续变化的能力。运用我们在战争中的经验，结合商业、医院、非政府机构的一系列案例以及其他各类似是而非的信息来源，我们将问题的表象铺陈出来，并且展示其根源，告诉大家应对之策。我们和其他人在实践中发现，这些应对之策是卓有成效的。读者们将会理解和检视上述这些人和机构所面临的挑战，并且对于如何应对这些挑战有所启迪。

在本书中，我们不会提供一系列的办法清单，或者关于“该怎么做”的手册，而是会通过五个部分，也就是五个步骤，让读者从看到问题开始，最终抵达解决问题的彼岸。

第一部分，应对不确定性。2004 年在伊拉克，全球最为精锐的反恐部队与一群看似落后的极端分子正在苦战。我们会揭示出令人意外的一点：我们最大的挑战并非来自敌人，而是来自全新的环境，这种环境的变化已经到了令人头晕目眩的程度，而且正是在这种环境中，我们要进行军事行动。同时，挑战还来自如何运用我们自己机构中的一些特征。为了让读者理解这种挑战，我们的视线会回到弗雷德里克·温斯洛·泰勒的工厂车间中，回溯过去 150 年间人们如何渴求效率，并且回溯对于效率的这种渴求是如何塑造我们的组织，又如何塑造了管理组织的人。然后，我们会仔细检视当今世界的运转速度在不断加快，各部分之间的联系在不断加强，从而构筑起多层次的复杂性，即便是工业时代最具效率的机构，面对这种复杂性也会感到困扰。而且我们发现，为了应对这种不确定性，组织必须不断地进行调整以便适应，这不以人的意志为转移，而且即便是大数据也无法缓解这种调整的迫切性，这会令我们感到十分失望。

第二部分，化繁为简。这部分将检视团队中的魔术和秘密。读者首先会发现自己身处布里格姆女子医院的手术室，化身为外科大夫，试图拯救在2013年波士顿马拉松爆炸案中受伤的遇难者；读者会发现自己卧倒在“马士基–阿拉巴马”号的滚动甲板上，身旁就是海豹突击队的狙击手，这些神枪手的子弹从索马里海盗手上救出了菲利普斯船长。一些伟大的小团体之间是如何建立起互信和共同目标的？它们又是如何摈弃把一个个的超人捏合起来形成一支超级团队这样的理念的？我们会剖析这一过程。其次，我们会爬上3万英尺（9144米）的高空，来到1978年12月被噩运笼罩的美国联合航空公司173号航班的驾驶舱里，看看训练有素的空乘人员面临的是怎样让他们头晕目眩的挑战，并且研究一下他们需要进行哪些调整，就好比那些为了应付不断增加的不确定性而冒出来的关键任务小组。最后，让我们进入克拉斯诺威亚这片想象中的陆地，来探查为什么这么多的小团队和公司在成长到一定规模后反而步履蹒跚起来。而且我们会发现，即便是精锐的特遣部队也受到同样痼疾的困扰。

第三部分，信息共享。这部分将检视面对不断的变化和极大增加的不确定性，我们该如何自处。这些变化和不确定性本身就以其不可思议的速度在鞭策我们前进。美国航空航天局著名的阿波罗工程将人类首次送上太空，三角洲特种部队的战士在费卢杰奋战，我们就要从阿波罗飞船的发射台上开始，到费卢杰一架被敌人击中的直升机为止，让读者领略什么是

“共享意识”：一个组织内部如果具有透明性，并且拥有有效的沟通机制，就能产生意想不到的突出效果，即便是大的集团单位也是如此。而“囚徒困境”理论将揭示，在一个巨大组织中，看似简单的互信其实绝不是能够简单构建起来的。

第四部分，赋能。这部分将揭示在一个组织中赋能的历史、优点以及必要性——在每一次行动中推动处于相应层级的人自行决定、自行做主。读者将登上佩里海军准将那艘笨拙的战舰来到日本海岸，还会与我一起在伊拉克现场谨慎地决定哪些人可以生、哪些人要去死。通过一个 15 英寸（约 38 厘米）的塑料模型，我们会探查“双眼紧盯—两手放开”的领导模式。我们会检视传统上我们一直在寻求的那类领导人，并且理解为什么在新的环境中他们会成为濒危物种。最后，读者会与我一道坐在电话旁，看着我曾经如何试图通过电话会议驱动特遣部队，并且跟着我一起前往伊拉克和阿富汗的小型基地，正是在那里去完成最终的工作。通过这种方式，我们才能理解高级领导者崭新且日益重要的角色。

第五部分，走在时代前面。在这一部分，我们首先会仔细检视互信、共同目标、共享意识以及赋能是如何使我们能够成功地寻找到阿布·穆萨布·扎卡维的。我们会与亚历克西·德·托克维尔同行，他举起了镜子照出了美国的面容，他坚持认为在新的环境中，为了获取成功，甚至为了生存，组织和领导者必须进行根本性的变革。效率曾经是指引我们通往成功之路的明灯，如今却要让位于结构、流程以及思想形式的调整，而这些调整往往是令人不适的。

这并非科学研究或者临床实验的结果。我们并未宣称这些理念是原创的，也不是说这些结论是实践专家在历经数年研究后得出的成果。我们承认书中会有谬误，一些结论可能会被挑战。不过，我们运用了其他人的思想来帮助我们解释自己的经历，从而也相信读者能够获得实践经验和理论知识的有效结合，以应对我们所有人都要面临的日益严峻的挑战。

持续性挑战要求我们做出改变

2014年初夏，也就是本书即将完稿之际，逊尼派的战士在ISIS，也就是“伊拉克和大叙利亚伊斯兰国”的旗帜下展开行动，攻占了伊拉克城市摩苏尔，并且蜂拥南下，如同不可遏制的狂潮一般直扑巴格达。极具领袖魅力的阿布·贝克尔·巴格达迪掀起了ISIS的新一轮狂潮，这个人与阿布·穆萨布·扎卡维类似，后者是我们十几年前面对的一个恶棍，我们会在本书以相当长的篇幅讨论他。媒体上充斥着胜利的ISIS战士走过被废弃的伊拉克军车的场景，这象征着伊拉克政府的防御力量正以让人惊骇的方式崩溃，同样崩溃的还有伊拉克政府的威信。我们这些战争的老兵在远方看到这一切，无疑感到愤怒、受挫。要知道这片土地我们曾经驻足，我们曾经一码一码地用自己的鲜血浇灌，如今却被另一极端运动横扫，而他们的对手是人数和火力都占优势的政府军。

脑海中立刻浮现出一个问题：“赢得与‘基地’组织的战争，是不是已经成为一个残忍的幻象？”不过我们知道这并非幻象，我们曾经做过的事都是真实的；相反，伊拉克局势的最新发展印证了我们当初的经验。首先，面对着不给人喘息之机并持续变化着的环境，任何稍微满足于故步自封的人都会惨败。其次，我们控制的组织、我们确定的流程以及我们锻造并培育的关系与我们士兵的身体条件一样不再是一成不变的了，所以我们必须不停地领导一个组织向上攀登，达到其必须具备的状态，必要时甚至要推动组织这么做。如果停止推动并且组织不再前进，甚至安于现状，组织就会倒退。

在开始前，让我们再想一个问题。我们所有人都倾向于将失败归结于自己无法控制的外界因素，比如，“敌人有 10 英尺（约 3 米）高”，“我们被不公平地对待”，或者“从一开始这就是个不可能完成的任务”。同样，对于以前被证明有效的流程，我们也会觉得沿用起来没问题，却不去想这些流程到底还有没有效。如果按部就班地做了以前多次做过的事情，我们就很少会受到责备。不过成功的标准不应该是觉得舒服或避开责备，对于那些勤劳努力的人来说，天堂中或许有他们的一席之地，但在现实世界，成功才是唯一重要的事。如果改变才能换取成功，那么改变就是你的任务。

第一部分

应对不确定性

战士紧紧纠缠着不停扭曲变化的敌人的躯体。他手上的武器无数次被他用来杀戮，此刻依旧悬挂在他身边。这一次，他依然希望它能够发挥效用。他的双手被太阳晒得黝黑，当他试图把武器握得更紧时，双手一阵疼痛。在长达数年的时间里，他进行着一场不得人心的战争，如今，他要不惜一切代价回到故乡。

墨涅拉俄斯结束了特洛伊战争，正在回家的途中。他是斯巴达国王、阿伽门农勇猛的弟弟、美人海伦的丈夫。当归家的船只在法罗斯岛失事无法行进时，墨涅拉俄斯绝望了。[1] 女神厄多忒亚告诉墨涅拉俄斯，她的父亲是普罗透斯——海洋的主宰。[2] 如果墨涅拉俄斯想要从普罗透斯口中得知如何才能率领自己的人回到斯巴达，他就必须击败普罗透斯。

击败普罗透斯是困难的，因为这位神灵拥有一种特殊的能力：他是一个变形者，他有着多个外形。为此墨涅拉俄斯和他的手下只能用海豹皮把自己装扮起来，在海滩边卧倒埋伏。[3] 当全身遍布盐粒和海水泡沫的普罗透斯从翻滚的海水中出现时，这些人跳起来展开了行动……

普罗透斯首先变成了一头雄伟的、胡子拉碴的狮子——

然后他又变成了一条巨蟒——

又变成了一只黑豹——

接下来是一头咆哮的野猪——

然后是狂怒的海浪——

后来是一棵树，树冠直插云霄[4]——

不过希腊人牢牢地掌控着局势。他们普通的武器几乎已经无用，普罗透斯每变化一次，他们也会改变策略以应对挑战。如果出现的是动物，希腊人就用双腿紧紧夹住动物的头颈；如果出现的是树木，希腊人就把手指插入树枝；如果出现的是跳动的火焰，希腊人就用双手紧紧抱住火球。

海洋的主宰被击败了。通过调整适应，希腊人终于能够回到故乡。

一个真实的故事，3000 年后发生在法罗斯岛以东 860 英里（约 1384 千米）的地方。

第一章　不确定性已经显现

一场行动为我们敲响了“不确定性”的警钟

火红的日出中，在巴格达附近阿梅尔（El Amel）郊外空旷的街道上，5 个肌肉强壮、如同午夜一般漆黑的人影正在移动。晨祷的钟声刚刚在镇子里响过，并已融入了浓浓的热浪中。几扇百叶窗打开了，然后又被迅速关上——居民们知道什么时候应该隐蔽自己。街道角落里一间小屋的门被打开，5 条壮汉相继进入。

2004 年 9 月 30 日，这批人所要执行的最重要的军事行动即将展开。

这间小屋看上去毫不起眼，黄褐色的煤渣砖建筑一直延伸到地平线，形成高低错落的波涛，而这间小屋只是波涛上的一朵浪花。然而，这间小屋却是一个神经中枢，整座城市都会向这里传输资料，整座城市都会根据这里发出的指令行事。地图、目标照片以及行动清单铺满了墙壁。个人装备，包括武器和衣服在角落里码放得整整齐齐。警惕的安保人员监视着街道，手中握着武器。新来的斗士们向本团队中的其他成员打招呼，斗士们靠肌肉打拼，而他们的这些同事则以分析和情报能力见长。前者和后者打招呼的方式也很简单——一个个熊抱。然后，斗士们询问后者家人的情况，开着同僚们的玩笑。他们还遇到了团队中的三个新成员，这些新成员刚刚完成训练来到伊拉克。这些年轻的面庞上满是困惑和兴奋，不过老兵们知道这些新兵蛋子的表情很快就会变成恐惧。

这群人在他们安全屋的客厅里走来走去，把那些生活照清理掉，这些生活照属于以前居住在这里的家庭。在曾经是客厅的地方，穿着战斗服的人躺在了淡紫色的豪华沙发上。他们中即便有人看到了这其中所蕴含的不协调和悲怆，也不会提及。他们早就学会了应对战争中的情感，将旁观者的死亡视为“附带损失”，并接受这样的事实：为了追求更为光明的目标，战场上的残酷是不可避免的。柔软的感情和对于战争荒谬性的讽刺感，早就远离了他们。

这个团队里头发最为斑白的一位成员转向了目标区域的地图，以重新审视他们抵达那里的路途。他拿起三个杯托以及在先前的战斗中从地上被炸起的一块碎砖，用这些模拟他们的车辆所要经过的路线，以及几十个可能存在的惹人讨厌的陷阱，他们要避开这些陷阱。

此时他手上的每一个动作，都代表了数周工作的结晶：情报的协调和解密，特种硬件的调集和组装。而他们正在展开的网络战就是一个实例。虽然只有三个人被安排扣动扳机，但对于这次关键军事行动有所贡献的却达到几十个人，他们涵盖了指挥系统中来自不同国家的各个阶层。

战术和整体战略与他们先前对战斗的理解已经有了巨大的不同。过去的战斗讲究的是规划和纪律，如今则更讲求敏捷和创新。现在这支部队的行动基调是自主决策，同时与上级保持密切联络且随时进行转换；上级将在远方关注他们，但今天的这次行动则是屋子里这群人的自发行为，他们将对整个任务全权负责。

出于安全原因，没有记者会被允许“嵌入”这样的一支部队，哪怕这名记者对于这场战争和这群人抱持至为同情的态度也不行。如果有记者“嵌入”这支部队，他们将亲眼见证最为先进的组织架构方式：整个作战部队的机构生态系统，完全是步调协调一致和实时自我调整的结合。在过去的战斗中，这样规模的部队哪怕再精锐，在战略上也是无足轻重的；而到了 2004 年，他们的火力意味着他们的战术能力十分强大，而信息技术意味着军事行动的相关新闻将在事情发生后几乎是立刻就会被全球观众所知晓。

在经过最终的审核与批准后，沙发上的人站起来，进入厨房拿装备。4 个人站在后面，其余 7 个人负责安放弹药，并负责将他们沉重的战斗背心的带子绑紧。他们谈论着伊拉克目前糟糕的状况；谈论着一旦他们解放了伊拉克，这里又会变成什么样；咒骂着敌人所采取的卑鄙战术。

新来的 5 个人则一言未发。

行动人员向门口走去，指挥员忽然觉得脚下“咯噔”一下。地板上遗落着一张照片，照片曾经被放在相框中，此时相框已经破碎，玻璃碴子散布在照片四周。照片上是一个女孩，化着浓妆，经过精心的修饰，穿着长袍，戴着头巾。撇开民族上的区别，曾经在这里生活的那个家庭与这些战士所来自的家庭并无不同，即使是未成家的人，他们将来所构建的家庭也大体如是。这家人得到这样的下场并不是咎由自取，他们之所以遭遇这样的命运，仅仅是因为他们在错误的时间待在了错误的地方。指挥员压根儿就不知道他们是谁、如今去了哪里，命运又如何，但他还是希望他即将完成的工作能够带给他们和平，哪怕方式比较曲折、间接。

他打开了前门。

刚过 9 点，气温已经突破了 32℃。在来到他们的车辆附近前，他们已经汗流浃背了。他们穿着平民的衣服，开着两辆现代轿车和一辆大众轿车前往执行任务，此外还有一辆欧宝轿车在后面进行监视——这些车在公路上不会引人注目。

在对装备进行完检查后，驾驶员发动了车辆。

他们的眼睛警惕地盯着每一扇窗户、每一个屋顶和每一个行人。在一周前类似的一次行动中，来自狙击手的一发子弹击碎了挡风玻璃，从驾驶员的额头射入，车内的装饰天花板上立刻浸满了深红色的血迹，那图案有如罗夏墨迹测验图[①]。8 天后的现在，车内的一些人已经记不起那位遇害者的脸庞。尽管有这些损失，尽管此起彼伏的爆炸、抢劫和报复依旧存在，但行动队员们还是觉得大局正在好转；尽管好转得很慢，但他们肯定在走向胜利。战争比他们所有人预料得都要艰难，但他们的努力并没有白费。

今天的行动将会很复杂，有许多难以确定的地方，风险也更高。他们肯定会面临敌人的火力进攻，而有关敌人的准确情报也一如既往地缺乏。

轿车在拥挤的街道上缓慢前行，四周都是喧嚣着寻找消费者的小贩、责备孩子的父母，还有一些十几岁的男孩子正在骚扰戴着面巾与头纱的姑

① 英文为Rorschach test，一种非常著名的精神科测试方式，用墨迹图为工具来检测人格，在临床心理学中使用得非常广泛。——译者注

娘，空气中弥漫着新鲜食物、腐败食物和流浪狗散发的气味。在此次行动前，这些人员还从来没有来过伊拉克，但这份喧闹带给他们一丝熟悉的感觉。在第 30 街道拐角处转弯时，一大群人围在新近建立的一家污水处理厂附近，他们在庆祝开张的旗帜下欢呼雀跃。

按照原先的计划，大众轿车和先导车辆应该停车的位置，如今被一辆自动倾卸卡车所占据。于是，驾驶员默默地根据新情况进行调整：两辆现代车围绕着街区转圈，同时大众轿车在附近的尼桑 7 号大街上找到了一个新停车位。而欧宝车的驾驶员开始倒车，他假装对街边一个售卖中东三明治的小摊很感兴趣，并且努力掩饰自己的口音。他们的活动其实看上去很可疑，但伊拉克街道上的混乱掩护了他们，使得他们没有引起注意。

随即，一辆现代车发现，它行进的道路被建筑物封堵住了。驾驶员于是转向另一条道路，并且盯着他的同事们，确保车里的其他人明白计划有变。一同共事的经历使他们几乎心有灵犀。最终，4 辆车全部就位的时间只比原计划晚了 12 分钟。在 3 辆负责进攻的车中，行动人员花了一点时间进行祈祷，并审视整个作战计划。

无线电台里响起一个硬邦邦的、斩钉截铁的声音，它发出了一个暗语。这个声音此前曾发出过十几道类似的命令。第一辆现代车的司机深吸一口气后，一脚就把油门踩到了底。

聚集在污水处理厂附近参加开张典礼的人群中，外面一层大多是孩子，与倾听政治家们大谈经济复兴相比，他们更喜欢互相嬉戏打闹。人群的中心部分则是孩子们的父母。他们包裹在黑色头巾和黑色头发中的笑脸在热浪中闪亮着。

当现代车全速冲入人群时，一些幼小的身体撞在车的挡板和前照灯上。驾驶员在按下起爆器时再次轻声念了一下祈祷词。无线电信号从他的手掌穿过后排座椅，传入了车尾行李箱。或许在那一刻，他看到了伊拉克沦落血腥的“圣战”给他所带来的光荣；或许，在车尾行李箱中爆炸的丙烷罐头和BB弹（一种军用武器）撕开轿车的骨架，并将他也撕碎的那一刹那，他心中的愤怒会让位于悔恨。

街道上此时不仅遍布着汽车碎片和血腥残肢所构成的拼图，还充斥着哭喊声。母亲们发疯般地寻找自己的子女，敌人——美国人——从街区尽头冲到现场。他们开始设立隔离区，并且治疗伤员。

在一片悲号怆痛的惨象中，大众车悄无声息地驶近。它猛地加速冲入士兵和孩子们中，这些人刚刚来到现场，目瞪口呆地整理残骸、鉴别遗体。大众车随即引爆了他们所装载的炸药。

就这样，35个孩子倒毙于地，10个美国人和140个伊拉克人受伤。[1]当最后一部车辆直接猛冲向现场时，联军部队开火了，车辆在目标正南方引爆。

第三辆车尽管未能完成任务，但对于第四辆车中的人来说，这已经无关紧要了。几乎不存在完美无缺的军事行动。当他们驾车远去时，驾驶员把腿上的引爆器放了下去。如果他的行动人员在行动时有任何犹豫，他就会用这些引爆器触发他们的炸药。副驾驶位上的人刚才把袭击的过程摄录了下来，此刻他在看回放画面。几个小时后，这些画面将被传到网上——其震撼性的效果又将使几十个新的人肉炸弹加入这项事业中。

对于伊拉克“基地”组织而言，这次行动是成功的。[2]

优势也会失去掌控

就在污水处理厂爆炸案发生的当天，我就坐在萨达姆时代修建的、巴拉德机场厚度加倍的混凝土飞机掩体里，这里位于阿梅尔以北60英里（约97千米）处。笔记本电脑和等离子显示器被遍布在胶合板墙壁和桌子上的电线连接了起来，这些都是我们在前一年的春季匆忙修建起来的。天线和卫星信号接收锅所组成的“农场”将大量信息塞到如同篮球场大小的行动中心里。专家们仔细审核监控视频和拦截到的信息，并获取文件和人力情报报告，将伊拉克“基地”组织的形象一块块地拼接在一起。他们所编纂的报告被递交到我和我麾下指挥官的手上，我们会据此制订计划，派出我们的特种作战人员展开奇袭。这里就是联合特种行动特遣部队的前沿指挥部。

那时我刚满50岁，统领这支特遣部队已经接近一年。对任何一名军人而言，能够待在这个职位上都是一种荣耀。1980—2003年，总共有9名颇受尊敬的两星少将承担起这项重任，其中有5人一直做到了四星上将。这些人都是美军中极为卓越的规划者、协调者以及战略思想家，他们树立了非同寻常的榜样。

这些人所立下的卓越军功使得我们能够响应国家的号召，来到这里与日益猖狂的伊拉克反叛者作战，尤其是伊拉克“基地”组织，可谓美国入侵伊拉克后冒出来的众多恐怖行动组织中最为突出和凶残的极端组织。美国和联军进入伊拉克是为了推翻萨达姆·侯赛因，这一点他们很快就做到了。但伊拉克“基地”组织很快给我们构成了另一种威胁，他们是一支小巧、灵活而且分散的武装力量。与他们作战，需要我们的部队施展出自己所具备的特种技能。

一次大灾难催生了特遣部队：1980 年，伊朗革命者劫持美国人质，我们的营救行动却以失败告终。特遣部队使得全球最强大军队的特种行动部队都被融入了一个组织里。40 年的经验和 40 年卓越的功绩，无论以任何标准来看，特遣部队都是全球特种作战部队中的翘楚——可谓优中之优。但这些过往的东西如今对我们毫无用处。我们刚刚经历了一次失败——35 个孩子死亡，我们正在输掉一场战争，而对手是资源丰沛度还不如我们的极端分子。

从表面上看，伊拉克“基地”组织与我们特遣部队之间的战争根本就不是一个量级的较量。我们拥有一支规模庞大、训练有素、装备精良的部队，而伊拉克“基地”组织不得不招募当地人，并且通过危险而靠不住的通道一个个地将外国战斗人员偷运入境。我们坐享强大的通信技术，而他们为了减少被发现的风险，只能面对面地会面或者派信使传递信息。我们的战士都经历过历史上最为苛刻的特种作战训练的锤炼，而他们只是在遍布阿拉伯半岛和北非的各类训练中心学了些三脚猫功夫。只要愿意，我们可以使用别人无可匹敌的火力、装甲车辆以及尖端监控设备，而他们的技术主要是在“安全屋”里用丙烷罐头和过期的苏联迫击炮弹组装简易爆炸装置。

在纪律方面我们也堪称楷模。我们占据优势的资源并没有让我们骄傲自满，我们正以前所未有的努力让我们的优势向达成目标的方向行进。我们的行动人员会在白天醒来，检查计划以及情报，并且向指挥层做简报。当黄昏来临之际，他们会穿戴上装备，直升机的螺旋桨也会开始转动。在黑夜，小股部队就开始工作了，一个晚上要向两三个，甚至 10 个目标出击，每次行动都经过谨慎的规划和执行，唯恐一旦行动失败，行动者性命不保。到了清晨，疲惫的勇士会倒在床上睡上几个小时，然后重新开始新一个轮回，就这样周而复始，几个月不停。

特遣部队独特的能力使得我们有必要在伊拉克的战斗中处于领导者地位，但执行任务的规模是我们从来不曾遇到过的。在我们 20 多年的历史上，我们曾经成功地执行过规模小、如同外科手术般精确的军事行动；不过我们还从没有奉命去指挥一场看不到尽头的战争。9 月 30 日污水处理厂的悲剧让我们郁闷地意识到，尽管我们有着优良的传统、精良的装备和坚定的责任心，但事态还是正在脱离我们的掌控。

关于爆炸案的信息不断地涌入，重要行动报告中的精练叙述，还有特遣部队散布在伊拉克全境的联络官所发回的有价值信息，让我们觉察到一些细节，包括死者的背景和年龄，以及欧宝车里的人是如何从我们的指尖溜走的。我们争论着该怎样回应。

但我们还不得不回答一些更为深刻，也更让人困惑的问题：如果我们是“优中之优”，那为什么这类袭击还会不断发生，甚至愈演愈烈？为什么在一群资源获取情况不如我们的人面前，我们会束手无策？为什么我们正在经历失败？

小团队与大组织

这些问题和我们所找到的答案，以及它们与特遣部队之外的世界所产生的联系，共同构成了本书的基础。在面对伊拉克“基地”组织时，我们其实面对的是一种全新的威胁，而这种威胁是由全新的环境孕育出来的。我们不得不进行的这场战争，与其他国家进行的战争不一样，与 20 世纪爆发的任何一种战争也都不一样。叛乱者、恐怖组织、极端组织的历史和军事冲突一样古老，但到了 2004 年，这些现象与新的技术变量结合，从而产生了全新的问题。幸运的是，大多数人不用与暴虐的叛乱者作战，不过那些让伊拉克“基地”组织获取成功的技术和社会变化却在影响着我们每一个人。

2004 年，我们才刚刚开始领略这种变化的严重性，但几个月后，我们就开始明白，如果要击败伊拉克“基地”组织，就必须向这个组织学习。我们喜欢把“90 后”和“00 后”称作“数码原住民”，将这批人的父母称作“数码移民”，而伊拉克“基地”组织就是这个信息富集、联络密切的 21 世纪的原住民。他们的行事方式与我们所认为“正确”、“有效”的行事方式有着天壤之别，但他们的行事方式的确有效。

在这场战斗中，我们被迫清空大脑，因为我们认为的那些战争和世界的运行方式已经失效。我们必须抛弃所熟悉的组织结构，并且沿着几条完全不同的线索重建它们，将我们刚强的架构置换成灵活的机体，因为面对复杂威胁正在掀起的巨浪，这是唯一的制胜之道。比如，我们必须按照极端透明的信息分享原则（也就是我们所说的“共享意识”）重新搭建我们的部队，并且进行决策权力的“去中心化”（也就是“赋能”）。我们消除了障碍——各单位间的隔绝壁垒和我们等级制度的天花板——而这些障碍曾经使我们效率颇高。我们观察我们最小部队单位的行为，并且想办法将这种行为模式拓展到拥有几千名成员的组织身上，这种组织甚至遍布三块大陆。我们成了所谓的“小团队构成的大团队”：一个巨大的指挥机构，但是其所具有的敏捷性，是原先小型团队才会具备的。我们所做的每一件事几乎都与军事传统和一般的组织实践原则相悖。许多原则在 20 世纪把我们塑造成了有效率的部队，如今却统统被我们放弃，因为21世纪的游戏和游戏规则已经完全改变了。

2004年，我们在伊拉克的努力也不例外——这是一种新的模式。主宰20世纪的、让无数组织获取成功的行为模式其实是植根于工业革命的；而现在，简单地说世界已经改变了。追求效率——投入最小的能量、时间和金钱，获取最大的效果——曾经是一个值得称道的目标，但在今天的世界，获取成功的办法更多的是应对持续变化的环境，而不是根据一堆已知的或者相对稳定的变量进行选择。敏捷性必须成为我们首要的素质，而不是效率。

今天，我们特遣部队所面临的挑战，同时代的其他组织也难以幸免。这些组织在应对旧世界的环境时拥有强悍的能力，只可惜旧世界已经一去不复返。2010年，我离开了军队，建立了麦克里斯特尔集团。从那时开始至今，我和同事们研究了大量商业组织和其他类型集团试图在一个已经变化了的世界里图生存、谋发展时所遇到的困难。我们在下文会讨论为什么今天大多数组织难以应对这些挑战，同时我们也会一步步地展示我们在伊拉克的经历，展示我们在伊拉克发现的一些行之有效的解决问题的方法。通过展示我们所做的相关研究，能够将我们在伊拉克行之有效的解决方案运用到更为广阔的领域里。

但在2004年，这些问题的答案还没有出现。我们正在努力了解我们的敌人，这些人没有固定的地点，没有统一的制服，他们在网络上招募人员进行宣传，来无影、去无踪，不可捉摸。通过艰苦而危险的战斗所获取的情报，其有用性却在烈日下被蒸发得干干净净，就如同9月30日消失在巴格达街道上的那辆欧宝轿车一样。但我们的确有一个起点——一个名字：阿布·穆萨布·扎卡维。这是一个化名，但这个人却是真实存在的。

伊拉克“基地”组织

5年前（1999年），死海以东30英里（约48千米）处的约旦沙漠中，高度戒备的苏瓦卡监狱的大门打开了。[3] 几十个人走了出来，其中有一个安静的男人，他那身飘逸的阿富汗长袍与四周穿着囚服的人形成了鲜明的对比。他就是艾哈迈德·哈雷勒，日后他以另一个名字在外部世界恶名昭彰——阿布·穆萨布·扎卡维。

艾哈迈德出生在约旦工业城市——扎卡——一个普通、随和的家庭，但他本人在小时候就走上了一条不寻常的辍学之路，并且沉溺于毒品和酒精。他的母亲最后把他送到了一座清真寺中，而这座清真寺以其萨拉菲教派倾向而闻名[4]（萨拉菲教派是伊斯兰教逊尼派中极端保守的一支）。在那里，他发现了真正能激发自己热情的东西：“圣战”。他到阿富汗和巴基斯坦去追寻“圣战”的光荣，希望在与异教徒入侵者（当时是苏联）作战的过程中，扮演一个光荣的角色，但他来得太晚了，苏联已经从深陷10年的战争泥沼中抽身。艾哈迈德于是回到了安曼，并与那里的极端伊斯兰教社区建立了联系。他参与了反对约旦的密谋，从而被关押进苏瓦卡监狱，在那里他待了整整5年。这5年坚定了他的决心，增加了他的体重。他背诵《古兰经》，用酸去除了年轻时在身上留下的象征着叛教的文身。[5]10年前，他的母亲把他送到那座清真寺中，无意中开启了他成为独具人格魅力的恐怖分子指挥官的旅程，而在苏瓦卡的监狱中，艾哈迈德最终完成了这段旅程。狱友们对他很敬畏，监狱当局也害怕他。慑于他的影响力，监狱当局允许他不穿传统的囚服，而可以穿纱丽克米兹（Shalwar Kameez），这是一种优雅的阿富汗传统服装，长衫、松裤，在腰部和脚踝部收束起来。这只是他新身份的一个标识，另一个标识则是他的名字——阿布·穆萨布·扎卡维。当这个33岁的男子走出监狱时，他已经注定会成为“后9·11”反恐战争中的核心角色。

他回到了巴基斯坦，在那里，一个名叫“基地”的组织正在形成。受到启发，他成立了一个类似的组织——“团结和圣战组织”（TWJ）。这个组织先是试图插手巴基斯坦和车臣当时正在酝酿的战争风暴，但很不成功，之后TWJ在阿富汗的赫拉特省建立了一座训练营，对激进分子进行体质训练，教授他们制造炸弹和进行化学战的技能。[6]“基地”组织对TWJ产生了兴趣，两大恐怖集团之间的关系变得密切起来。

对于扎卡维来说，美国入侵伊拉克简直是美梦成真，他终于有机会证明自己的价值了。伊拉克逊尼派是伊拉克的少数派，在萨达姆倒台后被突然剥夺了政治权力。TWJ充分利用了伊拉克逊尼派的这种恐惧和无助，出现在反抗美军的最前线。2003年，扎卡维导演了一连串成功的炸弹袭击，导致数百人死亡。当时联军正试图让巴格达安定下来，扎卡维的举动无疑是扇了联军一记耳光。一辆满载着炸药的卡车在联合国位于运河宾馆的总部爆炸，导致22人死亡，死者包括联合国派往伊拉克的特使——塞尔吉奥·维埃拉·德梅洛。[7]两个月后，一连串经过精心策划的自杀式爆炸共导致35人死亡，受伤人数超过200人，一辆满载炸药的救护车则被用来袭击国际红十字会的总部。[8]

这次针对污水处理厂的袭击是可怕的，但在2004年的伊拉克，这没有什么不寻常之处。到了12月[9]，伊拉克境内所发生的重大恐怖袭击的数量[10]，已经超过2003年全世界所发生的恐怖袭击数量[11]。在2005年，伊拉克的恐怖袭击总共导致8300人死亡[12]，是“9·11”事件死亡人数的3

倍，要知道伊拉克的人口数量只有美国的1/10。伊拉克的人口占全球人口的比例不到0.5%，但这个国家在2005年所发生的恐怖袭击数量以及所导致的伤亡数量，却占全世界的几乎1/3。[13]而且事情还在变得更加糟糕：2006年春季，每个月都会有超过1000人因为恐怖袭击在伊拉克横死街头。[14]读者可能还记得前文中提到的，那间被恐怖分子占据的小屋里曾经的主人，类似这样的家庭变故，在爆炸案频发的当地已经是家常便饭。

萨达姆被驱逐，并且受到了审判，然而，在2003—2005年伊拉克的街道上并没有看到秩序有所恢复和民主萌芽有所滋长，相反我们看到了许多让人沮丧的景象：商店关门，道路荒废，在公开场合走动的人越来越少，自杀式爆炸袭击越来越多。2003年，石油资源丰富的伊拉克经济萎缩了超过20%[15]，人均GDP（国内生产总值）只有449美元，仅相当于美国的2%。[16]电视新闻报道说，联合国开发计划署的结论是：局势“是令人沮丧的”。[17]

伊拉克人没有在电视上看到这些。对他们而言，这些消息就是发生在身边的事。脆弱的萨达姆政权垮台后，电力短缺让巴格达瘫痪，电灯、冰箱和空调全都无影无踪。[18]在这座城市的夏天，白天最高温度可以超过50℃，裸露在外的皮肤如果不小心碰到被太阳烘烤得灼热的金属，立刻会觉得火辣辣的疼，可想而知，没有电力、没有冰箱和空调意味着什么。淡水生产厂和污水处理厂被荒废，人们产生的生活垃圾在街道上堆积，于是令人恶心的臭气弥漫在城市的所有角落。[19]

这里曾经是文明的摇篮，其历史之悠久不亚于地球上任何一个地方；

如今，它已经变成了人间地狱。①

这种残酷和骚乱是一种战略的产物。扎卡维的目标是在伊拉克的逊尼派和什叶派之间挑起一场教派内战。他认为，两个教派如果斗得两败俱伤，则世俗国家的遗存也会被彻底清除，这样，他就有机会去建立其理想中的伊斯兰政教合一国家。他把矛头指向伊拉克什叶派，这等于点燃了火药箱，教派冲突于是席卷了伊拉克。他很聪明地使用了杠杆原理，伊拉克“基地”组织每一次的袭击目标都是精心挑选的，它所引发的系列报复使得伤亡被成倍地放大。除了自杀式爆炸的袭击者，伊拉克宗教冲突双方的手上都会染上鲜血，从而造成更多的伤亡：在地下室，有人遭到虐杀，被电击致死的尸体和被肢解的人体残骸也堆积在那里；在堆满垃圾、人迹罕至的小巷里，尸体的头上还套着让他们窒息而死的塑料袋。

即便是“基地”组织，也开始对扎卡维的极端行为感到不舒服。[20]但这个约旦人为伊拉克“基地”组织积累起强大的军事力量，“基地”组织领导人对此也无可奈何，只能希望善加利用。“基地”组织领导人如果想在伊拉克施加影响力，就必须与扎卡维合作。2004年10月，扎卡维向乌萨马·本·拉登宣誓效忠[21]，作为交换条件，拉登允许这个曾经名叫“艾哈迈德”、来自扎卡的无名小卒使用“基地”的标识。伊拉克“基地”组织就此诞生。

① 值得一提的是，对于大多数伊拉克人而言，2004年所发生的事情比萨达姆时代还要糟糕。萨达姆固然是一个暴君，将伊拉克经济推向谷底，并且残害了无数伊拉克人，但他给伊拉克带来的灾难，无论是从死亡人数还是从经济状况上看，都无法与伊拉克“基地”组织相比。可以做一个对比：20世纪八九十年代，联合国开发计划署在160个国家中把伊拉克排在第85位，妥妥一个“中等发达”位次，比约旦靠前，与中国和菲律宾并驾齐驱。

在无序中寻找关系

特遣部队传统上就是针对恐怖分子发动攻击的组织，我们却也不得不把伊拉克“基地”组织的成功归功于扎卡维，并且将其称为“伟大的理论家”。不可否认，扎卡维聪明、能干，他挑拨逊尼派和什叶派互斗的战略闪耀着邪恶的智慧之光，不过，所出的主意却很低劣。将军们坐在扶椅上，提出怎样赢得战争的建议，其中有些建议相当聪明，但只有那些能够真正锻造、指挥一支部队来执行任务的人，才能最终取得成功。逊尼派的恐惧情绪、伊拉克人对美国占领军的憎恨、宗教狂热、暴虐的混乱所带来的普遍疯狂，都让扎卡维的伊拉克“基地”组织获益，其崛起的速度和广度也让人震惊。扎卡维能够将一小群愿意献身的个体，打造成具有凝聚力的恐怖组织，这一点并不让人吃惊，但他还能利用令人恶心的、空洞的鼓噪，来把极小一群人变成受到广泛支持的，并且在战略上十分高效的叛军，这一点需要更深入地解释。我们检视了所有可能的变量——宗教历史、伊拉克“基地”组织理念的蛊惑性及其所采取的无下限的战术——但这些变量都不足以解释如今我们在战场上看到的一切。

当初在巴拉德建立特遣部队总部时，我们几乎在每一面墙上都挂满了地图。对军人来说，地图是神圣的。在军事指挥部总部，士兵们有如神祇般带着敬意地悬挂、保存着这些地图。一张标注清晰的地图能够使得士兵一眼就看清楚敌我态势以及未来的行动计划。借助地图，指挥官只要再简短地说几个词，就能把所发布的命令表达清楚。有一个段子是这样说的：在对五角大楼的办公室进行翻新时，工人们移除了一堵挂满了地图的墙，结果发现这堵墙后面是另外一堵挂满地图的墙，而这堵墙上地图的时间都是关于前一次战争的。在历史的大多数时间里，战争与地形、领土占有、地缘目标息息相关，而地图是发现问题、解决问题的不二工具。

然而，巴拉德总部中悬挂的地图，却无法告诉我们具体在哪一片战场、哪一栋房屋、哪一片地区，我们的敌人把视频上传到网上，也无法告诉我们在哪一片战场、哪一栋房屋、哪一片地区，我们的敌人把载满炸弹的车辆驶入街道。一面面白色书写板开始出现在我们的总部，代替了地图的位置。很快，到处都能看到白色书写板。站在白色书写板四周，手上拿着记号笔，我们大声交流，分析哪些是我们知道的，哪些是我们怀疑的，哪些又是我们所不知道的。亮白色的书写板上布满了各种颜色的语句和图画，然后被我们擦掉，又再次被我们涂满。我们不再画静止的地理特征，不再画事物本身，而是画易变的关系，画事物之间的关系。

我和我的家人过去在漫长的旅途中会玩一个游戏：在一张比较大的照片里寻找熟悉的景象。在特遣部队中，我们则试图在伊拉克的混乱局面里找到熟悉的结构和模式。尽管这些东西看不到、摸不着，但我们确信它们是必然存在的。我们搜集情报，从而开始分析这个组织内各成员之间的关系。在往常，军事指挥层中的关系若用线条等几何元素表达，则以直线和直角为主，而这一次我们发现自己画的都是盘根错节的网状结构，这样的组织架构我们从未见过。在白色书写板上出现的、我们前所未见的架构图看上去混乱，而且充满了矛盾之处——理解它就如同阅读用外文写成的技术文件。

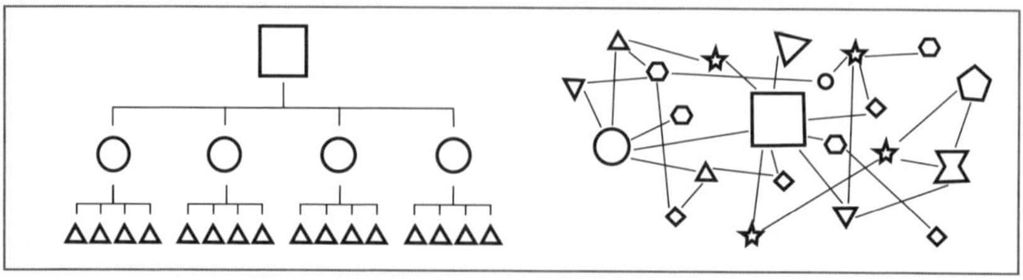

图 1　我们设想的敌军架构模式vs我们实际面临的敌军架构模式

而我们在战场上所观察到的敌军行动，其实更接近于上述并不稳定的关系模式，而不是我们所熟悉的自上而下的架构；而后者正是我们在接受训练时所要设想面对的。我们开始认为，我们所熟悉的模式或许根本就不存在于这里——伊拉克“基地”组织与我们曾经所面对的敌人完全不同，这场战争也与我们曾经参与的战争完全不同。

伊拉克“基地”组织能够熟练地运用信息技术，于是过去几十年间游击队和恐怖团伙所使用战术的效率被成倍地放大了。这些都是很明显的，不过还有一个更大的变化发挥了作用。全球各部分之间的联系呈爆发式增长，这意味着我们所面临的局势不单单是道路上的汽车开得更快那么简单，在我们面前的，是一个完全不同并且不断变化的场景。战斗部队的标准结构，是隶属关系明确的组织，以坚定执行为特征，而伊拉克“基地”组织展现出来的特质却是不断地在改变外形。伊拉克“基地”组织不是最大的，也不是最强的，不过和普罗透斯一样，它是一个可怕的对手，因为它可以随心所欲地改变自己的形态。

在部落传统气氛浓厚的费卢杰，伊拉克“基地”组织穿上酋长的长袍，并且资助传统的伊斯兰诗歌节。行动人员通过当地的眼线向费卢杰的“圣战者协商委员”会施加影响，并且向当地备受尊敬的宗教人物施加影响，而这些宗教人物都是伊拉克“基地”组织试图争取或威胁的目标。但如果一名伊拉克“基地”组织行动人员向东走45英里（约72千米）来到巴格达，他就会融入当地的城市景象，他会穿上城里人的衣服，开着装有简易爆炸装置的汽车在大街小巷驶过。“基地”组织的成员不但没有标准的行动模式，甚至都没有标准的上下级隶属关系。有时候我们觉得除掉了它的一个高级领导者，应该是对其整个组织造成了沉重的打击而从此一蹶不振。每当我们有这种感觉时，它都会迅速恢复过来。网络理论家兼军事分析师约翰·阿尔奎拉总结道：“在过去10年里，‘基地’组织出现了大约20个‘三号人物’，但在一个网状结构的组织里，所有人都是‘三号人物’。”[22]在我们看来，一个组织如果没有一套可以预见的行事方法，也没有明细的指挥链条，就完全不是一个真正意义上的组织——在我们的理解中，伊拉克“基地”组织应该因为缺乏统一权威而陷入内部的混乱。但事实上没有，它依旧像往常一样固执而满怀怨恨地运转着，所展现出的目的和战略仍然前后一致，从未改变。

我们找不到证据来证明，如此无法解释的组织架构是蓄意设计的产物，它倒更像是在不断自我调整中最终演进的产物。我们很快会看到，这种组织架构其实代表了新世界中的一些必不可少的元素，而我们正在这个新世界中行事。

环境因素的改变

数年后，也就是2010年，我应邀前往耶鲁大学讲课，在那里我与一群聪明绝顶的人在一起，从而有机会反思我的上述经历。

其中的一次互动尤其让人高兴。克里斯蒂娜·塔尔博特–斯莱格尔博士是一名杰出的免疫学家，她研究的是艾滋病。有一次她来看我，并且好奇地探讨她所看到的人体感染和我所观察到的国内暴动之间是否具有相似性。结果两者还真有些相似性，艾滋病病毒和艾滋病都不会立刻导致人的死亡，它们会让人体变得虚弱，到最后虚弱到其他原本并无威胁的感染也能对其展开攻击的地步。这种环境因素在削弱主体的同时，也间接地增强了攻击者的实力。

在2004年时，我对上述这些免疫学方面的术语还不甚理解，但我也开始意识到一个组织的健康程度就好像人类机体一样，不能在真空中对其进行评价，它是组织与周边环境互动的产物。能否理解这种环境，是我们能否搞清楚为什么我们在失败而伊拉克“基地”组织在取胜的关键。我们或许拥有全世界最好的装备和最好的特种作战部队，但作为一个组织，我们无法以最好的状态适应那个时间、那个地点。

伊拉克“基地”组织之所以会成功，是环境使然。其中一个大的背景是伊拉克作为一个国家的崩溃，而更大的一个背景则是某些超出国境线的东西——这些东西与时代相关，而并非与地缘相关。

很多人都认为这个世界变得更“扁平”、更快速，人们之间的联系更多，流动性更强，移动得也比以前更快。换句话说，经济学家所谓的“进入门槛”——进入一个市场所需要的过高成本——被降低了，这就使原先在常规系统外运作的玩家获得了新的可能性：马克·扎克伯格没有家族人脉的积累，没有启动资金，甚至连大学文凭都没有，在20多岁就改变了世界；贾斯汀·比伯在2007年将自制视频在网上公布，从那时起他的唱片卖出了1500万张[23]，获得了接近2亿美元的个人财富[24]；而阿布·穆萨布·扎卡维通过网上的炸弹制作教程，通过在网上进行全球人员招募并进行全球宣传鼓动，发动了一场战争。通过网络的互联以快速传递信息的能力能够使小规模团伙迅速获得前所未有的影响力：车库乐队、寝室暴发户、病毒博客都是如此，当然还有恐怖分子。

21 世纪的行动环境与 20 世纪存在着根本性的不同，扎卡维生逢其时。这不像聊天室和YouTube（世界最大的视频网站）那么简单：伊拉克“基地”组织的结构——网状化、去中心化——拥抱了这个新世界。在某些方面，我们更像是那些正在与一群暴发户苦斗的财富 500 强代表，而不是“二战”中与纳粹德国死战的盟军指挥部。

如果我们无法改变环境，无法让环境来适应我们，那么我们只能去适应环境，而问题是我们该如何去适应环境。我们不是一群在法律之外行事，并且在匆忙中制定法律的叛乱分子。特遣部队是一支规模庞大的、机构化的、受纪律约束的军事组织。虽然比其他大多数部队更加灵活，但与伊拉克“基地”组织相比，我们是名副其实的庞然大物。那么，你又如何训练一个庞然大物去进行灵活的变通？

管理方式需要创新

和许多军人一样，我喜欢研读军事历史。即便是历史上最有名的战役，也包含着对于战略战术出人意料的运用。在 2004 年，面对飘忽不定、难以追踪的敌人，我开始对亚当·尼科尔森的《火焰的尺寸：英雄主义、责任以及特拉法加战役》（*Seize the Fire: Heroism, Duty, and the Battle of Trafalgar*）一书产生兴趣。这本书描述了英国海军上将霍雷肖·纳尔逊是如何勇敢地击退处于优势的法国—西班牙联合舰队（简称法西舰队）的。

1805年10月21日，5.5英尺（约1.7米）高的纳尔逊在其座舰[25]——HMS“胜利”号——上矗立着，双眼紧盯着他的敌人。47岁的他在之前的战斗中失去了一只眼睛和一条胳膊。他知道拿破仑的法西舰队试图消灭自己的部队，从而使整个英国海军不再对其构成威胁，继而挥师对英国展开登陆作战。如果纳尔逊的部队失败了，则英国就会面临一场灾难。自从1588年击败西班牙无敌舰队以来，英国人还从来没有面对过如此巨大的威胁。[26]

情势似乎不妙。纳尔逊有27艘舰只，而敌人号称拥有33艘。[27]但在他的脑海中，正酝酿着军事历史上最为深思熟虑，同时也最为不同寻常的计划。

传统上，海军将领在进行海战时通常会安排自己的船只排成一条平行于敌人的战线，双方会一轮轮地互相齐射，直到有一方由于伤亡过大、船只和弹药损耗过多而投降。这种安排可以最大限度地利用战舰两侧侧舷加农炮的火力。同时，这种安排也方便进行中心化控制：海军将领一般位于一字长蛇阵的中心，可以监控整个战局并且通过旗语发出相对清晰的命令。战斗变成了操纵者与被操纵者之间的对决。然而，这一次纳尔逊的打算是将自己的舰队分成两列，而且这两列之间形成一个特定的角度，然后从侧面切入法西舰队的一字长蛇阵，将其切成三段。他希望用这一战术打法西舰队一个措手不及，从而使双方的船只队列都被打散，这样一来就造成了混乱，敌军的指挥官也就无法发布连贯的命令。

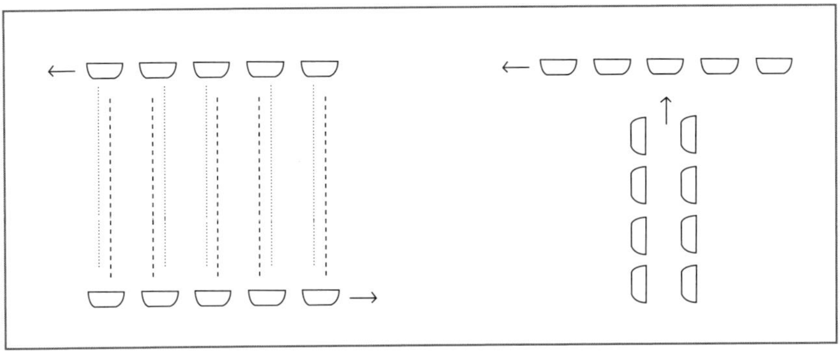

注：纳尔逊海军上将在面对占据优势的法西舰队时，采用了这种干扰性的办法

图2 传统的海军战阵vs纳尔逊的战阵

画在图纸上或者在桌面上进行小模型的推演，你会觉得纳尔逊这一大胆的行动没有什么了不起，似乎连业余的人都能做到。但大厅桌面上没有风浪的环境，与西班牙海岸外波涛汹涌的大海之间是存在区别的，这也使得控制这种行动充满了挑战性。227英尺（约69米）长的“胜利”号是一艘由木材、钢铁、帆布、缆绳构成的重型机械，由850名海员操作，这些人要不停地在水面下的舱室和三根主桅杆上的桁端之间忙碌。水兵们使用总长达26英里（约42千米）的麻绳索具来升起、调整6510平方码（约合5443平方米）的帆布，这些帆布被做成37张帆，用来驱动船只。在装填重型火炮，并对敌人进行瞄准、射击的同时，还要小心地操纵风帆使得船只能够左右行驶，这需要技术高超的船员们进行小心谨慎的操作。在日常的航行中，微观管理所有8层甲板上每个船员的动作就已经困难重重；在战斗中，这更加是一个不可能完成的任务。所以，这绝对不是高堂中的纸上谈兵。

即便进入攻击位置也会显得十分冒险。军舰左右舷上的加农炮无法转向去攻击军舰的前方或后方。在向敌军舰队接近时，纳尔逊的军舰将被暴露在敌军火力之下，并且毫无防守之力。不过一旦纳尔逊的舰队切入敌军的一字长蛇阵，与寻常的面对面炮轰相比，可以让法西舰队蒙受更大的损失。

9月29日，在“胜利”号的船舱里，纳尔逊向自己麾下的各军舰舰长描述了自己的计划，紧接着，在10月9日，他又向各舰长发去了一份秘密备忘录，进一步阐述舰队应该如何分成纵列向敌军发起攻击。纳尔逊还特意强调每个舰长在即将到来的战斗中的作用，或许在他看来，这一点比摆明一种战略更为重要。纳尔逊后来将其计划的核心命名为“纳尔逊战阵”：这是一个理念，即一旦开始混战，所有的单个指挥官必须自行决断，发挥主观能动性。他意识到计划很容易被打乱，在这份秘密备忘录的最后，他总结道：“舰长们可以使自己的战舰与敌军战舰并排紧贴，这么做没什么错。”历史学家兼考古学家罗伊·阿德金斯写道，在举行了一系列的军事会议、散发了一系列的备忘录后，“攻击的计划敲定了，舰队中每一个指挥官都清楚了在未来战场上自己要做什么”[28]。阿德金斯还写道：“战役开始前几天，在多次战术讨论会上，纳尔逊耐心地向指挥官灌输自己的理念。他允许，也期待自己的部署能够让他们发挥主观能动性，同时要求舰队中的所有人减少对不可捉摸的通信手段的依赖。”[29]比如信号旗。

与之形成鲜明对比的，是几英里外的法西舰队，它们还处于严格的权威统领之下。尼科尔森注意到，拿破仑禁止彼埃尔·查尔斯·维伦纳夫海军中将在任何阶段告诉其舰长们击败英国人的大战略将会是什么样的。[30]阿德金斯补充道：“法国和西班牙的军队素来有这样的弱点，它们依赖中央指挥部发出的命令行事。传统上，单个舰只的指挥官会等待通过信号旗发来的命令，而信号旗所发出的信号可能会因为战场上的烟雾而模糊不清，可能会因为遭到敌军炮火的打击而无法发出，也可能被错误地理解。”[31]

太阳升起，巨大的舰只开始升起它们的风帆。纳尔逊领导他的舰队投入战场，而他的座舰就在攻击队形的先锋位置。许多事情可能不会按照预想的发展，风向的小小改变可能意味着他们所预计的“天气优势”[32]，也就是所占据的上风位会被逆转。不过事实上一切顺利，他们切入了法西舰队的一字长蛇阵，舰只向各个方向四散猛冲。事态的发展在很大程度上与计划一致，这一计划足以扰乱敌人的任何计划：法西舰队的指挥层意识到巨大的冲击即将到来，但他们束手无策。尽管在技术上具有优势，但拿破仑方面还是有 19 艘战舰被英方俘虏，而纳尔逊方面没有损失一艘战舰。[33]这一战役中纳尔逊获得了彪炳海军历史的战略成功，但这一战役究竟给人们带来哪些启迪？这一点常常遭到误解。

纳尔逊是位杰出的人物，他制订了天才的计划，在一场处于劣势的战斗中精彩地施展了计谋，获得胜利。故事大致如此……但让纳尔逊所属部队获胜的原因，不仅仅是打对手一个措手不及。胜利的种子在纳尔逊酝酿他的计划之前就早已种下——在告诉他的属下“使自己的战舰与敌军战舰并排紧贴”之前。

事实上，纳尔逊的办法早就有人采用过。在英国海军作战史中，这样的战略曾经多次被使用，并获得了巨大的成功。[34]纳尔逊的战术其实与在他之前一些卓越海军将领的战术有契合之处，同时，他还在管理方式上有所创新，并在他的部队中培育了一种新颖的文化。

纳尔逊的核心做法是，在其所统领的组织中培育一种文化，让组织中所有的个体都有主动性，并且能够进行关键性的思考，同时反对简单地执行命令。尼科尔森对此解释道：“纳尔逊创造了市场，不过一旦市场被创造出来，他会依靠企业来行事。纳尔逊麾下的舰长们要把自己视为战役中的企业家。”[35] 要想培育出这样一群“企业家”，需要数年的训练和经验积累，但这样的投资是值得的，因为纳尔逊知道这样一来他的部队就具备了乱中取胜的能力。尼科尔森总结道：“英国人拥有的优势并不在技术上，而是在文化上，与所谓的‘兄弟帮’①息息相关。”纳尔逊当时所采取的办法固然聪明，但这只是一小部分，真正的伟大之处另有奥秘。

他获得成功的核心奥秘在于耐心，在于不懈地培育自己属下的才干和自我调整能力，而这也是从理论上的战略走向实际胜利的必经节点，也因为这一点，教条化的理论家和那些纸上谈兵的海军将领无法像真正的领导者那样获得决定性的成功。纳尔逊真正的天才之处，并不是让他彪炳史册的聪明战术，而是那一天之前经年累月的创新性管理以及领导。

限制性因素

2004 年，我正在阅读有关纳尔逊的书，然而在战场上一个小时左右的时间里，我觉得自己更像那个倒霉的法国海军将领维伦纳夫。伊拉克“基地”组织制造了混乱，并且打了我们一个措手不及，而且还成功地、始终如一地、接连地发动混战——而我们空有巨大的火力优势，却无从有效运用以赢得战斗。

我们拥有所有的资源：要人有人，要枪有枪，飞机、弹药、医疗补给

① 纳尔逊将自己麾下的舰长们称作band of brothers，即兄弟帮，意味着这群人都亲密无间，凝聚力强，战斗力强。——译者注

样样不缺。不过，将所有这些资源捆绑在一起并且向敌人进行投射，这需要投入相应的“舰只”，并且需要一个“海军将领”来确保所有的事务能够有效运转。军队中喜欢简写，我们也用一个简写词来描述在某种情况下拖累你的因素——limfac（limiting factror的缩写，即限制性因素）。当看到在阿梅尔污水处理厂被烧焦的尸体时，当环顾周围的环境时，我们开始意识到：我们的火力和优良传统之所以没能够使我们获得成功，并非因为我们不够努力，也并非因为我们缺乏聪明的战术，而是因为我们特遣部队组织基因中的某些东西。我们是20世纪的杰出组织，但在21世纪，这并没有什么用处。我们意识到，在所有不可预料以及明确无误的事情中，我们的limfac根植于我们日常的管理方式之中。

总结

- 2004 年，我们特遣部队所面对的伊拉克“基地”组织，从表面上看如同一支传统的叛乱武装；但在表象之下，它的行事方式与我们从前所看到的任何事物都有所不同。它没有传统意义上自上而下的管理模式，它的形式更类似于分散的网络状。事实证明，对付我们这些客观上更加成熟的军队，这种方式极其有效。
- 伊拉克“基地”组织特殊的架构使它在伊拉克的作战环境中显得生命力旺盛，而伊拉克的这种作战环境与我们传统上所面对的作战环境又有显著的不同。21 世纪是一个更互联、频率更快、更难预测的时代，我们在战场上遇到了这些变化，而实际上类似的变化正在影响几乎社会的每一个角落。
- 为了获胜，我们必须改变。让人吃惊的是，这种改变并非战术和技术上的，而是我们部队的内部结构和文化。换句话说，这种改变在于改变我们的管理方法。

第二章　还原论的时代与全新的时代

还原论的隐痛

伞降作战是困难、危险的军事行动。为了把82空降师600人的一个营空投到漆黑的降落区域，必须进行精细的规划和协调。首先，伞降人员必须集合到机场，而机场上须有12架C–17运输机待命，这12架运输机中，6架被用来运载人员，6架被用来运载重型装备。伞降部队刚刚结束复习训练，背上降落伞和自己的重型装备谨慎地排好队鱼贯进入飞机。空降营下属的各个连排会采取“交叉装载”的方式进入飞机，这样当抵达降落区域的起跳点上空时，他们就能在各个阶段进行同步跳伞，同一个连排的人员和装备就会大致降落在一个区域中。伞兵、成捆的弹药以及车辆都会被放在巨型降落伞下的托盘内完成“重型空投”，这些人员及物资都会被打上标记，方便在黑夜中快速辨认。

对士兵而言，这是一个熟悉的流程。他们投入几千个小时进行相关训练，确保精确性和整齐划一，这样在实战时他们就能够在地面上用最短的时间集结起来，打退敌人的进攻，抵达他们的目标。对于命令的服从与执行，他们始终坚持不懈，尽管如此，在战场上，很多伞兵还是经常发现自己在野外乡间四散着，找不到自己的车辆和弹药，不得不自己形成小股伞兵部队尽力去完成任务。即便有时候他们能够降落在一起，伞兵营仍然会被隔绝在敌军占领区内，无法立即获得充沛的增援，只能依靠随身携带的补给支撑，无论这些补给是多还是少。为了抓住成功的机会，他们必须学会将手中少得可怜的资源运用到最大限度，而且必须极端高效。

伞降部队是军事行动中经常存在的一个悖论的缩影。我们追求可预见性，并为此仔细地下达指示，设定可以简单复制的流程和苛刻的标准化机制，并且孜孜不倦地追求效率。这种可预见性是军队对抗混乱的基础，但也正是这种混乱有可能会吞噬整个作战行动。在历史上，这种对于秩序的追求往往能够取得许多让人印象深刻的结果；然而，到了 2004 年，我们明白单单具备效率已经不够。我们来看一看上述理念的产生根源，就可以知道为什么在对抗 20 世纪的威胁时这种理念是有效的，但在 21 世纪的网络化乱局中，这种理念越来越显得力不从心。

当战争爆发后，军事理论家一直在试图将战争实践简化成一系列的原则。孙武、马基亚维利、拿破仑以及克劳塞维茨都对此做出过贡献。我在西点军校的老师一直在强调一系列被普遍接受的原则的重要性，然而事实上没有单一的、可被接受的“万能理论”。其中一个最为人所尊崇的原则称，指挥官应该在决定性时间和决定性地点集中压倒性的火力。

集中火力通常意味着将部队聚集成紧密、整齐的队形，进攻布局类似的敌人，无论双方的手上是大棒、长矛、剑、步枪，还是加农炮。一般来说，战阵保持得更好的一方能够获得当天的胜利。铁一般的纪律以及良好的操练使士兵在面对弓箭、进攻的骑兵以及骇人的火枪射击时，能够岿然不动或进退自如。操练手册成为战场和训练场上的“圣经”。

如同伞降部队一样，罗马军队就是早期的一支通过操练有效获取秩序的部队。纪律和持续不断的操练是罗马各军团生命中的烙印。从士兵转变为历史学家的约瑟夫斯据说将罗马军队的操练称作“不流血的战役”，而他们获取成功的战役则被他称作“流血的操练”。[1]

罗马士兵身上的一切都被严格的纪律所约束，哪怕是他们建立兵营的方式也不例外。无论是建立暂时的营垒，还是在帝国的远端建立永久性的防御堡垒，其格局都遵循同一种规划。每个人都有其特定的建筑任务，每顶帐篷都有其应在之处。标准化作业使罗马人能够快速、有效地建立起有防御能力的军营。士兵可以在各部队之间调动，也可以在无须打破既有工作流程的前提下，加入新营垒的建筑工作。信使来到各个营垒和城堡，都能立刻知道在哪里能够找到当地的指挥官。最重要的是，一旦敌人发起进攻，在一片混乱和嘈杂中，本方军队就能够迅速、有效地组织抵抗。

1778 年冬季，乔治·华盛顿手下那支乞丐一般的军队通过类似对纪律和统一性的追求获得了重生。弗里德里希·威廉·奥古斯特·海因里希·费迪南德·冯·施托伊本（通常被称作冯·施托伊本男爵）是一名普鲁士出生的寻常军人，在福吉谷，他也加入了华盛顿的行列，将训练计划引入初生的大陆军，使其成为高效、具备实战能力的部队。

为了获取效率、达成可预见性，军队必须长期着装统一、训练划一并接受纪律约束，从而成为一台军事机器中可以更换的零件。从征召、应募或者被强征开始，士兵们的使命就是尽可能看上去没有区别。制服的功能，除了在战场上便于辨认外，还会对士兵的行为产生影响。弗里德里克大帝在军装的袖子上缝上一排没什么用的纽扣，目的在于阻止士兵用袖子擦鼻涕。更微妙的是，军装还帮助士兵树立忠诚、骄傲的信念，总而言之，军装让一个人“士兵化”了。

当我以一名青年上尉的身份加入游骑兵团时，我所遵守的《标准行动规程》详细到几乎好笑的地步。我的帆布背包里所带的装备和其他每名游骑兵一模一样，连每一件装备在背包里的哪个口袋都没有差别。折叠战壕挖掘工具（就是小铁锹）被挂在左边，里面挂着降落伞绳，连绳子的结都是被规定好的。如果没有遵守《标准行动规程》，立刻会有人来给你指正，有时候还会受到惩罚：星期六徒步行军 12 英里（约 19 千米）——当然得背着正确安放好的装备行进。

严格得如此不近情理看上去十分荒谬。这也使得“军事纪律”成为一个代名词，借以指代扼杀个性的专断行为，但所有这些规定都有其存在的理由。在敌军火力压制下或者在黑暗中（这也是经常性的），游骑兵必须能够在几秒钟内找到饮用水、纱布和弹药。准确打包的背包有时候就意味着生与死的区别。当一名特种作战人员从一架距离地面 1.2 万英尺（约 3.7 千米）的 C–130 运输机上跳出去时，他就会发现，当初他为了准确地把降落伞打包而拼命地死抠每一个细节是值得的。

如果你想精通微积分，那就得先从基础的加减法学起；同样，能够确保所有的降落伞带都在正确的位置，这种机械化的一丝不苟来自对小事执迷般的关注，比如绑缚挖掘工具的绳结。许多任务——从如何打包、如何进行空投到如何清理一房间的敌人——都被仔细研究过，其解决办法也经历过检验，然后被成千上万人所实践。标准化和统一性使得军事领导者和规划者能够将因为相似性而产生的可预见性以及秩序带入战争的疯狂环境中。随着部队规模的扩大，这些标准会显得更为重要。以美国武装力量的规模而言，这种标准化是必不可少的。

军事组织的风险是尤其可见以及巨大的，这涉及战争的胜负、人员的生死，但民事组织也会纠结于这些基础性问题：个性、标准化以及结果的可预见性。私人企业和整个组织的存亡，取决于商业领袖在多大程度上明白成功管理的诀窍。在斯巴达之后，作战部队发展出了上述程式，自上而下、严格的事前决策，对民事领域的行为进行“科学”管理，这些东西在很大程度上都是 19 世纪弗雷德里克 · 温斯洛 · 泰勒的遗产。他对我们思维的影响是深刻而广泛的，从运转企业的方式到摆放餐具的办法，都受到他的影响。对于我们特遣部队和其他 21 世纪的集体行动者而言，泰勒理念的遗产既是财富也是负担。

泰勒还原论的发轫

1900 年，44 岁的泰勒在巴黎博览会上所展出的东西是如此美妙，以至人们为了一睹为快而甘冒生命之险。[2] 在那个全球著名的郊区集市的小帐篷里，泰勒展出了 3600 英里（约 5800 千米）外宾夕法尼亚州伯利恒钢铁工厂的一个缩小版：一堆机床和几个工人不知疲倦地加工出金属铸件。对这次展览会的观众而言，泰勒系统的工作速度无异于奇迹：当时的标准是每分钟切割 9 英尺（约 2.7 米）的钢铁，泰勒的系统可以切割 50 英尺

（约 15 米）。[3] 在当时，工业制造是“最性感”的技术，泰勒的展示就好比现在史蒂夫 · 乔布斯把第一部苹果手机介绍给大家一样。

人们从欧洲各地来到这里，花几个小时排队只为了看几分钟泰勒的系统。法国冶金专家亨利–路易 · 勒法特利耶写道：“一开始没有人相信这惊人的效果……但最终我们不得不接受眼前所看到的一切。” [4] 一个英国工程师把泰勒的突破比喻成电灯的发明；[5] 另一个杰出的设计工程师断定泰勒的展出绝不亚于“人类历史上的里程碑” [6]。

那么泰勒到底创造出了什么？新的金属切割机？加热或冷却金属的新方法？泰勒所开创的杰出之处并不在技术上 [7]——他所使用的机器与其他公司相比并没有太多不同。他的天赋在于流程的规范化，规范到有如空降行动的精确执行。通过一系列的实验，泰勒制定出切割钢铁的最佳温度、机械师机器工具之间的最佳距离、用水冷却机床的最佳方式以及内部传送带运转的最佳速度。[8] 当所有这一切都拼凑起来时，没有一秒钟时间是被浪费的，没有 1 盎司（约 28 克）材料会被放错地方，工人们的劳动力也没有一星半点的浪费。

泰勒用更少的资源、更快的速度制造出更多的东西。他不是一个科班出身的工程师，但他天生就是一个优化大师。他的一个发小指出，在还是一个小男孩时，泰勒就试图找出“用最少的能量消耗就能走最长路途的办法，或者最简单的树立栅栏的办法，或者手杖的最佳长度和最佳比例” [9]。泰勒的这些心智被运用于解决人类组织的一些问题时，就产生了管理史上最具影响力的教条。

17 岁时，泰勒离开哈佛，进入一家工厂打工。[10] 由于非常聪明，他获得了在菲利普斯 · 埃克赛特学院寄宿学校学习的特权。在那里他潜心学习，并且一直是班级里的尖子生。追随父亲的脚步，进入收入不菲的法律领域似乎是不可避免的，尤其是在他进入高年级时，获得了大学入学资格后。但也就在那段时间里，时常发作的头痛和恶化的视力使得宠爱他的父母认为泰勒因为“学习过度”而患病（其实他很可能只是得了远视眼）。[11] 因此到了 1874 年末，他登上马车回到了自己位于宾夕法尼亚安静的家乡。在数月的无所事事之后，泰勒迫切需要做些事情——无论是什么事——来使自己充实、忙碌起来。他签署协议，给液压工程企业当学徒，这是一家位于宾夕法尼亚乡下制造蒸汽泵和液压机的小企业。[12]

在液压工程企业里，泰勒对于工业的喧嚣着迷不已。他第一次开始了解那些靠一双手吃饭的人。他也知道了家里那些奇妙的装置是怎么制造出来的，知道了工厂车间里的生活是怎样的，甚至试图咒骂这种生活（根据那些令泰勒尴尬的记述）。泰勒是学习西塞罗和乔治 · 福克斯之类的学问长大的，可如今他的社会圈子却使他完全淡忘了这些先贤的记述。不过泰勒却知道，工业正在重塑这个世界。他后来写道，在工厂车间里的 6 个月是“我所受教育中最有价值的那一部分”[13]。

泰勒发现，车间里的机器非常精准，完全是科学的产物，而将工人与这些美丽的机器连接起来的流程却如此“不科学”。他对这两者之间的对比及反差十分着迷。当时工业革命已经开创了一个技术上的新时代，而负责将所有因素安排到位的管理架构却没有任何变化，还停留在工匠、小作坊和同业公会的时代。知识在很大程度上是经验法则，而人们要通过漫长的学徒期来积累经验，才能成为够格的工匠。一个老牌机械师写道：“机械师通常并不具备正确的、充足的知识。有时有些人会给你一些不错的建议，但这只是例外，而非规律。”[14]

泰勒工作的第一天，一个工头把一把没有标度的尺子捅到了他的鼻子底下，将他的手指放在尺子上，并且要求泰勒说出正确的长度。泰勒想：这个把戏有点用处，不过为啥不在尺子上标上数字呢？[15] 在打造刀具时，有人教泰勒先把金属加热，然后将其捶打出钻石般的尖顶，但为什么是那种形状，没人给他解释。他写道："这是一种传统，毫无科学根据。"[16] 每个工人都会琢磨出自己的一套捶打、熔化和硬化的方法，也会有自己的工作和休息方法……每个人都觉得自己这套方法要比同事的好，因为没有参照物来供他们对比各自的成效，以至他们还是可以自认为最好，然后继续照此行事。而在泰勒看来，这些人不可能都是正确的，其中必然有"一种最佳的方法"①。

泰勒声称，他"学会了感谢、尊重和赞赏那些每天工作的技工"[17]，但实际上他也开始鄙视普通劳动者在工作中因循苟且、凭直觉行事的天性。他开始相信，在业务知识上这些人的保守主义将对工业效率产生遏制作用，使得工业无法将其全部潜能发挥出来。技术已经跨越式地发展了，现在管理却成了 limfac。

之后泰勒进入了费城米德瓦尔钢铁厂工作，成为车间负责人。[18] 他目光所及之处发现的都是可以上紧的发条、可以削减的臃肿以及可以节省的点滴时间，总之流程上尽是瑕疵。

泰勒认为工人们可以干得更多，于是他提高了最低生产速度的标准，工人们则把他视作傲慢的剥削者，暗中捣毁机器并且实施罢工。泰勒则迫使他们赔偿破坏所造成的损失，削减他们的工资，并且解雇了他们。[19]

---

① 恰当地说，"一种最佳的方法"是罗伯特·卡尼吉尔所撰写泰勒传记的书名。这本传记写得十分出色、全面，从中我们获得了不少资料。

泰勒为此斗争了两年之久。[20]他后来回忆这两年是他人生中最为悲惨的一段日子，之后他忽然产生了一个想法：或许他不应该强迫工人更努力地工作，而应该向他们展示他们完全可以提升产量。他应该仔细研究那些流传了几个世纪的经验之谈；他应该发现怎样切割钢材才是“一种最佳的方法”，并且证明这种办法的优越性，然后再让所有人照此行事。[21]于是，他开始进行一系列的试验，从而改变了几代人的工作领域。[22]

“科学管理”大行其道

于是，泰勒拿着一支钢笔、一本账簿和一块秒表，成天在车间里的工人堆里转悠，记录每一道工序的时间，纠正他们的动作，然后再次计时。他雇了一个助手分类记录每一道工序中每一个变量所需要的时间。[23]他决心以最“科学”的方式进行优化，秉承了经典力学分大为小、化繁为简的理论特性，将所有工作都拆解成最微小的元素。[24]当初，艾萨克·牛顿将物理世界进行解构，然后再试图搞清楚物理世界的真谛，而泰勒也试图用类似的知识工具来分析工厂里的工作。对米德瓦尔钢铁厂的工人而言，这是一系列谨慎的动作，在那里，泰勒仔细测算、对比、重新构建，从而计算出执行每一个步骤最快的办法。优化每一个微小元素的小小收获，聚集起来就能产生效率上的显著差异。

根据自己的上述发现，泰勒设计出指导卡片：卡片上不会给工人们下达诸如“加工一个轮胎”这样的笼统指示，而是告诉工人：

把轮胎放在准备运转的机器上[25]……

> 对正面边缘进行粗加工……
>
> 完成正面边缘的加工……
>
> 对钻孔面进行粗加工……
>
> 完成钻孔面的加工……

上述每一个动作都有预计完成的时间。[26]

“最佳方式”的理念如今已广为人知，但在当时，一个工人做事的方法是其手艺的一部分：可变化、个人化甚至事关其荣誉。[27] 对于一些将自己视为熟练工的人来说，被重新塑造成一台大机器中没有灵魂的小部件是件有辱人格的事，于是他们继续罢工并且辞职。他们联名写请愿书，抗议泰勒“羞辱性”的系统，他们达成一致：“任何被秒表束缚的工人将拒绝继续工作。”不幸的是，工人们的罢工与几年前相比，其影响已经不再那么大了。泰勒的系统意味着，在经过研究、评估和标准化后，这些罢工工人的工作已经被分解成可以被任何人执行的简单步骤。他能够找到愿意合作的新工人，而他高效的系统也大大增加了产量，他能够给予新工人的工资也提升了。泰勒不再害怕工人的辞职，他设定一个工人经过一天努力的工作应该达到的速度，达不到这个速度的人，都会被解雇。

泰勒的方法是残酷的，但对于企业所有者来说，他所取得的效果毋庸置疑。检修锅炉的成本从 62 美元（大概相当于今天的 2000 美元）降低到 11 美元[28]；加工一个轮胎的时间比原先缩短了 4/5；制造一颗炮弹原来要 10 个小时，如今只要 90 分钟[29]；其他公司要 2000 人完成的工作，在他那里只要 1200 人就能完成。

这些数据充分证明了泰勒当初的理念：技术能力与组织运转方式之间

产生了不匹配，通过严格的还原性优化、标准化，能够将技术潜力极大地发挥出来，成为实际的生产力。他对越来越多的因素进行测量，揭示了物质加工链和提升机器效率的瓶颈所在。[30]空间的物理布局、清理车间时的细节动作、传递命令的方式以及归还物资的既定流程，都要根据指导卡上他所强势制定的标准流程进行。[31]对于工作场所中的每一个细节，他都发现了最佳的做事方法，甚至连拧紧子母扣这样的小事也是如此。泰勒这样做的结果就是在这里节省了零点几秒的时间，在那里又省下了几美分的成本。

在一间小车间里，这样的节省或许是微不足道的，这也是为什么经验之谈能够大行其道，而干预性管理达不到预期目的。[32]但在成规模的工业生产中，几百台同样的机器和成千上万的工人会将这些微小的节省积累、叠加并成倍放大，从而在生产力和利润方面产生重要的差异。

到 1890 年，费城米德瓦尔钢铁厂成为工业界中的翘楚企业。泰勒离开了这家公司[33]，他试图通过“用科学统治车间”的办法实现更大的潜能。[34]泰勒的努力与当时一些科学思想相契合，这些科学思想深受早期思想家——诸如牛顿以及有“法国牛顿”之称的皮埃尔–西蒙·拉普拉斯——“优雅简化”思维的影响。当时的科学被决定论的理念所统治，而决定论认为，初始条件将完全决定事物的结果：球被抛出的速度，将决定球的运行轨迹，行星的轨道也是据此而产生的。在整个 19 世纪，自然现象曾经被写成落入人类控制下的、上帝所进行的工作。人们所看到的是一个“发条型宇宙”，所有的规律都是恒定的，所有的因果都是可以预见的。如果知道规律、知道输入的条件，你就可以预见并且操纵结果。挑战在于你要把发条拆开，搞清楚这发条是怎样组装起来的。

泰勒创造了一个“发条型工厂”，系统性地消灭可变化因素，研究所有的劳动并最终把这些劳动的里里外外都搞清楚，然后将其效率推到最顶点，确保在大范围中所有的精确流程都被遵循。由于他能够研究、能够预见，他也因此能够控制。他把自己的理念称作“科学管理”。

泰勒由此成为世界上第一位“管理大师”。在威斯康星州的一家造纸厂，有人告诉他化浆和干燥的工艺无法通过科学方式被还原分解。[35] 于是他在那里采用了自己的系统，让原材料成本从每吨 75 美元降低到每吨 35 美元[36]，劳动力成本从 30 美元降低到 8 美元。在一家球类生产厂[37]，他对光照亮度、工人休息时间等都进行了试验，从而使得生产的数量和质量都有了提升，同时雇用的工人数从 120 人降低到 35 人；在一家生铁铸造厂，他把工人的产量从每天 12.5 吨提升到 47 吨，并且将工人的数量从 600 人降低到 140 人。[38]

当泰勒位于巴黎的帐篷向世界展示伯利恒的钢铁厂如何能在 1 分钟内切割 50 英尺钢铁时，当初在米德瓦尔钢铁厂发端的、用于解决车间内劳资争端的理念，已经成为具有眼光的工业家的“圣经”。

还原论思想深入社会肌理

泰勒的理念在各家公司间传播、在各个行业间传播、在蓝领与白领间传播，以至人们都认为，将纸张塞入打字机、坐在办公桌前以及用回形针把文件夹起来，都应该有“一种最佳的方法”。这些理念还渗入到政府的办公场所。泰勒的哲学，也就是把凭直觉做事的人换掉，代之以一群分散的、通过还原性方式能够发挥最大效率的人，这对于那些将人们组织起来进行某种活动的领导人而言，也是一种全新的方法。这种工业工程学的技术发展可谓行为以及灵魂上的伴侣。

泰勒的成功，在于将“管理”制度化作为纪律。过去，管理岗位往往是给予那些常年效力者的一种奖赏，让他们能够以更轻松的劳动获取更高的报酬。管理者的主要功能在于确保事情按部就班并且保持下属的士气。而在泰勒的管理思想中，管理者不但是要负责研究的科学家，还需要是效率的构筑者。[39]

这就在知与行之间画下了一道坚硬和明晰的分隔线：管理者负责思考、规划，工人们负责执行。[40]从此之后，工人们不再去理解事情为什么会这样做，或者事情怎么会成为这样——事实上，管理者认为让工人们“知其所以然”，或者因为工人们具有专业知识而多付其工资，这是一种浪费。在造纸厂里，泰勒看到工人每隔一段时间就会把纸浆的样本提交给一名化学师。泰勒让那名化学师下岗，代之以一个架子，架子上放了许多试管，试管里是各种标准条件下的纸浆。[41]工人们只要自己去核对，就能够知道样本与哪种标准条件最符合。就这样，工资高昂的熟练工，可以用一个不学无术、工资低廉的毛头小伙子来代替。通过制定极为精确的操作指南和几张图表，泰勒就不会再担心失去拥有几十年经验的、工资高昂的熟练工，代之以那些对于顶层设计流程没有丝毫质疑的年轻劳动者。[42]

泰勒告诉工人：“我雇用你们，是看中你们的力气和机器般的能力。我们会给另一批人发工资让他们去思考。”[43]《科学管理原理》是泰勒所发起运动的“圣经”，在书中，他将劳动者描述成白痴，嘲笑他们说话语无伦次，认为这些人“在精神上是迟钝的”。[44]

在其中的一段他写道：

> （工人）应当愚蠢、淡漠，与其他人相比，他在精神上更类似于牛……最适合锻造生铁的工人没有能力理解这类工作真正的科学道理所在。他是如此愚蠢，以至“百分比”这个词语对于他而言没有任何意义，必须由另一个比他更为聪明的人来训练他养成按照正确方式进行工作的习惯，然后他才能取得成功。而这种习惯，是与相应的科学规律相匹配的。[45]

泰勒的言论是无礼和不准确的，但有一点是正确的：许多人做事的方式效率很低，这些细小的、效率低下的工作流程在工业领域中被成倍放大，就会造成产量降低。从学徒制和小型家营企业盛行的时代至今，世界已经变得更为复杂。复杂到了一定程度，个体和一部分人的灵感及直觉已经无法支撑起大规模的工业行为。生产流程的庞杂及精细已经要求规划者和协调者确保所有要素能够高效、有效地拼接起来。而管理者的地位也相应提升，他们如今要承担起设计上述蓝图的重任，而工人们则降格成为执行工具，这一切似乎顺理成章。

这种对于效率的追求，其核心在于还原论。泰勒的办法是把工作拆解成最简单的要素——垒砖的工作被拆解成 5 个离散的动作，而加工轮胎则被分解成 12 个步骤。[46] 只有管理者，即规划者和协调者必须去理解所有的要素是如何拼接起来的。这样的一个系统是极端专门化的结晶，体现了亚当·斯密和大卫·李嘉图在几个世纪前所提出的主张。原先生产一辆小汽车要几天，但 1913 年，亨利·福特上马了组装生产线[47]，将整个组装流程分解成一系列专门的步骤，从而将一辆汽车的生产时间缩短为 93 分钟，这是泰勒思维列车的自然延伸。①

早在泰勒出生前几个世纪，军事规划者就对泰勒的理念多有倚重，比如规划和执行分开，比如标准化以及强调效率。不过泰勒的理念还是启发许多军事领导者找到了新的办法，来创建更具效率的战斗部队。在第一次世界大战前的几年里，欧洲为动员和部署规模庞大的军队制订了复杂的计划，其基础在于时间精确的铁路运输线。那些还原论的大师级规划者们把进攻行动拆解，规定每支部队每个小时应当前进几英尺几英寸。指挥链的下层会接收到如同“泰勒指导卡”那样的命令。历史学家A.J.P.泰勒把这种办法称为“时刻表战争”，这一比喻非常有名。[48]

当美国加入第一次世界大战时，整个国家试图运用还原论的办法把枪炮、炸药以及军靴的产量提升到前所未有的高度。历史学家塞缪尔·哈伯写道：“效率成为爱国者的责任……泰勒关于生产不能受到组织管理形式限制的主张已经成为常识。”[49]20年后，当第二次世界大战爆发时，还原论办法使得未经训练的佃农在几个月里就成为焊接工和造船匠。在“珍珠港事件”后，美国这个“民主国家的兵工厂”生产军事物资的规模让世界瞠目结舌（包括7000吨的“弗雷德里克·温斯洛·泰勒”号舰艇[50]）。到了1945年，美国工厂制造出了3.1万架飞机、12.4万艘军舰、60973辆坦克（德国制造出19326辆），以及大量的卡车、步枪、军装和弹药。[51]彼得·德鲁克被誉为“现代管理学之父”[52]，他认为没有泰勒的创新，美国无法击败纳粹德国。

对泰勒来说，效率远非一系列的商业实践——它是一种“精神革

---

① 值得一提的是，福特否认科学管理理念对他有任何影响。不过无论如何，有一点儿很清楚：福特和泰勒的方法都来源于对效率的根深蒂固的信仰。

命”[53]，适用于日常生活（他坚持不懈地试验，试图找出最高效的制作美式炒蛋的办法[54]），适用于琐碎小事（泰勒痴迷于打网球，他花了几年时间优化其球拍的角度，最后获得了冠军[55]），也适用于地缘政治。用他的话来说就是：

> 科学管理的原则运用于所有社会活动都具有同等效力：管理我们的家庭；管理我们的农场；管理商人们的商业，无论规模大小；管理我们的教堂；管理我们的慈善机构、大学以及政府部门。[56]

在国内，政府积极地推行泰勒的主张，就如同在战争领域推行泰勒的主张一样。1910 年，一群实力颇强的铁路公司请愿，要求政府实行零利率，而最高法院裁定这些公司不需要零利率，如果这些铁路公司采取泰勒的科学管理法，每天可以节省 100 万美元——而零利率给它们带来的收益也不及此。[57] 在本案中，代表“消费者”的律师——路易斯·布兰代斯（他后来被提名进入最高法院）写道：“在我所接触的所有社会和经济运动中，没有一个能够像科学管理那样重要和充满希望。”

历史学家格伦·波特解释道：“科学管理如同某种世俗的宗教般具有魔力；泰勒就是弥赛亚，而他的追随者将‘科学管理’四处传播，他们过去和现在都被称作‘门徒’。”[58] 在 20 世纪第一个十年间，这些门徒降临到全美的各个工厂、作坊和车间里，开启了通过测量进行优化的新时代。一个名叫罗伯特·肯特的人写道：“还没看到过哪一群十字军战士能够以比他们更加强悍的能量、更加狂热的忠诚去作战，这里所说的‘他们’是指那些早期在此次运动中为‘科学管理’而战的人。”[59]

这些信徒把所有领域都还原简化成一系列的“科学原则”。亨利·法约尔是一名矿产工程师，他写了一篇论文《工业管理以及普遍管理》，他将管理还原简化成5个要素：规划、组织、指挥、协调以及控制。[60]社会学家卢瑟·古利克以及林德尔·厄威克则断定，政府的领导责任在于规划、组织、指导、协调、报告和预算。[61]

泰勒兜售自己的主张，将之吹嘘为放之四海而皆准的灵丹妙药。“根据我的判断，”泰勒写道，“任何民族的文明究竟达到了怎样的高度，最好的衡量标准就是它的生产力。”[62]他认为他的“精神革命”可以导致：

> 和平代替战争；热心的、兄弟般的合作代替争论和斗争；齐心协力代替分崩离析；互相信任代替彼此怀疑；交朋友代替树敌。[63]

传记作家兼历史学家罗伯特·卡尼吉尔写道：“到了20世纪20年代，似乎现代社会都整体拜倒在一个统治性的理念脚下：浪费是可耻的，效率是最高利益，消灭浪费达到高效是专家要做的最紧要的事。”[64]记者艾达·塔贝尔进一步认为：“在美国工业史上，还没有一个人能够向弗雷德里克·温斯洛·泰勒那样，对于天才的写作和公平的人际关系做出如此大的贡献。他是我们时代屈指可数的创造性天才之一。”[65]

在那之后的几十年间，泰勒的星光暗淡下来。他对待工人的做法遭到广泛抨击，而他将人视为可操作机器的理念也被批评。到了20世纪60年代，麻省理工学院教授道格拉斯·麦格雷戈就人力资源的管理提出了“X理论”和“Y理论”。这两个理论十分有名，它们拼凑在一起，对“泰勒理论”的原则提出了反驳：在麦格雷戈看来，泰勒的办法（X理论）把人视作极端懒惰、需要经济刺激以及严密监控才会工作的物种，而麦格雷戈针锋相对地提出“Y理论”，认为人们可以自我激励、自我控制，并且认为如果尊重员工，管理者能够获得更好的结果。

但泰勒理论的基础部分相对没有受到多少挑战，人们依然觉得，追求效率才能创造出强大的企业，而管理者的角色就是将事物拆解，并且规划“一个最佳的办法”。有关如何对待劳动者的争论，归根到底也是为了提高效率，获得“最佳的办法”。我们今天或许会对机械化战争的残酷后果，以及生产线的非人性化内涵感到心有余悸，但支撑上述理论体系的原则依旧深深嵌入所有的管理和领导方法之中。我们依旧忠实地寻找那个“最佳的办法”；我们依然把组织的领导者视为规划者、指挥者和协调者——那些有如棋手一般的战略家负责监督盘根错节的部队调动、市场调节和全球供应链。

我们的组织架构就反映了这样的理念。无论赞同的是“X理论”——认为工人是懒惰的，还是秉持“Y理论”——觉得工人是有积极性的，大多数的组织架构图表看上去都十分类似：一堆垂直化纵列的组合，每个纵列其实就是一个部门，专门负责一个领域；还有一堆水平的分层，代表了权力的等级，而最顶端、最有权力的那一层是唯一可以调用全部纵列的层级。处于顶端的人物，我们认为他们应当负责战略决策；处于底层的人物，我们认为他们应当根据指示行动。在这样的组织架构图中，我们似乎能够看到效率、战斗力和逻辑，这其实是将规划和执行互相分离思维的自然延伸。从我们的领导方法到组织形式，还原论是当今管理理念的基石。

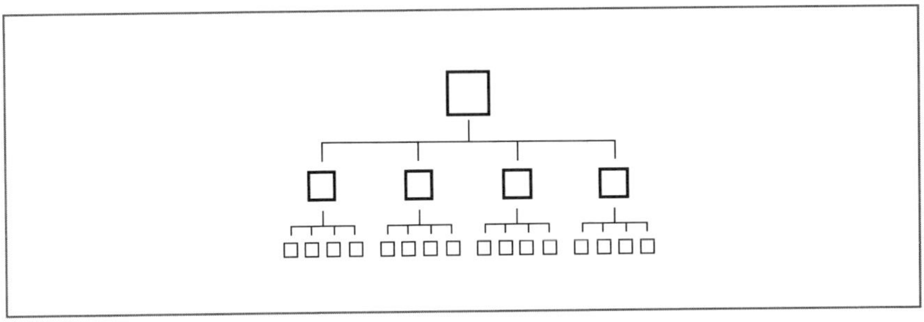

图 3　泰勒的还原论系统规划法自然地形成了新一代整洁、干净的等级制度。在每一个层级中，管理者会检视目标，将目标分割成互相剥离的任务，并且将任务打包分派出去

我们不再告诉秘书该怎样用回形针把文件别起来，但我们肯定在网上读过不少诸如《5 个办法让你的一天变得更高效》《7 条小经验让你的产量提升到最高》之类的文章。我们认为，每个人如果都能达到生产力的上限，那么总体的结果必然最佳。我们对于“最佳方式”十分着迷。历史学家认为，今天我们对时间的珍惜程度——空闲时间从原来散漫的自由活动变为如今的有组织娱乐，以及里根政府所提倡的管理联邦官僚机构的办法——都要归功于泰勒主义。[66] 批评家克里斯托弗·拉希认为，泰勒主义使得“美国梦有了新的解释”。[67]

一个泰勒的门徒在 20 世纪 40 年代写道，尽管他为散播泰勒主义的十字军战役投入了巨大精力，但他和他的同道者们“做梦都没有想到，在不到 25 年的时间里，科学管理的原则会如此深入我们工业生活的肌理中。这些原则成为常识，工厂即便不知道科学管理为何物，也会不自觉地按照其原则行事，那些工厂或许连泰勒的名字都没有听说过”[68]。彼得·德鲁克认为，泰勒比卡尔·马克思更有资格与达尔文、弗洛伊德一道，在现代知识思维的圣殿中占有一席之地。[69]

泰勒改变的不单单是我们世界的组织方法，还包括我们解决问题的思考方式。历史学家杰里米·里夫金认为："（泰勒）对于人们日常公共生活和私生活的影响，比 20 世纪其他任何人都大。"[70]

新世界需要重写游戏规则

如果泰勒被人从 20 世纪之初拖到 21 世纪之初的伊拉克，并且受命统领我们的一支特遣部队进行作战，他会很高兴。作战人员和部队像发条般轮换如飞。夜间一支部队轮休，另一支部队的几百人将蜂拥而至，投入战场，被代替者第二天会出发，而所有这些行动的发生都不会削弱我们在战场上持续执行任务的能力。直升机和其他空中作战工具将任务执行到需要维修前的最后一分钟，然后搭乘运输机返回美国，而它们所搭乘的运输机在几小时前刚刚将维修好的直升机投入战场。飞机驾驶员会从一个座舱跑到另一个座舱，不会遗漏任何一次痛扁敌人的机会。作战人员的武器以及单兵装备会在他们休息区域的过道里以及出发地点精确地摆放得整整齐齐，使他们一接到命令就能够立刻出发。还会有一块公用的区域，给他们更新装备。从重型装备到单兵装备，我们系统中的所有事物都在拼命寻求着效率和精确。这就是我们经常所说的"酷毙了的机器"——反恐组装流水线。

这种苛刻地要求整支部队进行精确协调的办法，在"鹰爪行动"中遇到了困境。"鹰爪行动"就是我们 1980 年营救在德黑兰大使馆被劫持人质的行动。当时，美国人被劫持为人质已经达 5 个月之久，我们的行动复杂得让人抓狂，包括"接触人质""获取人质""撤离人质"，但行动仅仅在第一个阶段就遭遇了厄运。在伊朗沙漠的偏远地带，一架由海军陆战队驾驶员驾驶的海军直升机与一架空军的运输机相撞，而空军运输机里装载着陆军的突击队员，部队还没有抵达距离目标 200 英里（约 322 千米）的范围，整个任务就被蒙上了阴影。此后，由参谋长联席会议任命的霍洛韦委员会调查了作战失败的原因，建议成立一支专门的联合特遣部队协调、规划美军的特种行动。这是一种“不会再犯”的思维。我们需要在顶端设立新的管理层级——在还原论结构中增加一个新层级的流程——来确保事情能够精确地拼凑在一起，就如同泰勒在米德瓦尔钢铁厂的车间所做的一样。我们的特遣部队将军队各个分支机构中的精英部队抽调到自己麾下，而它正是上述理念的产物。

当我在 2003 年接过指挥权时，特遣部队正如火如荼地进行着“全球反恐战争”。战斗在亚洲、中东以及东南亚的广大范围内进行着，但最大的战场无疑是伊拉克。在最初的入侵行动后，我们的主要责任在于捕猎前萨达姆·侯赛因政府的高级领导人。为此，我们还在 2003 年 3 月发布了著名的“扑克牌通缉令”，把我们要抓捕的 55 名萨达姆政府高官的名字和照片印在一副扑克牌上。

一开始似乎一切顺利，那些大腹便便、一根根地抽烟的家伙纷纷落入我们手中，他们都是那个独裁者的打手。然而扎卡维的叛乱组织也同时在壮大并且变得老练，它构成了另外一种不同的威胁。2003 年，伊拉克“基地”组织看上去还不太像反抗集团的主要代表，但我们已经能够感受到一些隆隆作响的迹象，有如夏日午后远处的闷雷——风暴已经临近。我们规划严密的、还原主义的精确性在 20 世纪能够孕育出杰出的组织，但现在我们正在一个新时代中作战。

到了2004年初春，我们了解到伊拉克将“变天”。特种行动部队的设计理念，是运用拥有独特能力的少量作战人员，在设定的时间内如同利剑一般准确地执行任务。这些行动如果能够得到准确的执行，则将成为效率的终极体现，行动中的经验未来也能谨慎地继续使用。然而随着战斗规模和复杂性的增加，有一点开始清晰起来：伊拉克“基地”组织让人惊愕的规模和灵活性意味着我们需要在战术上越来越能够伸缩自如，而这种战术上的伸缩自如只有特种部队才能够具备。要想在伊拉克规模更大的任务中取得成功，我们就要在前所未有的范围内，以前所未有的、持续的密度承担责任——而且在可以预见的将来，看不到这种情况会有终止的那一天。

战斗的规模是空前的，工具也是崭新的。新信息技术的产生，包括精确制导武器、全球定位系统、夜视系统以及其他技术上的进步，也在改变着我们战斗的方式。直升机可以精确地于一片建筑物的海洋中找到某一个屋顶并且悬停在其上空，机上的作战人员可以实现精确地从天而降，通过头盔中的耳机及听筒与无人机控制人员联络，而无人机则可以提供持续不断的视频监控。在抓住目标人物后，还可以搜集生物学资料来确认此人的身份。

在伊拉克，我们行动的标准流程被称作“3F–E–A”，找到（find）—锁定（fix）—终结（finish）—利用（exploit）—分析（analyze）。从概念上看，这一流程很简单，而且其中许多因素和战争本身一样古老。第一，必须“找到”目标；第二，必须“锁定”它，从而实时知道它的位置；第三，作战人员由此就会“终结”目标人物，从战场上消除威胁；第四，目标人物会被“利用”以获取情报（房间会被搜索，目标人物会被拷问）；

第五，搜集到的情报会被“分析”。然后，上述流程会再走一遍。这种流程来源于类似的瞄准目标和决策流程，比如著名的OODA流程：观察（observe）—定向（oriented）—决定（decide）—评估（assess），这是一个战斗机驾驶员所使用的流程。这些流程的目的，都是试图通过持续不断的提炼、理解局势来提升作战效率。

首先我们必须进行调整，以适应这种战斗的速度和规模。传统上，我们运转的节奏比较慢，实施的都是次数较少的、经过精心策划的、外科手术般的精准打击，但现在我们几乎每天都实施打击，而且经常同时实施多次打击，我们要迅速跟上节奏。这种类型的工作并非全新的——无非以更大的量级做之前的事情。在几个月之内，我们就建造好了我们“酷毙了的机器”。

但也有一些不祥之兆。我们被要求承担新的责任，使用的也是不熟悉的工具，而且所处的环境是我们无法完全理解的。[①]我们所面对的挑战者无法想象，我们是在怎样的范围内实现了高效率；我们也开始明白，新世界与旧世界之间的区别是一条鸿沟，不能指望用新的、更复杂的、来自上层的精确指导来弥补这条鸿沟。高效的系统为我们提供了坚强的基石，但这些系统不可能为我们带来胜利。

这个新世界需要彻底重写游戏规则。为了取胜，我们不得不将上一个千年中许多军事行动中的经验教训放到一边，并且抛弃一个世纪以来为了优化效率而学到的东西。

① 读者后面就会看到，本书的主旨之一在于仔细检视我们理解范围之外的世界有多么广袤。而在2004年，我们还不理解上面这句话。

马奇诺防线的启示

1930 年，法国开始建造其著名的马其诺防线，这条防线以法国战争部长、“一战”老兵安德烈·马其诺命名。马其诺和他的几百万名同胞一样，在现场看到过死亡、疾病和静止不动的壕沟战所带来的痛苦。就如同霍洛韦委员会在几十年之后所做的那样，马其诺也试图找到一劳永逸的办法，希望恐怖的事情不会重现。

整个工程历时超过 10 年，马其诺防线可以说是中国万里长城的现代版；大量地道、补给通道和为单个士兵以及大量炮兵准备的交叉火力阵地，构成了无法渗透的体系。地表下，马其诺防线还有许多层，里面不单单有士兵的休息区域，还有医院、电话局甚至地铁。这条防线横卧在整个法德边境线上，并且向地底延伸了 12 英里（约 19 千米）。可以说它是军事规划的奇迹，用来威慑性遏制来自东方的入侵者。

1940 年，德国人冲向马其诺防线，然后突然停下——他们上演了一次佯攻。同时，德国人的装甲师如利刃般插入比利时、荷兰以及卢森堡——这些都是几乎没有抵抗力的中立小国。坦克技术的发展使得德国人如虎添翼，与“一战”相比，他们的部队纵列机动速度已经突飞猛进。他们闪电般攻入低地，从北部闪击法国，也就是从侧面绕开了无法突破却也无法移动的马其诺防线，而德国的空军则轻而易举地飞跃了马其诺防线。法国遭到一记猛烈的“右勾拳”，目瞪口呆，两个月后就投降了。

今日，人们经常用马其诺防线来比喻愚蠢的事情，不过实际情况是复杂的。这条防线在设计上所代表的理念是，希望“一战”中泥泞的战壕和血腥的残杀不会再度出现，德国人也无法通过法德边境发动陆地入侵。有人认为，如果没有建造这条防线，德国人或许可以长驱直入，在更短的时间里获取胜利。但除了外观上令人望而生畏，安德烈·马其诺的创造已经无法在一个新的环境中发挥作用，这是一个由坦克、飞机构成的新型作战环境，而敌人的指挥层也没有选择按常理出牌。马其诺防线没有能够制止德国人的进攻，它催生了一种全新的战争。

2004 年，我们如同发条般策划进攻，试图最大限度地利用每一滴燃料。在管理上，我们正在修建一条“马其诺防线”：我们极为高效的流程和计划设计精良，而且十分必要，但想要达到目的这已经不够。

如同马奇诺将军一样，法国人想出了办法来避免重蹈第一次世界大战的覆辙，而我们设计出一个组织，避免重复“鹰爪行动”中所出现的尴尬。就如同坦克的出现改变了军事防御中的实际态势，信息时代技术的扩散使得泰勒主义式的高效成为一种过时的管理范例。

在过去的一个世纪中，确保伞降突击的那种组织办法已经扩散到军队、工业和商业领域中。然而，在今天的环境里，这些办法已经可以被视作 1874 年曾经让泰勒难受的、落后的学徒制。在伊拉克，我们的敌人缺少资源，却通过网络化方式获得让我们无法解释的成功，这表明，他们已经比我们提前找到了方法。从管理上说，伊拉克“基地”组织给了我们“一记猛烈的右勾拳”。

总结

- 我们特遣部队的结构，以及纪律观念强、分层还原的文化深深根植于军事管理的历史传统中。
- 这种组织文化不单单是军队所独有的，自从工业革命之后，大多数行业都认同与弗雷德里克·泰勒的“科学管理”类似或一致的管理理念。“科学管理”体系在应付大规模已知、可重复的流程时，能够达到极端高效。
- 2004 年，我们意识到，“科学管理”虽然在整个 20 世纪获得了成功，但依然有其局限性。如同马其诺防线一样，它不足以应对新一代的威胁，效率已经不再满足现实需要了。

第三章　从复杂到错综复杂

1882 年，在泰勒及其工厂所处世界的另一边，土耳其帝国大马士革总督决定执行一次重要的教育改革。塔里克是一名贫穷的、虔诚的穆斯林，厌恶改革的他走到城镇广场，站在临时演讲台上，开始煽动反对政府的情绪。当局有必要因此感到担心吗？或许吧。无论从哪方面来看，土耳其当局几乎都不知道有关这个人的任何信息，因为他与当局所熟知的敌人没有任何联系，更没有结盟。不过，即便不知道塔里克这个人究竟是干什么的，当局还是预计不会有多少人会去听他的妖言惑众。只有那些每天经过那个临时演讲台的人，或者处于这一行动半径范围内的人，才会看到这个人在抗议。更何况，城镇广场本身也在政府的掌控之中，如果事态开始变得无法控制，他们几乎能立刻就把问题解决掉。他们或许会逮捕他，或许让他说完自己的话然后离开。无论如何，在当局眼中，塔里克没有对国家构成任何威胁。

让我们快进到 2010 年。

塔里克站在突尼斯西迪布济德省的一条街道上，他声嘶力竭地痛斥当地警方的腐败。21世纪的突尼斯当局拥有先进的信息技术，通过数据追查，当局或许知道有关塔里克的许多信息：他在哪里购物，他喜欢买什么，哪些网站是他在网吧里所热衷浏览的，他在脸谱网上的朋友都有哪些，他的宗教和政治信仰如何。只要有计算机，并且进行简单的研究，当局就能够比1882年的那个土耳其总督得出更为精确的有关塔里克的结论。但在2010年，塔里克所能够掀动的风浪，比其政府所预料的要大得多，因为塔里克居住在一个更为错综复杂的世界里。

第一个塔里克是虚构的，第二个塔里克是突尼斯的水果小贩塔里克·塔伊布·穆罕默德·布亚齐兹，当他把汽油倒在自己身上并且自焚时，事态开始以令人窒息的速度超出人们的控制：一群人抗议他的死亡，而他的一个表亲用自己的iPhone记录下现场的情况。[1] 两天后，视频在YouTube上出现，配上一张塔里克的照片，浑身着火，奄奄一息。更多的抗议爆发了，这些抗议的视频在脸谱网上传播。在各处的阿拉伯人都能看到自己的突尼斯伙伴们走上大街。不仅半岛电视台，《纽约时报》《卫报》也开始报道西迪布济德省那个小镇中所发生的事情。在3个月内，胡斯尼·穆巴拉克的政权就在距离这里1400英里（约2253千米）外的开罗终结了；穆阿迈尔·卡扎菲在实施了长达40多年的独裁统治后，也失去了对利比亚的控制；叙利亚也陷入了看不到尽头的内战深渊。

与历史上任何时期相比，我们已经有了更多关于阿拉伯社会的资料，已经有了更多有关像塔里克这样的人的资料，但没有任何政府、任何搜索引擎、任何社交媒体平台预见到塔里克的自焚及其所造成的影响。

上述这两个“塔里克”显示了在过去的一个世纪中，在技术获得巨大进步的条件下，依然存在着矛盾之处——我们预见未来的能力被削弱了。关于这个世界，我们对其中的任何事都知道得更多；但在很多方面，这个世界也正变得更加不可捉摸。

看上去，技术进步与上述这种“不可捉摸”存在矛盾之处，然而实际上正是前者导致了后者。最近几十年的技术发展与泰勒时代有根本性的不同。我们或许会想，如今我们有更强大的技术手段能够追踪、测量塔里克这样的人，并且与这样的人取得联系，这些技术手段能够增强我们精准的、在“发条型宇宙”中的管理能力。然而事实却是相反的：这些变化产生了一个完全不同的环境——一个不可测、错综复杂的环境——这令那些依照泰勒主义追求效率原则建立起来的组织深受困扰。由此也可以解释，特遣部队以20世纪的标准衡量是一部“酷毙了的机器”，但如今却在崩溃。

哪些东西被改变了？为什么这些改变会使事物变得更加不确定？而这些改变又会如何影响管理？我们有必要特意去理解上述问题，因为这对解决我们的问题十分关键，而且我们并不孤单。在之后的分析中，我们发现在伊拉克地面上所发生的现象，从农学到经济学，即在更宽广的领域中都能够被观察到。

小“因”的非线性运行

要想解决“两个塔里克”的问题，让我们先来看一个故事。故事的主人公是1961年在麻省理工学院工作的一个折中数学家兼气象学家——爱德华·洛伦茨，他当时正在使用最尖端的电脑试图预测大约一年内的气候情况。[2]气候是一个充满了玄机的问题。在几十年前，人们就能够精确地计算出哈雷彗星的回顾周期，而潮汐和日食也早就能够进行科学的预测，但气候的奥秘依然无法洞察。洛伦茨希望通过新的技术能够在某种程度上找到地球气候的变化奥秘，就如同发条般的宿命论那样，明白什么是必然会发生的。他用电脑进行模拟，并且建立了基本的图表以便更好地看清自己数据库中的气候趋势，试图从中发现某种模式。

一天，洛伦茨在重新检测一个特定模拟场景时走了一条捷径。他没有从头开始运行整个程式（当时的电脑与现在相比要慢得多），而是从中间开始运行。他键入了一串数字，这些数字是他前一次运行程式时所得出的，这样他就能确保初始条件和先前的那次运行是一致的。[3] 键入完毕后，他走出去拿了一杯咖啡，然后让电脑自己去运算并得出新的预测结论。照理来说，这次运算应当和先前那次得出一样的结果，因为洛伦茨没有做过任何变动，而且在输入时他也反复检查过。但当他看到新的输出结果时，他震惊了：这一次的输出结果与上一次有很大区别，似乎就是“变出来的两个随机的天气”[4]。

洛伦茨仔细检查了他的新结果，试图在电脑中的某处找出代码里的错误。在数周的分析之后，他发现了罪魁祸首：不是代码或者电脑，而是数据。两个看似相同的模拟场景，其实有非常细微的差别。引起洛伦茨注意的程式是运算法则的产物。第一次运行程式所使用的电脑内存，对于任何数字都储存 6 位小数，而第二次运行程式所使用的电脑内存，只储存 3 位小数。他没有料到，电脑在运行程式时，输入.506127 和输入.506，在最终的结果上会出现如此大的偏差。[5]

在一个“发条型宇宙”中，这种区别不会造成结果上的不同。通过计算，我们已经用明确的办法成功地预测了日食、潮汐和彗星的轨迹；数据输入时微小的错误，会导致预测结果上小小的偏差——比如日食比预测的早几分钟或者晚几分钟出现。

但天气却不是这么回事。洛伦茨因为舍弃几位小数而出现的错误，是出现在一个各因素彼此更加相关，并且更不稳定的环境中，而哈雷彗星在真空中运行，影响其运转的因素要简单得多。轻微的空气扰动，可以受到一些几乎无法评估的小事情的影响，比如蝴蝶翅膀的扇动会影响更大的空气潮流，从而改变冷锋或热锋的形成——一系列类似这样的事情，能够将最初的扰动以几何级数放大，从而完全改变可靠的预测结果。洛伦茨先前的程序是正确的。

几年后，洛伦茨在一篇论文中发表了自己的发现，他将论文命名为《巴西一只蝴蝶翅膀的扇动，能否在得克萨斯掀起一场龙卷风？》[6]。于是“蝴蝶效应”①问世了。

洛伦茨的蝴蝶效应是关于错综复杂的现象的物理宣示。这里的“错综复杂”不是指我们日常用语中的“复杂”。日常用语中的“复杂”，是指所有不简单或者无法凭直觉预测的事物；这里的“错综复杂”是指更加受条件约束、更加技术性的以及更加混沌的场景。这种“错综复杂”难以定义，那些研究它的人经常引用最高法院法官波特·斯图尔特关于“淫秽”

① 与人们通常所认为的不同，这个概念并非出自雷·布拉德伯里在1952年写作的短篇小说《听雷》。然而，这个故事的确体现了这种现象的一个方面。在故事里，在不远的将来，人类使用时间机器回到过去去捕猎恐龙。捕猎者无法将自己的猎物带回20世纪，甚至在捕猎时无法踏上史前时代的土地（他们为此建造了悬浮通道），因为干涉过去可能对现在有消极影响。一次，捕猎出现了问题，猎人滑倒，从悬浮通道上短暂地跌落，压死了一只蝴蝶，然后又跳回到悬浮通道上。当他和他的向导回到现代时，发现“空气中有一种味道——一种细微的化学废物，这种味道如此细微，以至他在潜意识里才会意识到这种化学物质的存在”[7]。此外，使用的语言出现了变化，当选总统也换了人。一只蝴蝶的死亡，经过亿万年生态系统的扭曲和变化，其效应被传递、放大，最后使得整个社会都发生了改变。

罪行的评论："我看到它了，我就能知道。"错综复杂的事物——如活体器官、生态系统、国家经济——有许多各不相同且又互相联系的因素，它们经常彼此互动。由于这样的联系密度，错综复杂的系统会剧烈波动，从而展现出不确定性。在天气的例子中，在某个地方小小的扰动就能引发一系列的反应，从而在另一个地方形成无法预测以及非常严重的后果。因为在起因和后果之间，存在着以 10 亿计的微小的互动因素。在一个生态系统里，一个有些许突变的病毒就能向野火一样蔓延，导致巨大的人口损失，并且通过食物链，改变当地的生物学序列。在经济领域中，一家银行的倒闭也许不会产生任何后果，但也有可能导致整个系统连锁式的崩盘。

"错综复杂"和"复杂"是两回事。复杂的事物或许有多个部分，这些部分以比较简单的方式彼此连接、彼此相依：一个齿轮转动了，其他齿轮也会转动，以此类推。复杂装置的运行，比如内燃机的运行，或许令人困惑，但它们最终可以被分解成许多有内在联系的部件。最终，当设备的一个部分被激活或者改变时，你能够比较确定地预测接下来会发生什么。

而"错综复杂"是在多个元素间的互动剧烈增加的情况下发生的——万物的关联性使得病毒和银行倒闭的影响能够扩散，就这样，事物迅速变得无法预测。想一想台球——母球与彩球之间第一次猛烈的撞击。尽管在台桌上只有 16 颗球，尽管物理学也是一种简单的机械学，但我们几乎还是无法预测所有的球将在哪里终结。在一个完美的世界里，在一个平整得不可思议的台桌上，在微米层级上一模一样的桌球，一个桌球运动员能够以百万分之一度的精确度打上一杆，一部电脑就能够遇见这些球在哪里会减速，并且停下。然而，其中一颗球行进的轨迹即使有最为微小的偏差，则很快这颗球所碰撞的球以及接下来被碰撞的球，它们的运行轨迹都会不同。互动的高密度意味着即便是较小数量的因素改变，也能够迅速对大局造成不可预测的影响。

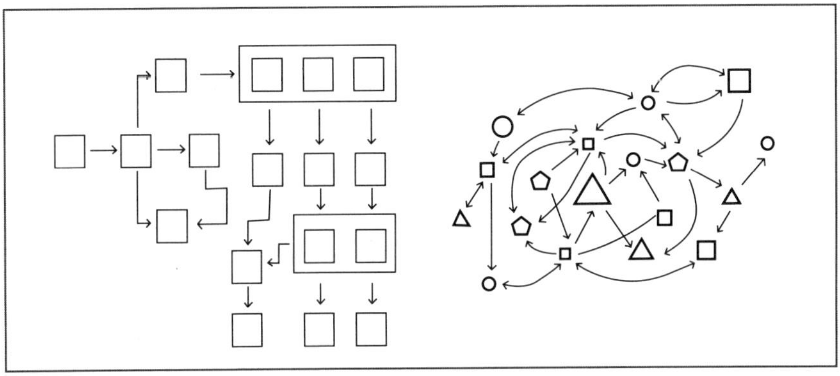

图 4　复杂 vs 错综复杂

由于互动比较密集，错综复杂的系统呈现出“非线性运行”的特征。所谓“线性运行”，是指输出结果与输入条件成正比。比如，你向一系列债券投入 100 美元或 200 美元，在 5 年内你就能获得 5% 的回报；如果你将投入的数额翻倍，则收益也会从 5 美元增长到 10 美元。输出结果的变化与输入条件的变化成比例。这样的一种定式可以用数学函数表达：$Y=1.05x$。人类的大脑对于“线性运行”比较熟悉，而“非线性运行”则会让我们感到不舒服。它们会以多种形式表现出来，包括几何级数的函数，比如 $Y=5$，它们会很快颠覆我们原先对于增长和规模的理解。初始条件里的 x 出现变化，甚至是微小的增加，都能导致严重的后果。当我们把钱投入充满风险的股票，就等于将自己置身于错综复杂系统（股市）里、“非线性运行”的无规则之中。在这里，一条新闻报道或者一个交易员全球范围内的欺骗行为，就可能导致一只股票暴涨、暴跌或持平。

在非线性运行的局面里，事态的发展速度往往不是我们所能理解或预测的。可以考虑下一局国际象棋：国际象棋受到规则束缚，棋子可能的动作也有限，但棋子之间是互相关联的——一个棋子的动作会影响其他棋子的关系和行为。乔纳森·谢弗曾经计算出，在棋局开始后的前两个回合里，棋手可以下出 197742 种不同的变化；到了第三回合，这个数字将增加到 1.21 亿；在 20 个回合中，棋手所面临的局面有可能是以前从来没有出现过的。[8] 没有人知道存在多少国际象棋的棋局，因为根据谢弗的说法，这个数字“如此巨大，没有人会耗费精力去计算准确的数字”。在棋局开始后一个小小的变化，比如把一个兵移动到 A3 格，而不是 A4 格，可能导致完全不同的结果，就如同洛伦茨的蝴蝶扇动了一下翅膀，就可以在地平线的那一端造成巨大的、非线性的严重后果。那种还原论的指导卡对国际象棋来说根本没用——这里面的互动会造成太多的可能性。

蝴蝶效应的重要性，不单单是输入条件的微小变化，会使非线性升级产生输出结果的巨大不同，这里面还牵扯到一些不确定性。扰动之所以被放大，不是因为一个单一的、持久的、可以辨别的放大因素——任何看上去无关紧要的输入条件数字变化，都或许会导致非线性升级。如果每只蝴蝶的翅膀震动总能在两天后在地球的另一端形成一场飓风，那么天气就是可预测的了（这看上去很疯狂）。但问题是，蝴蝶翅膀的震动之所以能导致风暴，是因为有其他看似微小的条件正好予以配合。而这些条件非常苛刻，实际上无法测量，这也使得结果无法预测。

根据泰勒的效率理念，理解一个体系内的初始条件，以及体系内起作用的各支力量，就能让管理者计算出最终的结果。但在一个互动密集、错综复杂的系统里（即便像国际象棋那样看似“发条”的体系中），人们也希望能够对数据进行分析，来获得可靠的中长期预测，尽管这种分析是不可能的。在一个错综复杂的体系里，有许多“因”，但“因”是如此之多，以至还有许多事情通过如此多或直接或间接的线路彼此连接，这使得“果”在实际上无法预测，即便在理论上这是确定的。

就如同洛伦茨所说的：“如果蝴蝶一振翅，就必然引发龙卷风，而不会有其他情况产生，那么预防龙卷风也就容易了。”[9] 在他的例子里，天气情况取决于无数其他互相依赖的变量，而这些变量与蝴蝶翅膀的振动或直接或间接产生了互动。这样一来，与彗星的轨迹相比，气候现象的发展就可能有着更多可能的结果。

在大众文化中，“蝴蝶效应”几乎总是被误用。它已经和“杠杆作用”同义了，也就是小事情会有大影响的理念。这里面的潜台词是，如同一根杠杆一样，通过操纵它，就能够获取理想的结果，而这恰恰不是洛伦茨所看到的。事实上，在一个错综复杂的系统中，小事情也有可能没有任何影响或者无法产生大的影响，因此实际上也不可能知道最终的结局如何。

如此多可能的结果等于扭曲了我们理念中的那根发条。在特遣部队以及其他大型组织中，所采取的行动都是规划的产物，而这些规划都是按照我们的能力进行预测的结果。（换一种更为精确的说法，按照我们所设想的自己的能力进行预测的结果，也就是我们认为自己已经了解了发条的工作原理。）但在 2004 年，我们的战场环境更类似于反复无常的冷锋，而不是哈雷彗星那样稳定的轨迹。新型的通信技术把塔里克那样的人和其他数以百万计的人连接成一个互相关联的巨大密集体。与过去的战争相比，这些事情和事情的参与者不但更加彼此关联，而且他们关联的速度更快。环境已经不是“复杂”二字能够形容的了，环境已经变得“错综复杂”起来。

深陷不确定性旋涡

我的孙女埃米卢出生于2014年6月4日。她将在这样的一个世界长大：信息的传输瞬间完成，人口、商品和服务的传输也非常迅速。她就是一个“数码原住民”，而我最多也就算个数码王国的绿卡持有者。我不清楚她会怎样看待现实世界和虚拟世界之间的区别，但我知道与她的前辈相比，在这两个距离日近的领域中，她的行为方式将更加不同、更加娴熟。她所在世界的社会网络正在被社会媒体的光纤织就——这种变化的后果是我们无法预测的。埃米卢的世界是20年前的许多人都几乎无法想象的。

各类产品、各种事件、各个国家、各种现象以及所有的个体彼此间都更加互相关联、互相依赖、互相影响。比如，波音787梦想客机的主组装线就需要雇用大约1000名工人在位于华盛顿州艾佛雷特的工厂里工作。[10]不过，波音787的机翼来自位于日本名古屋的工厂；水平稳定器来自位于意大利福贾的工厂；货舱门和进货门来自位于瑞典的工厂；翼尖来自位于韩国的工厂；起落架来自英国格洛斯特郡的工厂。和许多我们所购买或使用的东西一样，任何一架梦想客机都是一张巨大资源网的产物。

生产物质产品的各元素之间依赖性大大增加，但与近年来数码世界的互赖性增加相比，这还是小巫见大巫。众筹、网络病毒式传播以及移动支付系统的崛起表明，技术的传播把我们几乎所有人都拖入了一张更为宽广的联系网络，而这张网络的宽广度大大超出10年前或20年前。

在伊拉克，我们几乎每天都能看到这种互赖性的增加。在一个城市中的作战任务几乎立刻就能引发伊拉克“基地”组织在全国范围内一系列的行动，还会引发全国民众的反应，最微小的、或真或假的流言都会通过网络论坛如同野火般四下蔓延。

与此同时，几乎所有的过程都变得更快。时间上的一点点区别就能决定胜负。跟上新闻的节奏不单单对我们特遣部队而言是一个问题，对几乎所有其他组织而言也是一种挑战，尤其是那些从事新闻产业的组织。在一个世纪之前的新闻社里，负责现场的记者会根据制定的选题写作，编辑会审核报道，主编则会在报纸付梓前进行最后的审阅。为了撰写一篇独家报道更需要比所在的同行提前准备一整天。

让我们快进到2014年的3月17日。《洛杉矶时报》是第一家报道附近一次地震的新闻机构，它的优势何在？它的报道文章完全是由机器人撰写的——一个电脑程序扫描了数据流，就如同美国地震勘探局那样去扫描数据流，然后就将几条信息拼凑起来形成了报道文章，这个过程比所有新闻社的指挥链都快。[11] 这个程序为《洛杉矶时报》赢得了最多几分钟的领先时间，但这几分钟至关重要。

在纽约，商业房地产经纪人会对某一种客户多征收一笔佣金，这些客户为了接近自己的客户而购买商业房产，从而在接近光速的交易中再省去几微秒。[12] 因为类似的原因，一群欧美商业公司最近花费3亿美元铺设了一条新的跨洋电缆，从而能够减少5.2毫秒的交易时间。[13] 对于上述商业机构花费如此代价去获得看似微不足道的优势，一个年轻的银行家评价道："速度就是金钱。"[14]

对于军队来说，速度永远是重要的，但在历史的大部分时间里，速度的载体只能是人或者是马。罗马人修建了杰出的道路以方便军事行动，但即使是一支先锋军团一天也只能行进大约20英里（约32千米）。在美国南北战争期间，南方将领、绰号"岩石"的托马斯·乔纳森·杰克逊麾下部队赢得了“步行骑兵”的称号，他们在 48 天的时间里行进了 646 英里（约 1040 千米）[15]，但他们所能达到的最快速度也不过每小时 6 英里（约 10 千米），而且这样的速度在整个行军过程中只维持了有限的一段时间。①在 20 世纪，汽车、坦克、飞机、喷气式飞机以及导弹极大地改变了战争的速度，而由“1”和“0”构成的数码世界将运行得更快。

当我们阅读到有关新技术的文章时，或者当我们听说有关全球化、互联世界的前景时，我们倾向于认为技术优势会使我们能够把以前所做的事情做得更好。但凡事有利有弊。特遣部队这样的组织固然通过新技术获得了更强大的运输能力、通信能力和数据能力，但这些技术同时也使我们的作战环境变得急剧非线性、错综复杂以及不确定性。速度与互赖性增加的后果就是，与一个世纪或者几十年前相比，现在在任何特定时间框架内的特定动作，都可能导致更多的潜在结果。有些行为曾经类似于台球桌上的两到三次撞击，如今却会牵涉到几百次撞击。

波音公司将自己的生产流程外包，或许能够从中获得效率，但这种外包同时意味着风险：遍布于三块大陆的十几个国家有能力干扰它的生产行为。如今要成功地组装一架飞机，不仅要几家工厂能够开足马力工作，还要指望各大洋之间的运输线路安全，此外，还要保证在日本的工作条件能够被接受、在瑞典不发生自然灾害、稳定的汇率，以及灵活的供应链管理，这些都是必要条件。

在伊拉克，我们遭遇了前所未有的干扰。在这个国家，这一边的行

① 大多数没有携带武器和背包的人能够较为轻松地每小时走 3 英里（约 4.8 千米）。对士兵来说，每小时行军 6 英里需要通过跑一段、走一段的方式来完成，这比较艰难，对大多数人来说也不可持续。

动会招致另一边一间牢房里的反应，而这间牢房我们甚至都不知道它的存在；一步走错，或者伊拉克“基地”组织一次有效的宣传，就能够让社交媒体炸锅，并且在几小时内引发骚乱；一段军事进攻的视频立刻就能增加叛乱者的征兵数量，并引发宗教仇杀，而这些事件几乎每天都在发生。

事实上，最近几年的发展使得世界完全变样，且更加无法预测。由于速度和互赖性因素，街道小商贩塔里克·塔伊布·穆罕默德·布亚齐兹能够引发一系列的事件，推翻了众多的政府，速度之快甚至连新闻报道的进程都跟不上了。当然，在信息时代到来前，也曾经有过成功的革命者和“蝴蝶效应”现象，但新技术的产生，使得一些小人物、一些在历史上被剥夺发言权的玩家能够获得前所未有的、引发“蝴蝶效应”的机会。其中一些产生了积极的影响，比如一些企业家的成功；而另一些的影响是灾难性的——恐怖分子、叛乱分子，还有网络犯罪，就利用速度和互赖性来制造死亡，引发灾难。但这些都展现出一种不确定性，而不确定性正是错综复杂的标志。今天，我们都会发现自己被“飓风”所包围。在特遣部队中，我们看到叛乱分子滚雪球般壮大，这正是不确定性的体现，但这些变化不单单在战场上有所体现，几乎在每个地方都能看到它的影子。

2013 年，黑客渗入美联社的推特账号，并且发布信息称白宫发生了两次爆炸，奥巴马总统受伤。这次事件导致市场恐慌弥漫，道琼斯指数急挫 143 点。[16] 推特上的消息几乎一出现就被删除了，但就是这短暂的存在已经足以促发人们冲动的行为以及高频率的交易演算，而后者如今在市场内到处都在使用，它会“读取”新闻，并且在几纳秒内做出反应。针对这次美联社所导致的市场短暂崩溃，一名交易者认为，这反映出“市场在面对无规律消息时的脆弱性”。

来一个轻松点的例子吧！音乐家戴夫·卡罗尔的吉他被联合航空公司的行李托运员给弄坏了，他花了9个月时间联系这家公司的客服代表，但这家公司的客服体系如同迷宫般复杂，最终卡罗尔徒劳无功。然后，这位音乐家写了一首歌——《联合航空搞坏了吉他》[17]，并且把该视频放到了YouTube上。短短一天之内，视频就吸引了15万次点击，卡罗尔也接到了尴尬的联合航空客服解决方案经理的电话。三天内该视频获得了100万的点击量，联合航空的股价暴跌10%，股票持有者损失了1.8亿美元——这是那把吉他价值的60万倍。[18] 在一个星期内，这首歌在iTunes（苹果数字媒体播放应用程序）市场下载排行榜中排到了第一，联合航空公司根据卡罗尔的要求，向孟克爵士音乐学院公开捐赠了3000美元，而当初损坏的那把吉他的价值正是3000美元。[19] 同时，那把吉他的制造者泰勒·吉塔斯在看了视频后，又免费送给卡罗尔两把吉他。[20]

对一个为了应对更为简单的时代而设立的组织来说，这些都是它们要面对的挑战。比如，全球救助体系曾经负责将那些单独的捐赠政府与那些单独的受助政府联系起来，最近几十年，这个市场从“极少数对极少数”模式演变成了“多对多”模式。[21] 如今在这个体系里，成千上万的非政府组织试图与数百万的受助者取得联系。

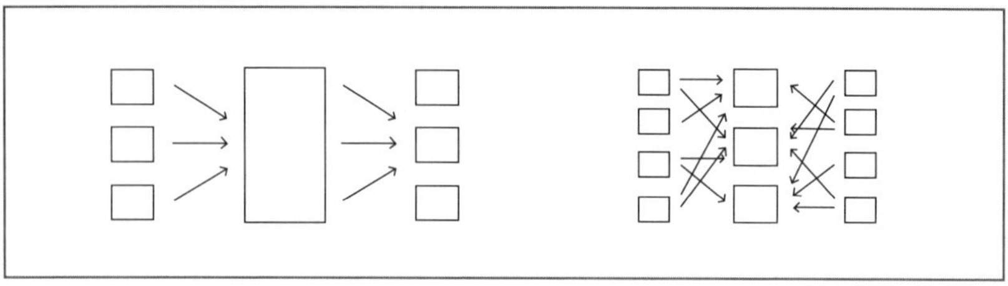

图5 “极少数对极少数”vs“多对多”

在这个体系内，如今每年会有超过1.5万个捐赠任务，受助国达54个。这样一来，在非洲撒哈拉沙漠以南地区的医疗工作者要花费大量时间与西方代表团会面，他们只能在晚间从事自己真正的工作。“多对多”的体系在某些领域创造出巨大的收益；但在另一些领域，伴随着这种收益的还有高昂的代价，特别是在那些需要大规模协调的领域中。

救助机构及其他众多组织所面临的这些挑战，被作家、发展顾问本·拉玛灵刚称作“社交媒体引发的、紧急的、意想不到的旋涡”[22]。这些挑战提出了一个问题：有些领域我们曾经可以预测，如今却不可预测，对此我们该如何应对？那些与该问题纠缠的实践者往往会使用与乐观的“互联”一词有所不同的术语，比如“间断性”、“干扰”，或者最近提出的军事术语——VUCA，也就是“易变性”（volatility）、“不确定性”（uncertainty）、“错综复杂性”（complexity）和“模糊性”（ambiguity）的缩写。这些人知道，埃米卢所生长起来的这个世界与前几代所成长起来的世界，其区别是巨大的。这个世界更快，各因素更容易互相影响，因此也必然以全新的方式构成一个错综复杂的体系。她生活在“意想不到的旋涡”中，这是一个与“发条型宇宙”完全不同的时空。我们想要解决“意想不到的旋涡”中的问题，使用的工具却是专门为“发条型宇宙”设计的，于是我们陷入了困境。

错综复杂体系的不可控性

许多伟大的思想家已经观察过所谓“错综复杂”体系的各个方面，这其中最杰出的代表是19世纪博学多才的亨利·庞加莱，但这个概念最终是 1948 年《美国科学》中的一篇文章所提出来的。沃伦·韦弗在 8 页纸的《科学与错综复杂体系》一文中没有展现出原创性的研究成果，这不过是一篇有关自然和科学思维目标的散文，但该文还是在历史上留下了持久的印记。

韦弗认为，19 世纪的科学主要是研究那些“有组织性的简单”[23]的问题：问题只牵扯一到两个变量，比如两块磁铁之间的引力以及地球绕着太阳转。①不过韦弗注意到，现实世界中许多领域并非依照上述模式运转的。

比如，活着的有机体“就更可以代表目前的形势：几个，甚至几十个定量同时存在，互不相同，并且彼此存在微妙的联系”[24]。他指出，在生态系统、经济以及政治体系中都能找到这种特征。换句话说，真实的世界中充满了纠结的、错综复杂的互赖性，而科学并不是用来对付它们的——事实上，科学恰恰是要积极地回避如此让人不快的事实，它更喜欢将事物简化，去适应“发条型宇宙”。韦弗认为，这样的努力是徒劳的。你无法把方形的钉子强摁进圆形的孔洞，也无法强迫错综复杂的事物去按照复杂世界的规律行事。

他认为，16 颗球的台球与 2 颗球的台球相比，构成了从根本上就不同的问题，就如同冷锋构成的问题与彗星构成的问题有根本性的不同。“是什么决定了小麦的价格？”这个问题则更加错综复杂。“有组织性的错综复杂”的体系就是“相当数量的因素互相连接所构成的有机整体”。

---

① 韦弗同时指出，20 世纪上半叶的科学，主要是研究那些“无组织性的错综复杂”的问题，比如一股气体的动作。在一股气体中，分子的数量如此之多，规模如此之大，所以人们可以估计出其大致的动作。与“有组织性的错综复杂”问题相比，“无组织性的错综复杂”问题要简单得多，但这与我们的论述没有太大关系。

“这些问题太过错综复杂，”①他写道，“19 世纪的技术根本无法解决，这些技术在面对两个、三个或四个变量的简单问题时，还是能够应对自如的。”

一旦科学家、历史学家和记者开始寻找，就会发现支持韦弗观点的证据比比皆是。最明显的领域莫过于人类与大自然错综复杂的生态系统的互动，这其中著名的案例，莫过于“澳大利亚昆士兰灰背甲壳虫”问题。20 世纪 90 年代，甲壳虫的肆虐导致甘蔗田大面积减产，农业专家很高兴地发现，在夏威夷由于有蔗蟾蜍这样的天敌，灰背甲壳虫无法肆虐。澳大利亚政府于是在 1935 年 6 月进口了 102 只这种神奇的生物，将它们释放到小马尔格雷夫河中。[25]

今天，如果你在小马尔格雷夫河以及附近任何一条河流、湖泊或河口中撒网，收网时你都能够看到网里有一堆乍看上去像“烂泥”一样的东西，实则是大量黑得发亮的蔗蟾蜍蝌蚪。只要有足够安静的池塘，并且没有在夏威夷能够遇到的天敌，一只母蔗蟾蜍在一个夏天所产的卵有 4 万个能活到成年。而农业专家当初没有预计到蔗蟾蜍的生存率会这么高。要知道种群的增长是一个几何级别的函数，而农业专家错估了生存率就等于错估了基数——这种增量上的差异在预测哈雷彗星的回归时不会造成大的问题，但在预测澳大利亚野生生物的种群扩张时，就造成了很大的问题。

蔗蟾蜍不断繁殖，它们扩散到公园、花园、高速公路和池塘。它们吃

① 实际上，韦弗用的词是“复杂”，在他的这篇文章里，“复杂”和“错综复杂”两个词是可以互换的，这两个词都是“简单”的反义词。在他写作这篇文章之时，这个术语还没有之后那样被成熟地运用。但他所试图阐释的这个理念，被我们后来所使用的“错综复杂”这个词更好地阐释了。

掉了鱼、青蛙、小鸟和螃蟹，还吃掉了侏袋鼬这样濒危的物种。一名研究者发现，蔗蟾蜍能够攻击并且吞噬乒乓球。[26] 很明显，它们唯一不吃的东西就是灰背甲壳虫：澳大利亚和夏威夷物种的生物圈差异意味着，甲壳虫和蟾蜍在澳大利亚不会同时出现在野外。更要命的是，蔗蟾蜍不单单能通过吞噬来杀死其他动物，它们有毒的皮肤也是杀戮的工具，狗、鸭子以及蛇在吃了蔗蟾蜍后大批量地死亡。[27] 于是，澳大利亚人用栅栏、陷阱以及其他障碍物修筑起小型的“马其诺防线”，阻挡蔗蟾蜍的两栖攻击。这种动物目前已经在昆士兰州 40% 的地区活跃，并且正在向其他州进发。一名美国生态学家对此总结道：“这是经典的人为灾难……生态系统面临着被连根拔起的威胁，而且这种威胁会沿着蟾蜍所在的食物链向上反弹。”[28]

人类试图干预生态系统，却引发灾难性后果，这样的例子不胜枚举。除了蔗蟾蜍，还有蔓延到美洲 700 万英亩（约 280 多万公顷）[29] 土地的葛藤，以及数以百万计的、将美洲的天空都染成黑色的八哥 [30]（1890 年，一个莎士比亚的粉丝把这位剧作家所提及的 6 只八哥带到了美洲新大陆，放到了纽约的中央公园，它们很快扩张活动领域，并且成群结队地大肆出动，每天吞噬 20 吨马铃薯）。

就如同“蝴蝶效应”未必会引发气候剧变，不是所有的物种都能像蔗蟾蜍和八哥那样疯狂地扩散。只要环境上一些因素的互动有些许区别，或者种群基数有所区别，这些物种就可能在几个星期内全部灭绝。错综复杂的体系是无常的、易变的，可能产生的结果有很多种；互相影响的因素的类型和数量使得我们无法做出准确的预测。因此，把生态系统当作能够预测其轨迹的机器来处理，这是危险的愚蠢行为。

经济体系是人类因素错综复杂地扭结、纠缠的产物，任何试图对其以线性方式进行预测和控制的努力都会陷入困境。正是由于这种错综复杂性，经济学家兼哲学家弗里德里希·哈耶克坚决反对国营计划经济。在他里程碑式的文章《错综复杂现象理论》中，他区分了两种程度的错综复杂：第一种是“特定一类现象中的复杂程度”[31]，第二种是“只要一些因素拼凑起来，在任何一种现象里都能形成的复杂程度”。换句话说，一些体系必然是错综复杂的（比如人脑或者社会），另一些体系由许多活动的部分构成，看似错综复杂，但其实只是复杂。

他认为，国家经济和工业生产不同，从来就不可能通过还原论的方法变成一个机械系统；国家的经济行为由数百万乃至数千万、上亿的人所做的决定构成，而这些决定又彼此影响着，这使得预测市场走向是不可能的。这就好像在下国际象棋时，可能性实在太多，用事先设计的指导卡是搞不定的。在经济领域，由微小的初始波动而引发的“蝴蝶效应”比比皆是。

而随着经济的全球化，这种错综复杂性更加剧烈。黑客对美联社的攻击彰显出这类非线性干扰今后发生的可能性更大。用英国社会学家约翰·厄里的话说就是“中国感冒……美国打喷嚏”①。将洛伦茨的“蝴蝶效应”延伸一下做个比喻，即我们越来越生活在一个飓风环绕的世界里。[32]

在好几个世纪中，我们用牛顿的模式成功地解决了一些复杂的问题，这使我们盲目地乐观、骄傲，相信只要有足够的数据并进行艰苦的努

① 这句引语有着复杂的历史背景。这句话最初来自奥地利亲王克莱门斯·冯·梅特涅：“法国打喷嚏，欧洲就感冒。”后来有了许多脍炙人口的类似版本。梅特涅说这句话，是指19世纪在整个欧洲蔓延的群众革命，他肯定没有想到自己的话会被修改用来形容中国和美国的经济联系。

力，经济领域里错综复杂的密码就能够被攻破。但正如韦弗所指出的那样，你不能强迫“错综复杂”这颗方钉去摁入“复杂”这个圆孔。美国分析家们在2001—2006年对未来的预测中，12个月期预测的错误率为47%，24个月期预测的错误率为93%。就如同作家兼投资者詹姆斯·蒙提尔所言：“预测未来的愚蠢之处显而易见……说句老实话，和任何一个宏观预测大师相比，三只瞎老鼠对于即将发生的事情的预测要可靠得多。”[33]2007年11月，专业预报调查局的经济学家在检视了4.5万条经济数据后，预测经济大幅度滑坡的可能性不到1/500，但一个月后经济就发生了大幅度的滑坡。[34]

人们依然在争论：我们对经济学的理解是否已经足够，足够到可以对经济进行些许的干预，比如调整贴现率。但是苏联中央计划经济的墓碑似乎又告诉我们，有些东西还是无法套上还原论的紧身衣的，就如同对生态系统的干预所遭遇的失败一样。牛顿、泰勒这些思想家推崇机械的、还原论的思维——将任何事情都分解成几个构成部分，或者对个体因素进行优化，但运用这种思维去控制错综复杂体系的努力大多会归于无效，有些还会造成毁灭性的后果。

不可预测的世界

弗雷德里克·泰勒的管理办法毫无疑问是为解决复杂问题而设计的，对错综复杂的问题却难以胜任。米德瓦尔钢铁厂的车间或许就是旋转的设备和白热化的钢铁所构成的噪声不断的领域，但那些机器都是以直接的方式进行工作，而泰勒创造的管理结构就如同那些机械设备一样运转着：

一个工人完成任务后下一个工人接着完成；工厂里一个角落的任务完成后，下一个角落接着完成。这种变化是线性的。一台机器的问题无法扩散到另一台；相反，一个创新也无法“如同病毒般扩散”，将工厂主在一夜之间变成亿万富翁。公司会稳定地在几年的时间里逐渐走向成功或归于失败。

这种环境的可预测性使得泰勒能够将复杂的流程大规模分解成互相独立的、可以反复操作的动作，也使得泰勒能够把整个组织分解成一些独立的部门。因为他能够预料到，明天生产出来的还是那8种不同的纸浆，他能够将造纸化学还原成一张简单的图表；因为他知道同样的水流能够将同样的机器驱动起来，他能够给工人散发指导卡，精确地告诉他们每一个动作。在工业世界里，几乎所有的事情都能够被测量并且机械化，单个变量能够被分离出来，并进行测试和优化，因此它适合于这种模式。它的复杂性不过如此，因此管理者能够通过计算、预测和控制来掌控全局。于是经过规划获得效率，成为“良好管理”的根本。而其他很多事情，无论是实体设计，还是组织架构，抑或领导行为，都是以此为中心的自然延伸。

我们已经走向“错综复杂”的“多对多”环境，而我们设计的仍然是日益“复杂”的解决方式：天才的管理者制定出精细的操作条例以及自上而下的组织架构，试图覆盖所有的可能性。这样做的基本理念在于他们相信任何问题都可以窥知其全貌，这种理念至今未曾消散。任何人如果在公司或政府中工作了几十年都会看到，规则和文书工作似乎在不断地增长。这在五角大楼里最为明显了，国防部本身的成长就伴随着一系列密码和流程的无限增长。

在伊拉克，我们用对付“复杂”问题的办法来解决“错综复杂”的问题。在几十年的时间里，我们高效地执行我们的线性方法，执行速度比外部环境的变化还快，于是我们觉得自己所做的事情与其他组织所做的不同。事实上，我们和其他组织一样地官僚化了。只不过在执行层面，我们更高效而已。效率是我们这部“酷毙了的机器”的与众不同之处，它曾经使我们这台反恐生产线能够隆隆向前。但到了 2004 年，世界变化的速度超越了我们。当我们提出一个计划并且等待批准时，这个计划所针对的战场态势已经发生了改变。无论这个计划在最初设计出来时有多么天衣无缝，到了执行的时候，它经常不合时宜。我们无法预测敌人会攻击哪里，而且当他们发动攻击时，我们也无法足够快速地做出反应。

“复杂”与“错综复杂”之间，很难或者说不可能画出一条明确的界线来。涉及“错综复杂”问题的领域会用到多种分类法来进行区分。[①]就我们的目的而言，最要紧的还是进行预测的能力，而在事情变得不可预测时进行决策就是棘手的事情。我们讨论的所有现象都在某种程度上是可预测的：我们可以比较精确地预计出某个城市第二天是否下雨，但对于 6 个月后的晴雨状况就无能为力了；我们能比较可靠地预计出通货膨胀会导致商店经营者在本月提价，却无法预计这种情况会不会在一年后引发经济衰退。

根据时间尺度来组织事物或许会有帮助：就我们的目的而言，如果有一种事物有许多的互动联系，以至无法根据输入条件合理预测输出结果，那么我们可以将这种事物的现象视作在指定的时间框架里也是错综复杂

① 针对“错综复杂”体系的分类法包括那些自动调整以适应扰动的办法，如弹性体系，这些我们会在后面探讨到。

的。根据这种定义，气候在一天的时间里就是错综复杂的，而不能说气候在一个月的时间里才是错综复杂的。因此，无论是事物的联系变得更紧密，还是过程变得更快速，都与错综复杂有关。将这两个变量结合起来，意味着过去在几个月内形成的互动错综复杂的现象，现在会被压缩在很短时间内爆发，比如，过去某地的一场对话和信件交流要几个月才能引发轰动，如今通过社交媒体，在几个小时内就能使事态剧烈升级。

在战争一开始就知道其结果总是不可能的（否则我们也不必打仗了），1915 年在福特工作的人也无法预计 1950 年汽车和汽车生产流程会是怎样的。但是，把眼光放近的话，在 20 世纪的大多数时间里，事情还都是可以管理的：敌军在一夜之内所能够进行的机动距离只有这些；投入市场进行竞争的汽车只能以这种速度交付市场。军事思想一直不得不去适应某些不可预测的事态，或者说“幻想”，即计划之外的变化，但战略家总是能够比我们预料到更远的将来所发生的事情。在伊拉克，每天都能够看到整场战争的不可预测性。人弹在战术上显得十分“任性”，任何人只要能够接触到互联网、能够接触到清洁产品、能够接触到滚珠，就能够在一夜之间构成威胁。为了对付 15 艘敌军的潜艇而制订并监督实施一项紧急计划是一件事，但为了对付 3000 万人而制订并监督实施一项紧急计划则是另一件事，而后者在实际操作上是不可能的（先不去管这么做的道德风险）。就如同洛伦茨的“蝴蝶效应”一样，不可能说清楚哪些事态会引发何种结果。

这就是我们所共处的新世界。在任何一个整体内，都会同时有许多事情发生，并无法全部监控到，即便对装备有侦察设备的特遣部队而言，这也是不能完成的任务，而且，个体以及小群体都有可能与数以百万的人发生联络，因此无从确认这些事情中有哪些会演变成威胁。

YouTube使塔里克 · 塔伊布 · 穆罕默德 · 布亚齐兹的抗议扩大、黑客攻击美联社、戴夫 · 卡罗尔的恶搞歌曲获得爆发式传播，这样的事情在30年前是不可想象的。同样不可想象的还有“病毒式”传播，它已经成为当代生活的特征了。即便是“病毒式”传播这个词语也暗示今日的环境类似于一个器官或者一个生态系统，它是一种内部互相关联的体系，里面有纵横交错的通路使得某些现象能够扩散。这种环境与那些线性的、从一点向下一点进发的演变方式十分不同，而后者正是泰勒在工厂车间里所遇到的复杂情况。从前要几个月才能发生的变化，在非线性的现代环境下，可能只需要输入140个字符的时间就能发生。

错综复杂的环境需要新的管理方法

在伊拉克，先进的技术——“情景识别”和“通用作战场景”，使我们获得了军事行动中的“圣杯”，我们在战争中第一次能够看到所有的作战行动实时展现在眼前。无人机提供的视频使我们能够看到任务执行时的现场视频直播，而作战人员配备的麦克风则提供了现场音频直播。我们能够获得人口、经济活动、石油出口、发电量的数据，能够通过民调获得民众的态度数据，还能够与友军保持实时联络。一种被称作“蓝军跟踪系统”的技术能够通过全球定位系统的监控，定位我们所有的车辆，因此我们的地图上能够一直显示出我们各支部队的准确位置。这么多的技术被证明确实具有极大价值，但就是无从进行预测。在一个相对简单的世界里，我们所拥有的数据在预测方面具有极大的价值，但事实是，这个世界正变得越来越错综复杂，当我们试图进行预测时，我们不可避免地等于在追逐自己的尾巴——它只会更加远离我们。

那些试图预测天气的气象学家们或许觉得，只要能够获得有关蝴蝶翅膀的足够信息，他们的预测就能够达到完美的程度。科学历史学家詹姆斯·格莱克则指出这么做的愚蠢之处。即便我们在地球上每隔一英尺就放一个探测器阵列，而且这些探测器都能够提供完美无缺的数据，我们依然无法知道一个月后会不会下雨。因为探测器之间的微小距离意味着数据还是会有微小的瑕疵，而这些微小的瑕疵往往会导致结果上严重的不同。我们花费巨大的力气，最多只能使得预测能力有些许的提升，就如同特遣部队的实时信息固然很强大，但无法使我们能够预测恐怖袭击。

我们听说过许多有关“大数据”的奇迹，而“大数据”也的确以卓越的方式增进了我们对于这个世界的理解。零售商们可以追踪哪些人购买了哪些商品，他们又是在哪里购买的。社会学家能够爬梳大量的政治、经济和社会信息，从中搜寻模式。这种技术存在巨大的潜力，但是，就如同我们在伊拉克所使用的“蓝军跟踪系统”一样，它还是无法提供我们所渴求的、有效的长期预测能力。充斥大量数据的记录可以用来解释错综复杂现象是如何发生的，以及这些现象又会如何演化，但它们无法告诉我们这些现象何时、何地会发生。例如，有关病毒扩散的数据能让我们看到在我们这个网络化的世界里病毒传染模式如何，却无法知道病毒的下一次爆发会在哪里，也无法精确地知道最终谁会染病，以及谁会是下一个感染者。可见，理解和预测并不总是一回事。

数据能够以较高的精确度得出一些“通常情况下”的结论：在人口统计学上，某个特定年龄的人每天在脸谱网上花费多少时间，甚至根据个人习惯，在某个特定日子里他最有可能做的事情是什么。我有个朋友在一家使用“大数据”的公司工作，这家公司用“大数据”就能提供上述这些预测。他曾经开玩笑地说，他能够说出我午饭会吃什么。不过其实他做不到这一点，他能告诉我的，仅仅是我午饭可能会吃什么。错综复杂性的特点之一就是微小的、偶尔的变化能产生严重的影响。

数据或许使得突尼斯当局能够判断，在自焚的那天，布亚齐兹最有可能做什么，但数据绝对无法预测出这位仁兄居然会在当天自焚，以及他的自焚所导致的后果。如果你试图追踪100个、1000个或10000个布亚齐兹，那么这些人中必然会有几个人偏离日常的行为，这样一来，你根据“日常结果”所设计的计划将变得毫无用处。而且由于互联的、错综复杂的非线性环境所导致的意想不到的旋涡，只要有一个布亚齐兹偏离日常的行为，其影响或许就会呈几何级数地扩大。

“大数据”无法拯救我们，因为“大数据”代表了一种技术上的进步，这种进步一方面给我们带来海量的信息和数码资源供我们分析，另一方面却也创造出易变的通信网络和媒体平台，这使得一些社会领域发生变化。这些社会领域以前有如彗星轨迹一样能够预测，如今却如同冷锋一般捉摸不定。从前，我们缺乏数据，不过事情却相对容易预测；现在，我们拥有海量数据，但很多事情却更加琢磨不透。

和其他大多数组织一样，在2004年，我们特遣部队对此还知之甚少。因此我们一直试图更好地进行预测和规划，因为在我们看来，这就是“良好管理”的真谛。

民间组织也正在遇到相同的问题。管理模式已经无法帮助公司应对流动易变的环境，公司的生命周期不断缩短便是明证——50年前，一家《财富》世界500强企业可以预期维持大约75年时间；如今，世界500强企业的预期寿命少于15年，而且这一年限还在不断缩短。[35]2011年的《财富》世界500强榜单上，只有67家公司出现在1955年的《财富》世界500强榜单里，这意味着1955年的世界500强企业里，只有13.4%的企业在56年后依然出现在榜单上，而几乎87%的上榜企业无法坚持下去——它们有的破产，有的与其他公司合并，有的被迫私有化，有的则彻底从榜单上跌落。[36]变化之大是如此不可思议，今天的读者根本就不会认得1955年榜单上的许多公司。

企业战略学家罗伯特·格兰特教授对此评论道：

> 在20世纪的最后25年里，宏观经济失调、汇率大波动、微电子革命以及新兴工业化国家的崛起，标志着“战后”经济稳定期的结束。而对经济和市场进行预测是战略规划的基石，无法预测需求、价格、汇率以及利率，对于各公司的规划能力提出了根本性的挑战。[37]

同样的管理学思想家加里·哈梅尔写道，各家企业现在发现自己陷入了一种它们无法掌控的“生态系统”和“价值网络”中，这使得它们几乎无法预测或规划自己的命运。[38]在这种情况下，继续进行战略规划的老套路，认为“未来和现在或多或少会有些相像”，只会帮倒忙。而这正是我们所看到的。统治特遣部队的机构性传统：对路线进行规划，组织结构和组织文化都紧抱着试图进行精确预测的理念。我们的解决方案是用来应对复杂情况的，这些方案在一个新的、错综复杂的环境中正面临失败。很多人总结过这种方法不可避免的结局，其中总结得最好的或许是《公司战略计划》（*The Rise and Fall of Strategic Planning*）一书的作者亨利·明茨伯格：“在一片未知的水域给船只设定事先规划好的路线，这将使得船只撞上冰山的可能性达到最大。”[39]

总结

- 最近几十年的技术变化，催生出一个更加互相依赖，速度也更快的世界。这产生了一种错综复杂的状态。
- 过去我们面临的挑战是“复杂”的，而今天我们的局势是“错综复杂”的，两者有根本性不同。解决复杂问题需要巨大的努力，但复杂问题归根结底是可预测的；而错综复杂性则意味着，尽管我们追踪和测量的能力增长了，但世界在许多方面变得更加不可预测。
- 这种不可预测的态势与还原法的管理模式格格不入，后者的基础在于规划和可预测性，而在新的环境中则需要新的方法。

第四章　建立有效组织

很明显，伊拉克“基地”组织是成功的。它避开了大部分冰山，更让人印象深刻的是，即便撞上冰山它也不会沉没，而会修补撞出来的窟窿，并且建造出一艘更好的小艇在海面上行驶。而正是这种能力最让我们感到受挫，也最引起我们的兴趣。

我们还不甚明了它如何做得如此成功。伊拉克“基地”组织的网络是有机结合在一起的，它被一种我们无法辨认的属性连接在一起。在我们白色书写板上画出的混乱网络，显示出这个组织没有“合适的”架构，甚至根本就没有架构。从逻辑上讲，这个组织应当自动崩塌，但它没有崩塌，它是去中心化的，但同时它的组织成员又很团结一致。类似 9 月 30 日污水厂爆炸案这样的袭击，以规模来看它需要协调良好的指令、严密的经费分配，以及广泛的信息沟通，这些东西我们往常都习惯于在组织最严密的军事部队中看到。它的致命行动取得了惊人的效果，远远超出了分发手册和向分散在四处的门徒进行网络宣传所能够达到的程度。

即便像伊拉克“基地”组织那样扩散到整个伊拉克，并且在规模和影响力上不断扩张，它也通过某种方式保留了自己的灵活性。在作战的第一阶段，我们特遣部队的主要精力聚焦于搜捕以前萨达姆·侯赛因的同党。这一行动主要集中在巴格达和提克里特之间的区域，在那里，萨达姆手下的官员和高级军官在底格里斯河肥沃的河岸上拥有大量不动产。（正是在提克里特郊外的一座农场里，我们于 2003 年 12 月抓住了萨达姆。）我们运用最好的夜袭流程，也就是我们仔细打磨的、抓坏人的“最佳办法”，在比较短的时间里解决了萨达姆集团：我们先用“快速绳降”战术消除来自真正目标的反抗，然后徒步进入，以达到最佳的奇袭效果；当进入室内时，我们会使用“近距离区域作战”战术，一间房屋一间房屋、一层楼一层楼地清理武装分子。

击败萨达姆的战斗结束了，随即打响了对付伊拉克“基地”组织的战斗，而我们还在使用同样的战术——但这一次要艰难得多。伊拉克“基地”组织的活动重心，距离我们抓获萨达姆及其部下的那些豪华区域十分遥远，而且该组织成员还是躲在角落里观察我们。他们知道我们更喜欢夜袭，因为我们在夜视装备上具备优势，因此他们会在黄昏时离开自己的安全屋，在附近的田野里分散睡觉。他们看到我们是如何发动袭击并且清理房屋的，因此他们会在楼梯顶部设置碉堡，碉堡内藏有机枪。他们知道我们会试图抓获他们的领导人以获取情报，于是他们中许多人睡觉时都穿着自杀式炸弹背心。

火力很弱？流程很烂？野战能力很逊？这些都不重要，他们也没有单一的、能够在附近任何地方都能够实施的流程，但这也已经不重要了。重要的是，伊拉克“基地”组织能够调整、适应，并且生存下来。

我们更强大、更有效率、更坚挺了，但伊拉克“基地”组织灵活而韧性十足。在错综复杂的环境里，韧性往往意味着成功，而即便是最聪明的头脑设计出来的问题解决方案也往往不足以达到目的。

科学家布赖恩·沃克以及作家戴维·索尔特曾经合作撰写过一本相关的书——《韧性思维》（*Resilience Thinking*），在书中，他们将“韧性”写成“一种体系抵消干扰，并且保持基本功能和架构的能力”[1]。在一个错综复杂的世界里，干扰是不可避免的，能否具有这种吸收冲击波的能力正变得越来越重要。于是，许多学科都将越来越多的精力投入到对于韧性的研究之中，包括心理学和水文地理学等。而荷兰应对水患的办法，就是有关“韧性”这一概念不可多得的例子。

用韧性思维应对不确定性

1953 年 1 月的最后一天，北海刮起了大风，而满月也来凑热闹，以致引发巨大的风暴潮，在英格兰和苏格兰东部低地肆虐。在北海的另一边，也就是荷兰的西南角，莱茵河在这里裂解成一片由河口和地势较低的岛屿所构成的区域，大潮冲过防洪堤，涌入西兰省。这个省份的名字可谓恰如其分，英语里“西兰”（sealand）的意思就是“泽国”。大潮吞噬住宅、学校、医院，导致 1800 多人死亡。对于这个发达、繁荣，对于水又十分了解的小国而言，这是一次让其震撼的灾难。

在荷兰，几乎任何事情都是由水来塑造的，从明信片上可爱的阿姆斯特丹运河到这个国家著名的“举国一致”政治，莫不如此。之所以会有“举国一致”政治，是因为历史上需要荷兰人团结协作，将国土上大片的水流排干。规范水的走向几乎成为荷兰人本能的冲动，而且在过去这让荷兰人受益匪浅。在获悉这次悲剧后，荷兰政府的反应是采取紧急措施，要让这样的情况再也不会发生。荷兰人过去修建了一堵能抵抗海患1000年的墙，而现在他们要建造一堵全世界最有力、最强悍，也是最长的防潮墙。

“三角洲工程”在1997年完工，总共绵延了40年之久。[2]这项工程将大坝、防风暴潮屏障以及水闸都连接了起来，并且有效地缩短了需要由防洪堤来保卫的海岸线长度。美国民用工程协会认为，“三角洲工程”是“现代世界七大奇迹之一”[3]。如果这个体系早在1953年就存在的话，那么西兰省就不会遭到北海洪水的蹂躏。然而，就和马其诺防线一样，针对已知威胁采取的强力保护措施有时候会显示出不足之处。在一个错综复杂的体系里，威胁可以从许多地方涌现出来。

在1993年和1995年，瑞士阿尔卑斯山上积雪融化，同时莱茵河下游暴雨如注，莱茵河水位暴涨，洪水从瑞士通过德国境内涌向荷兰。半个世纪前，德军的坦克洪流通过这片地区涌入法国领土，马其诺防线成为军事史上的笑话；如今洪水也绕过了精心构筑的“三角洲防线”，因为它面对的是一个无从施展其作用的方向——这一次，洪水“从背后涌来”。[4]虽然这次水灾与1953年那次相比还算比较轻，但是西兰省再次被淹，25万人被疏散，造成的损失达上亿美元。

如同蔗蟾蜍流毒整个澳大利亚，导致上述问题的部分原因也是人祸：数千年来，人们都试图“改进”河流的工作方式——将它们七拐八弯的河道掰直，用堤坝约束它们，以保护附近的土地免受可以预见的灾难。这些预见性的设计在复杂的环境中还是不错的，但在错综复杂的环境里经常是危险的。建立防洪堤和防洪墙，这种“命令与控制”式的方法使得小洪水能够构成的威胁被减少了，但大洪水可能造成的危害则增加了，而且更加致命。因为这些做法收窄了河道，使得河流在更高的水位奔流得更快。[5]与此同时，由于沉降效应，堤坝背后的土地沉降得更深，越来越多的人搬入曾经是泽国的地方居住，对于河流天然狂暴的一面失去了警惕心。[6]荷兰水利管理部估计，今天在西兰省的一次河流洪水能够导致400万人陷入危险。治理水患的运动反而制造了新的威胁。

然而，这次洪水过后，荷兰人采取了不同的措施——“河流空间”工程。[7]当地新的河流管理计划不再是过去那种试图对大自然进行“命令与控制”的方式。这一计划的措施包括：为河流制造一些新的旁通道，降低河流两旁的堤坝，使得那里的农场在河流不可避免地暴涨时可以任河水泛滥。这些措施能够降低莱茵河、默兹河和瓦尔河已经高涨的水位，增加这些河流在面对洪水时的“韧性”。

一位记者对此评论道：“在一个千年来把堤坝越修越高的国家里，这一计划是激进甚至离经叛道的。”[8]但一个防风暴潮设施方面的专家解释道：“如果你与大自然斗，大自然会反击。水流需要空间。”[9]“河流空间”工程接受这样的事实：洪水无可避免。[10]这代表了一个观念上的转变：不再追求让荷兰免受洪水的肆虐，而是让荷兰在面对洪水时更有“韧性”。

在荷兰，人们开始理解“早期那种‘命令与控制’式的办法没能奏效”。[11]其他国家和组织如今也开始如法炮制，不再追求防洪方面的严防死守，而是增强自身的韧性。

“韧性思维”是一个迅速发展的领域，并通过这种新的方式来处理错综复杂局面所带来的新挑战。在一个“韧性十足”的体系里，管理者会接受这样一个事实：他们不可避免地会遭遇到不曾预料到的威胁，他们不会试图建立坚强的、专门化的防御力量，而是建立一些体系来抗击打，甚至试图从击打中获利。“韧性体系”能够应对未曾预料到的威胁，如果有必要，它还会在遭到无情的击打后恢复如初。投资家兼作家纳齐姆·塔利布也提及了一个类似的概念——“反脆弱体系”。他认为，“脆弱体系”一旦遇到冲击就会毁坏；“坚强体系”能够在冲击下平安度过；而“反脆弱体系”如同免疫系统，能够从冲击中获益。

上述概念在最近几年越来越为人所熟知，不过许多与“韧性”相关的技术却不是新的。在环境基础建设中，与“韧性”相关的技术意味着寻求与大自然谨慎地共处，而大自然勾勒出了人类相当长的一段历史演进线。[12] 坚持韧性思维的人认为，我们在无意中已经让身边许多系统都“脆弱化”了。我们试图专业化、高效化，甚至意图将原本无法预测的大自然改造得可以预测（比如莱茵河的河道），这些反而制造出了新的威胁，损害了我们原本可以恢复原状的能力。

戴维·索尔特以及布赖恩·沃克在他们的著作《韧性思维》中解释道：

> 人类是伟大的乐观主义者。我们环顾四周，无论是一头牛、一间房，还是一组股票组合，我们都会问自己是否能够实现收益最大化。我们的惯常做法是将要处理的事情分解成多个部分，并且试着去弄明白每个部分是如何运作的，输入怎样的初始条件才能获得最佳结果……（但）为了某些特定目的而优化人与自然错综复杂体系中的各个因素，你越这样做，就越会破坏这个体系的韧性。试图在效率上达到最佳结果，却使整个体系在面对冲击和干扰时更为脆弱。[13]

韧性思维的相对面是傲慢思维，即试图对万物进行预测。它的基础是一种谦卑的意愿:“要清楚哪些是我们所不知道的”,“要预料到哪些是我们所无法预料的”——这些教条往往在不经意间获得赞赏,因为人们有时候还是希望对事物进行优化、进行预测的。

在大多数时间里,我们保护自己的本能手段是先进行预测,然后调用力量应对所预见到的威胁。约翰·多伊尔是加州理工学院的工程学教授,他将这一类体系描述为“刚强而脆弱”[14]的体系。类似于“三角洲工程”这样精心设计的人造工程,规模固然宏大,但与它们所要约束的环境相比,还显得太过简单、太过机械,并且太过刚硬。它们固然对单一的威胁做出了刚强的反应,但这也让它们脆而易碎、缺乏韧性。

安德鲁·佐利是一个推崇“韧性”的思想家和作家,他觉得埃及金字塔就是一个例子,并说明了什么是“刚强而脆弱”的体系。[15]这些金字塔屹立至今,说明它们是极其“刚强”的——建造者设想中可能遭遇的威胁,这些金字塔都成功地抵御了:风、雨,还有时间的侵蚀。但如果一个意想不到的打击来临,比如一颗炸弹将金字塔炸开,那么整个结构就不能自己重新构筑起来。而珊瑚礁能够历飓风而不毁,不是因为它有多么“刚强”,而是它具有韧性。狂风巨浪或许会摧毁一定比例的珊瑚,但只要礁盘的尺寸足够,它就会恢复如初。(现在的珊瑚礁都在萎缩,原因之一在于人类的破坏,而不是周期性的狂风暴雨。[16]人类的破坏太快而且太过无情,珊瑚即便能够大规模生长也无法恢复。如果打击来得过于迅猛而又过于频繁,即便是韧性体系也有可能无法承受。)

通过强化体系中每一个部分,能够获得一个刚强的体系,就如同金字塔一样;而若想获得韧性,则要将各部分因素连接起来,使它们能够重新布局,并且根据客观变化或意想不到的打击进行调整,就如同珊瑚礁一样。无论是在工厂车间还是在战场，我们应对许多客观情况的手段都聚焦于建立、强化某种结构，来抵御可以预料到的危险。然而就如同前面所提到的，上述所有这些客观情况正受到一些难以预测以及不可预测的干扰。为了能够安然度过这样的危局，我们不但需要变得刚强，也要变得更有韧性。

在一些领域里，人们虽然面对不确定性，却依然要寻找道路前进，在这种情况下，韧性思维就可以应用了，其关键在于将我们的精力从预测转变到重新布局。我们要谦卑地承认必定会碰到一些意想不到、无法预知的事情，因此我们必须构筑这样一个体系：面对未知的冲击它不会垮塌，甚至能从中获益，这样我们才能在变幻无常的局势中获得胜利。就如同佐利所说的那样："潮流的变化实在难以驾驭，不要再想着去驾驭它，我们其实可以建造更好的舟艇。"[17]

获得并提高调整适应能力

在一个世纪的时间里，管理的重点在于效率：用最小的输入值（我们可以将之称为X）获得最理想的输出结果（我们可以将之称为Y）。在泰勒的炼钢厂里，Y就是得到加工的钢铁数量，而X就是机器所耗费的时间；对于我们特遣部队而言，至少在一开始时，Y就是作战行动，而X是人力与物资。

就像我们所讨论过的那样，问题在于：如果你想通过优化来获取效率，前提是你先要确定哪些是你的X、哪些是你的Y，然后建造一套可靠的系统使X能够转化成Y。在这里，对效率追求的基础在于预测。如果你确信你的公司现在要制造汽车，而且在可预见的将来也只会制造汽车，你就可以建造一条经过优化的、组装轴承和安全气囊的生产线，然后你就能将少量的劳动力和钢材转化成大量的汽车，这是说得通的。但如果突然之间，在本周末的时候你不再需要汽车，而是需要直升机了，那么这样的一个体系立刻就会变得毫无用处。从中可以看出，在一个易变的环境中，如果我们仍然试图维持静态，那么所有世间的所谓“效率”就会分文不值。

我们已经建造了一台“酷毙了的机器”，一条极具效率的军事生产线，但在面对易变的环境时，这台效率太高的机器还是显得太慢、太静止、太专门化。它就等同于“三角洲工程”或者“马其诺防线”——刚强而专一，经过长期规划，但应对的只是固定的事物；一旦出现出人意料的变化时就难以快速、有效地应对。我们曾经很刚强，但我们没有韧性。

当我们意识到伊拉克“基地”组织正在占据上风时，我们的第一反应是更加努力地工作，大多数大型组织一旦发现自己在竞争中落后也会这么做。我们部署更多的资源、投入更多的人力，并且在现有的作战模式中试图创造出更高的效率。正如心虚的游客在抵达陌生的国度后，为了使自己能够被理解，就会更大声地用自己的家乡语说话，我们做的事情就如同他们一样，而且注定无法达到目的。

如果位于巴格达的伊拉克“基地”组织是静态的，如果其行动能够被高速的坦克和我们的进攻所遏制，那么我们就可以修订一份非常漂亮的计划，在保卫我们驻点的同时，驱逐伊拉克“基地”组织的战斗人员，并且高效地在战场内外轮替我们的人员和装备。这将是一道数学题，并且是一道充满危险的复杂数学题。就如同两次世界大战一样，我们的方案效率越高，冲突就会以越快的速度结束。

然而这些确定性都是不存在的。一座城市里一桩焚烧《古兰经》的丑闻就能在全球的互联网论谈内引发骚动，一夜之间，在另一个地方，这桩丑闻引发了无情的报复，采取的战术是我们前所未见的，此时所谓的“远期规划”基本没有什么用处。同样，在摩苏尔搜集到的情报表明，巴士拉即将发生一起针对平民的重大袭击，为了制止这次袭击，海豹突击队必须立刻发动一次夜袭，此时也看不到“远期规划”有什么用处，因为根本没有时间进行规划，更别说和华盛顿之间进行数据传输。要把握这些捉摸不定的点，需要的是敏捷性，而这种敏捷性正是我们特遣部队所不具备的。

彼得·德鲁克曾经说过一句让人印象深刻的话：“效率就是把事情做对，有效就是做正确的事。”[18] 如果你有充分的洞察力，确信“正确的事”就在前方，那么效率也就是水到渠成的结果。然而在一个意想不到的旋涡里，效率和有效之间的联系是断裂的。特遣部队曾经建立的体系在“把事情做对”方面是很棒的，但在“做正确的事”方面显得太不灵活。

根据泰勒的建议，我们要以很少的X获得很多的Y，对我们而言Y就是行动，而X就是人力和物资。但问题在于，把X转化成Y并不是我们所需要的，我们要做的是高速、精确地在正确的地点得到正确的东西，这样我们才能抓住转瞬即逝的机会。实际上，我们所需要的体系无须提前知道需要哪些东西，只要根据眼前的挑战进行调整；这个体系不必将一个已知的X转化成一个已知的Y，而是能够根据一个不可预测的输入条件，创造出未知的输出结果来。

防洪系统可以是刚强的，但往往缺乏“韧性”（而且为了追求刚强，我们往往会牺牲“韧性”）；管理体系也可以是高效的，但缺乏调整能力。

在 2004 年，我们不存在效率问题，困扰我们的是调整适应能力的问题。

就如同荷兰的水利工程师一样，我们的特遣部队需要捡起一些旧的智慧，这些智慧可能是过去我们为了追求效率而丢在一边的。在泰勒的还原主义体系里，为了追求效率而将有能力的机械师替换成对指导卡亦步亦趋的普通工人，但前者的调整适应能力肯定要比后者更强——不仅仅是眼前的“一亩三分地”，这些机械师对大背景也有更为全面的认识。不过我们也不能简单地回到过去。我们固然需要敏捷性，但同时也需要与效率相伴相生的规模优势。我们必须找到一种方法，在保持传统力量的同时，获得那种调整适应能力。这将是困难的，因为提升效率的行动往往会直接限制调整适应能力。

打破层级架构，构建网状组织

在每一支庞大的战斗部队中，等级制度都是不可或缺的一部分。军衔的意义在于告诉大家一名军人的权威和责任，同时展现他的能力和经验。军衔高的人被认为拥有相应的技能和判断力，能够部署军队并且照顾好士兵。在大型军队中，要想在混乱、致命的战场上驾驭成千上万名新招募和新应募的农民和商贩，清晰的权责是必需的。即便在野营或日常行军中，如同普鲁士弗里德里希大帝那样的领导者也会对违抗者施以酷刑，任何士兵如果被发现劫掠，就会被大帝吊死。弗里德里希大帝明白，只有强悍的军官才能使军队免于成为一群无法驾驭的暴徒，也才能阻止军队在野外行军中进行屠杀、抢劫和强奸。

对于领导者必须尊重，而且这是硬性规定。士兵受到这样的教育：高级军士长或者尉官在发表讲话时必须立正；“是，军士长！”或者“是，长官！”这表达了对于军衔制度的尊重。在战斗中，如果有人拒绝执行命令或者对执行命令有所迟疑，那会造成灾难。但与此同时，僵硬的上下级统治关系以及军官的绝对权力使得距离炮火最近的士兵，无法迅速根据实际情况进行调整，也无法快速执行。当一个下级必须花时间向距离战场很远的军官询问命令细节时，他又如何去抓住转瞬即逝的战机？为了贯彻传统的命令与纪律观念，我们其实付出了很大的代价。

垂直和水平的层级化管理在几个世纪的时间里维持了军队的秩序，而我们在伊拉克所面临的环境是快速变化并且各方面因素互相依赖的，这种环境与上述层级化管理方式已经格格不入。规范信息要经过很长的距离进行传输，决议要通过好几个节点才能通过，连我们最高效的体系也开始慢得令人无法忍受。那些曾经确保可靠性的指挥链如今在束缚我们的步伐；那些部门的划分和安全许可制度曾经确保我们的数据能够安全，如今却在阻止体系内的互相交流，而这种交流是与灵活的敌人作战时所必需的；那些曾经让我们保持戒备状态的内部竞争性文化，如今却在使我们难以运转；那些曾经能够阻止意外发生的规定和限制，如今却在扼杀我们的创造性。

特遣部队僵硬的、自上而下的架构是军事历史和军事文化的产物，但我们要面对的挑战，是寻找到一定的方法改变信息的流向——确保底层的声音能够被上层听到。然而，更困难的是要去打破那些将我们的企业划分成条条框框的壁垒。互赖性意味着深井式结构不再能够被用来准确地应对这种环境：各处发生的所有事情现在与每个人都有关联。如今各个行动区域之间都存在不可分割的联系，将各个部门严格区分的做法也很难再起到好的作用。在过去，海军的海豹突击队与陆军的特种部队所处理的问题没有多大关联，他们各自为战也没什么问题。在接到命令后的很短时间内将一小队人马派到很远的地方解救人质，做这种事如果靠一个部门单打独斗，在过去是可能的，只要有一个类似我这样的人提前预计到问题并制订计划就可以了。在这种情况下，各小组间无须互动，比如转运解救出来的人质以及飞行器的换乘。而特遣部队也正是在这样的指导精神下运作了20年，但如今这种指导精神不再见效。

为了击败伊拉克“基地”组织，我们必须变成一支前所未有的类型的部队。这种转型没有先例，无人能够给予指导，我们必须在战争中进行摸索。正如我们经常说的，我们“是在飞行途中对飞机进行重新设计”。

没有先例，但蓝图是存在的。在白色书写板上，我们开始勾勒出它的轮廓。阿布·穆萨布·扎卡维发展并且进行测试的组织架构与我们条块分割的组织架构是两码事。

伊拉克“基地”组织并不担心效率这回事。通过试错，它所演化出的军事架构效率未必高，但拥有充分的调整适应能力——这是一个网状结构，与我们的指挥架构不同，这种网状结构能够自我压缩、自我伸展，并且能够演变成任何必要的形态。在我们的各部队之间必然存在缝隙，这种缝隙有时候是指地理上的，有时候是指我们各部队之间在信息沟通方面的；而伊拉克“基地”组织正是利用这些缝隙进行渗透、安身立命并向周围扩张。也就是说，伊拉克“基地”组织学会了在我们体系中的沟壑间生存与行动。

如同伊拉克“基地”组织在战争刚开始时观察我们、向我们学习一样，我们也不得不收起我们的骄傲，开始向它学习。我们白色书写板上那些乱糟糟的图表是它精心构建的结果，从中可以窥见由许多极具适应力的小团体构筑成的大组织。很快我们的白色书写板上就出现了一行评论：“要想击败网状组织，就必须使用另一个网状组织。”[19] 于是，我们开始进行全面的转型。

总结

- 面对威胁，预测不是唯一的解决之道。应对一个错综复杂的环境，更有效的办法是发展出“韧性”，学会如何重新布局以应对未知的世界。
- 追求效率可能限制敏捷性和韧性，因此特遣部队要摒弃将效率视为最神圣之物的管理准则。在一个错综复杂的环境中，要应对不断变化的威胁，我们必须力图获得适应力。
- 我们的敌人——伊拉克“基地”组织——似乎通过构筑网状架构获得了调整适应的能力，它的组织机体进行重新布局的能力，使其获得了令人惊异的敏捷性和韧性。我们意识到为了获胜，特遣部队就必须成为一个真正的网状组织。

第二部分

化繁为简

1989年，国际篮球联合会（FIBA）废除了禁止专业NBA（美国国家篮球协会）运动员参加奥运会的规定。美国男子篮球队之前已经在奥运会历史上创造了赢球的纪录，这样一来更是成为一段传奇。1992年，国际篮球联合会做出上述决议后，第一支由NBA球员组成的美国奥运会篮球代表队横扫巴塞罗那篮球场。他们在决赛中以32分的优势夺冠，在此前的所有比赛中，他们获胜的优势都超过32分，主教练查克·戴利在整个系列赛中连一次暂停都没有叫过。这支篮球队12名球员里的10名，后来入选NBA历史上最伟大的50名球员名单。[1]就像帕特里克·尤因所说的那样："非NBA球员组成的美国队在1988年失利了，于是他们要派海豹突击队出来……我们就是精英部队。"[2]这支篮球队被称作"梦之队"。

尤因的话在接下来的几年中，为国际篮球场上发生的一切做了注解。1994年，世锦赛中的美国队被称作"梦二队"，参加1996年奥运会的则是"梦三队"，他们都以不败战绩夺得冠军。在比赛开始前，对方球员经常跑到休息区要求与"梦二队""梦三队"的球员合影，并索要签名——双方的关系好像不是对手，而是师父与徒弟。[3]

2004年，参加奥运会的美国队是一支由老牌球星和新生力量混合的球队，包括勒布朗·詹姆斯、德怀恩·韦德、卡梅隆·安东尼、蒂姆·邓肯、阿伦·艾弗森等。意大利队球员马西莫·布莱里参加过与美国队的一场友谊赛，他回忆道："我踏入球场，告诉自己，'我只是在做梦，我正在和我的偶像同场竞技'！"[4]

但这支队伍却遭遇了"开门黑"，第一场就输给了波多黎各队，这也是现代体育史上最著名的冷门之一。CNN（美国有线电视新闻网）对此评论道：他们"被一群'小虾米'羞辱了"。[5]波多黎各是一个人口不过400万人的岛国，但就是这样的一支篮球队，以92∶73击败了"梦之队"，这也是美国队在国际赛场上输得最惨的一次，即使过去NBA球员被禁止参加一些国际比赛时，美国队也没有输得如此之惨。接下来，美国队惊险万分地赢下了澳大利亚队和希腊队，却又输给了立陶宛队，勉强晋级半决赛。在半决赛中，美国队输给了阿根廷队，在三、四名对决中勉强击败了西班牙队。在2004年之前，美国队在历届奥运会篮球比赛中总共只输掉了两场比赛；而在这一届，他们就输掉了三场。在颁奖仪式上，身为意大利队后卫的布莱里站在亚军领奖席上，俯视着他所说的“偶像”们，而阿根廷队赢得了冠军。[6]

对于美国队来说，令他们尴尬的是全世界教练在几年里都在说的一句话：“在队伍中没有大写的‘我’。”事实证明，将许多人集合在一起，他们总体的战斗力可能会大大高于各自战斗力之和，也可能大大低于各自战斗力之和。

第五章　建立互信和目标共享的团队

调整适应能力的差别

1978 年 12 月 28 日，美国联合航空公司 173 号航班从纽约的肯尼迪机场起飞，飞往俄勒冈州的波特兰，途中它将在丹佛机场做停留。这是一架四引擎长程窄体喷气式DC–8 客机，与大多数大型客机相比，这架飞机显得纤细一些，就如同长了翅膀的钢笔一样。这架飞机只有 10 年飞龄，而且刚刚检修过，正处于其飞行生涯的顶峰。

在起飞之前，8 名机组人员进行了标准的、一系列的安全检查——他们目测了轮舱，确认了液压系统的压力，并且检查了应急灯。机长马尔本 · A.麦克布鲁姆为美国联合航空公司工作了超过 15 年，保持了 2.7 万小时飞行无事故的纪录，其中驾驶DC–8 无事故的时间达 5000 小时。[1]

飞机在丹佛机场降落时机上总共有 181 名乘客，一切如常，没有任何复杂之处，这架248627磅（约113吨）的庞然大物安然停留在跑道上。当这架飞机在下午2点47分起飞时，它46700磅（约21吨）的燃料在三个燃料箱里开始燃烧，也就是说飞机开始丧失它大约1/5的重量，这些油料不但足够飞机抵达目的地，还按照美国联邦航空管理局的规定预留了足够飞行45分钟的油料，此外还根据公司规定多预留了足够飞行20分钟的油料。[2]综合来看，这架飞机机翼下的4台普惠JT3D引擎每小时消耗13209磅（约6吨）的燃料，这个重量相当于一辆小型校车。[3]

到了下午5点左右，飞机在波士顿上空看到的是一个理想的着陆条件：能见度30英里（约48千米），几乎无风，云开雾散，空气清凉。

机长麦克布鲁姆向波特兰着陆场发出信号："向28号跑道滑行。我们已经看到了着陆场。"[4]

随后，一个小的不能再小的问题冒了出来：一个指示灯没有亮起。右侧主起落架的一个活塞在飞机降低进入着陆姿态时脱落，对指示系统造成了毁坏。这样一来，即便起落架放下并且放到位，指示灯也不会亮。

由于活塞脱落，起落架放下的速度比往常要快，事后机组人员在接受采访时回忆，他们听到"砰"的一声，机体也向右倾斜了。[5]飞机立刻通过无线电向塔台通报了问题，并且说它会进入等待航线来诊断问题所在。在飞机所能够遇到的所有问题中，这其实还算是比较小的。通过目测就能发现起落架已经放出，即便起落架没有放出，最差的情况也不过是在跑道上靠摩擦力强行停下。这种情况下，一侧的机翼会受损，但乘客肯定能够安然无恙。此时，一个不在值的机长正搭乘这架飞机外出游玩，他在驾驶舱里给出建议时开玩笑道："我还有三个星期就退休了，你最好让我离开这儿。"[6]麦克布鲁姆回答道："你要记住的事情就是别担心。"

飞机转弯斜飞，进入了等待航线。机组人员充分地讨论了现在的问题，并且查看了厚厚的操作手册，寻找应对这种情况的指导意见。气氛比较慌乱，问题被抛来抛去，但很多问题都无人解答。麦克布鲁姆坚持聚焦于眼前的问题：制订紧急迫降计划。

机组人员争论着各类测量标准和读取的数据。他们判断起落架已经放下，但又担心防滑功能和空气悬浮系统被损坏。飞机上的服务人员通知乘客，飞机降落时或许会有颠簸，并且帮助他们做出支撑姿势，确保所有人知道一旦无法安全落到跑道，他们都该如何使用紧急逃生口。机长则小心地保持着与机组人员、控制塔台以及飞机制造商之间的通话。

在检查过了危险清单上的主要项目后，机组人员开始关注那些比较小的潜在隐患。飞行工程师提醒他们，飞机降落后，“最后一个离开飞机的人要关闭尚有多余电量的电池”[7]。前面提到过的那位不在值的机长于是离开了几分钟去拿了一个无人使用的手电筒，以便在着陆后失去电源时可以使用。

下午5点48分，飞机第二次进入机场，但此时另一架飞机也正好要着陆，于是173号航班让开了。[8]在驾驶室里，机长和飞行工程师讨论着着陆位置以及每个空乘人员应对紧急状况的素质优劣。几分钟后，他们与塔台再度确认，此时又有一架飞机在机场上空盘旋，麦克布鲁姆再次将跑道让了出来。

当飞机再度开始盘旋的时候，机组人员开始仔细讨论飞机一旦进入跑道会发生什么。机长说，着陆后他会让旧金山的维护部门提供一份报告，说明发生了什么。他们将确保塔台了解他们的计划，从而使得他们能够迅速离开飞机，并且避免“无数好奇的家伙看热闹”[9]。机长还对他的副机长说：“洛克，我看你还是把书都放到包里扔一边儿吧。”[10]这样，能够避免机舱内的混乱。

麦克布鲁姆让飞行工程师穿过机舱安抚乘客。此时，空乘人员已经几次试图这样做了，但麦克布鲁姆还是觉得多个人去安抚总不会有错。麦克布鲁姆说：“我不想让他们着急……我会在……大约10分钟后着陆。”[11]而飞行工程师的报告是：“他们很镇定，很冷静。”[12]

大约在下午6点02分，麦克布鲁姆机长告诉塔台：“我们打算在大约5分钟后着陆……希望设备都能准备好，指示信号显示起落架已经放下并且锁定，我们已经让所有人准备好，一旦事态紧急就进行疏散。”[13]

然后，麦克布鲁姆忽然想起他们还没有核查起落架警告喇叭，因此他们测试了一下断路器，麦克布鲁姆还让那位不当值的机长回到机舱里最后安抚一下乘客。6点06分，首席空乘人员进入驾驶舱，她说：“好了，我觉得我们都准备好了。”麦克布鲁姆于是再次向塔台发出无线电信号：“好了，现在我们即将进入，我们应该会在大约5分钟内着陆。”[14]他有信心机组人员应该已经做好了所有准备。

事实上，此时他们已经准备了70分钟，比飞机多余油料理论上能够支撑的时间还多了5分钟。麦克布鲁姆此时聚精会神地试图做好硬着陆，因此他忘记去查看在他面前最基础也是最关键的工具——燃油标尺。

就在麦克布鲁姆开始目视跑道，并且下压控制轮时，副机长告诉他：“我觉得第四号引擎已经停转了，伙计。”[15]

麦克布鲁姆于是通过无线电联络塔台，要求立刻采取办法。随即又一台引擎停转，只有两台继续在工作。下午6点11分，他们开始制订紧急计划。

机长：一旦油料不足以支撑，在河岸上似乎有一条跨州高速公路一类的东西。[16]

副机长：好的。

2分钟后，剩下的两台引擎也停转了，“高速公路计划”也已经不可能实现。[17]

机长：好的，发布求救信号。[18]

机长发向塔台：波特兰塔台，美国联合航空173号航班发出严重求救信号，我们的引擎已经熄火，我们正在下坠，我们无法抵达机场。

塔台：美联航173，美联航173？

美国西部时间下午6点15分，201927磅（约92吨）重的金属庞然大物在波特兰郊外碾压过两栋房屋、穿过几十棵树木、滑行了1500英尺（约457米）后停止。[19]由于飞机上已经没有燃料，因此没有起火，房屋在遭到碾压时恰好也是空的，但8名乘客、1名空乘人员以及飞行工程师死亡，24人重伤。

2009年，一个名叫切斯利·沙林伯格的机长驾驶全美航空公司1549号航班在哈得孙河边迫降，可以将美国联合航空公司的悲剧与此次悲剧进行对比。当时，1549号航班刚刚从拉瓜迪亚机场起飞，一群来自加拿大、正在进行迁徙的鹅飞进了飞机两侧的引擎里，引擎当时就停转了。当时飞机距离地面的高度仅仅只有2000英尺（约610米），机组成员只有很短的时间进行反应。[20]所有的紧急核对清单和技术训练都是根据一个前提所设定的，那就是引擎的熄火都是在巡航高度超过2万英尺（6096米）的情况下发生的——在这样低的高度就发生引擎故障，这是前所未见的。

在不到4分钟的时间里，机组人员就把飞机调头，让乘客们准备迫降，并且把这架飞机在哈得孙河边停住，且无人死亡。

美国联合航空公司173号航班尽管有足够支撑一个小时的多余油料，但还是坠毁了，而且坠毁时飞机并没有致命的技术问题，应对起落架下放失败也有清晰的应对预案。而全美航空1549号航班在遭遇到一个前所未见的严重问题后，仅仅用了几分钟就让其所有乘客安然脱险，要知道他们对自己所面临的严重问题事先完全没有技术准备。

这两架飞机在客观条件和人员方面存在数不胜数的区别，这些区别都有可能使两架飞机的最终结局有所差异，而且有些客观条件上的区别已经不是人力所能掌控的了。然而，有一个明显的差异是人为造成的，而且事实证明也与特遣部队所遇到的问题高度相关。在1978年，航空公司的机组人员架构是命令型的，马尔本·A.麦克布鲁姆分派任务，并且监督所有人完成任务的情况，他还可以发号施令，总之整个体系是为追求效率而设计的。一旦危机到来，每个机组人员都会眼巴巴地看着他，等待他的指令。而到了2009年，航空公司机组人员被认为是按照“小团队组成的大团队”这样的架构来运转的——沙林伯格是一个很有天赋的飞行员，能够在巨大压力下表现自如，但如果1549号航班在发生事故后几分钟内还要通过他去给每个人下达指示，那么这架飞机的乘客和机组人员必然无法在这次事故中生还。两者之间在架构和功能上的明显区别，使其在应对危机时的调整适应能力有巨大差别。

每个参与运动或喜欢看体育比赛的人都应该知道，对于任何一支高水平的队伍来说，与生俱来的、互相协调的调整适应能力是不可或缺的。我们特遣部队肯定知道这一点：宏观来看我们是僵硬的、笨重的，但我们的组成部分——海豹突击队也好，游骑兵也好，陆军特种部队也好，都是世界上著名的、调整适应能力最强的团队。

我们会发现，伊拉克“基地”组织的网络有着神秘的流动性特点，而这些特征其实来自我们的一些部队，而其他领域的一些团队也具备这样的特质。我们要想成功转型，就必须去了解是什么使我们的小团队具有如此强的调整适应能力，而为什么到了特遣部队的整体层面上，架构和文化会发生这么大的变化。

信任基础上的一致行动

海军“海豹突击队”已经成了一个代号，象征着力量、勇气、技能俱佳的超级团队。但和大多数人所认为不一样的是，海豹突击队最优秀的特质其实和队员们的个人素质没有太大关系。

就在1549号航班乘客从哈得孙河边安然离开后4个月，另一场壮观的水上营救大戏吸引了全球新闻阅读者的眼球：2009年4月8日，4名手持AK–47突击步枪的海盗登上了马士基–阿拉巴马号集装箱运货船，并且控制了桥楼。

在接下来的争斗中，海盗们抓住了“阿拉巴马”号上的美国船长——理查德·菲利普斯。

美国立刻向事发地点派出两艘军舰——驱逐舰“班布里奇”号和护卫舰“哈里伯顿”号，它们立刻和“阿拉巴马”号上的海盗形成了对峙局面。[21]海盗们把菲利普斯船长劫持到一艘救生艇上作为人质，然后与美方展开谈判。当菲利普斯试图逃跑时，劫持他的人开始使用暴力，他们把菲利普斯的双手绑起来，并且用枪托殴打他。随着海盗对局势感到越来越绝望，敌意也迅速升级，他们用枪顶住了菲利普斯的后背。

4 月 12 日，三名海豹突击队狙击手在“班布里奇”号舰尾处，通过夜视望远镜观察救生艇上的局势。这三名狙击手是乘坐 C–17 运输机抵达现场的，他们先是跳伞降落在冰冷的海水中，随后割断了降落伞，并且被军舰“回收”上去。在驱逐舰的尾部，他们静静地等待着，看着瞄准器中的十字线随着呼吸和波涛上下起伏。

狙击手的首要准则是致命武器只能用来拯救美国人的生命。[22]当他们看到 AK–47 的枪口顶住了菲利普斯的背脊时，这支狙击手小队认为可以采取行动了。但他们清楚，如果仅仅是伤害一名海盗，那么菲利普斯船长肯定非死即残；他们同时也清楚，这次射击不但要让对手一击致命，而且必须万无一失，否则海盗在死前肌肉的痉挛会使得扳机被扣动，危及菲利普斯船长的性命。救生艇上只有两扇小窗户，加上是在夜间，狙击手的视线受到很大限制。在那时，海豹突击队的狙击手最多只能干净利落地解决掉两名海盗，但他们必须同时把三名海盗一齐干掉，因此他们只能等待。

到了当地时间上午 7 点过一点儿时，救生艇上的两名海盗实在受不了艇舱内三天没有流动过的空气了，他们打开了救生艇前端的一个小舱口。而第三名海盗此时依然在狙击手的视线内。

三名海盗猛吸了一口咸腥的海风，但他们注定只能吸这一口。随即，三颗子弹从“班布里奇”号的船尾射出，飞过 75 英尺（约 23 米）的距离，来到了随着波涛起伏的救生艇上。[23]三名海盗被三名狙击手同时爆头，立刻死亡。菲利普斯船长重获自由，并且与自己的船员和家人团聚。

随着这次营救行动的细节被公之于众，尤其是那次迅捷、快速的狙击，已经让人兴奋无比的新闻更加让人狂热。福克斯新闻网的评论员说："这次行动绝对是完美的。我们的一个船长被劫持为人质，海军海豹突击队拯救了他的生命，他们用三颗子弹干净利落地打爆了三名海盗的头。"[24]微软全国广播公司的一个评论员俏皮地说，这次劫持"让美国老百姓梳理了东非的地理知识，知道了印度洋地理，还让大家知道了我们的海豹突击队有多'恐怖'"[25]。电视台一窝蜂地拍摄了许多特别专题片，内容都是这些超级战士是如何用神乎其神的枪法拯救了人质。美国人对这些刺激、能拍成电影的故事也十分着迷，在他们眼里，海豹突击队队员就是一群满身肌肉的机器人，拥有可以在奥运会上大显身手的速度、力量和精准性。他们之所以能够成为一个成功的集体，就是因为他们每个人都拥有强悍的力量，还有就是他们拥有一个卓越的、能够制订出让人惊叹的行动计划的指挥官。就和其他许多传奇故事一样，他们没有看到更深层次，也更为重要的一些事实。海豹突击队是非同凡响，但其非同凡响之处并非大多数人所认为的那样。

从 75 英尺外击中移动中的目标，这毫无疑问是有难度的。但在军队狙击手中，这并非什么了不起的事情。1969 年，海军陆战队传奇狙击手在越南，从几百码外射出一颗子弹击毙了一个敌人。当时这名狙击手所使用的步枪，其射击精度和射击威力都不及现在，但这名狙击手还是把子弹射入一名隐藏着的越方狙击手手上枪支的瞄准镜，子弹击穿了瞄准镜，射入了越方狙击手的眼球。[26]优秀的神枪手能够利用风向让子弹在建筑物间飞出曲线弹道，然后击中 1 英里（约 1.6 千米）外的目标。最近几年，联军的神枪手在伊拉克和阿富汗都曾经在超过8000英尺（约2.4千米）的距离上击中过目标。[27]如果狙击手有奥运会，那么4月12日在“班布里奇”号船尾射杀海盗的三位狙击手甚至连参加比赛的资格都没有。不过以情况的错综复杂性、团队协作的有效性以及抗压性三个指标而言，这次任务可以获得极高的分数：三名行动者控制住自己的呼吸，调整射击姿态以应对海浪所带来的颠簸，并且等待最佳时刻，然后如同一个人般执行射杀，并且在执行射杀时对自己和整个任务都充满信心。在狙击手奥运会上，这可是一个全新的项目。

射击的决定通过狙击手的神经传导到前臂，随后传至扣着扳机的指尖，而在此之前，长达数年的共同协作使这些狙击手获得了优异的团队意识，也使他们彼此信任，在射出子弹时没有分毫犹豫。这支狙击手三人组一边与指挥官保持联络，一边在“班布里奇”号船尾各自的位置上待了几个小时，然后才抓住了一个转瞬即逝的机会——两个海盗把头探出来换气。这样一个时间点根本容不得多余的清单核查、行动预案准备，也容不得半点犹豫。三名狙击手必须像一个人那样去思考问题，并且确信他们的上级也会信任他们。只有在这种情况下，他们才能在恰当的战略背景下评估自己的战术选项，并且当机会来临时立刻采取一致行动。在黑夜中、在上下起伏的救生艇上、在全球的注视下将一个危在旦夕的生命拯救回来。

海豹突击队之所以能够取得如此出色的战绩，并不仅仅是因为其成员出色的个人素质，还因为这批战士有机地融合成了一个整体。这样的一致性不是理所当然的，也不是一种幸运的巧合，这是海豹突击队精心打造的结果。

海豹突击队魔鬼训练的核心并非生产超级士兵

在你读这本书的时候，在加利福尼亚州圣迭戈郊外的科罗纳多，很可能有几十个男人正全身湿透，被冻得瑟瑟发抖，并且拼命地在喘气。他们在参加海军特种作战中心的一项训练课程：海豹突击队基本水下爆破训练。所有立志在海豹突击队中有所作为的小伙子，都必须参加这项长达6个月的训练课程。这些未来的勇士必须经历三个阶段的磨炼：高强度体力训练、潜水以及陆地作战，从而让上级评价他们对战斗的准备程度究竟如何。在每一个阶段，小伙子们都会在肉体上和精神上遭到强度非同一般的磨炼。

在第一个阶段的体力训练中，小伙子们要在湿沙中穿着靴子没完没了地长跑，要在规定时间内完成障碍跨越，要在冰冷的太平洋海水中游泳，还要在大浪中驾驶容易翻转的小型充气艇。4英里（约6.4千米）沙滩跑要在28分钟内完成，大海中的2英里（约3.2千米）游泳要在75分钟内完成，如果不能达到上述标准，就要受到惩罚：冲入15℃的水中，并且在全身涂满粗粝的沙子。如果没能执行命令（比如，没能按照规定清理房间），也要受到相同的惩罚。除此之外，还有其他惩罚方式：圆木训练，就是受罚者把圆木举过头顶；“冲浪受虐”，躺在海滩上，面朝海浪袭来的方向坚持一个半小时，中间可以时不时休息几分钟，以避免体温过低。第一阶段训练还夹杂着一个“地狱周”[28]——为期5天的超高强度训练，所有受训者每个人加起来只能睡4个小时。

在第二个阶段，小伙子们要进行开路和闭路战斗潜泳训练。在这项训练中，他们要经受住水下攻击，并且在断绝氧气供应的情况下，在水下脱卸、修复并重新组装水下呼吸器。他们必须穿戴着70磅（约32千克）重的装备踩水5分钟，然后一口气在水下潜游50米。在此期间，必须有一名教官陪在这些小伙子身边一同游泳，因为他们在感觉极度缺氧的情况下也不会上浮，所以很多人在第一圈结束后会昏厥。小伙子们还要经历“防溺水”训练，包括把手脚绑住，然后跳进深水池中，接着用牙齿从池底获取目标物品。

训练的最后一个阶段聚焦于陆地作战，训练在圣克莱门特岛进行。一名教官有些开玩笑地说，之所以在圣克莱门特岛上进行这一阶段的训练，是因为在这里“没人能够听到你的惨叫声”。在岛上，海豹突击队的候选人要学会使用武器，学会近距离作战技能，进行绳降和快绳行动，并且用实弹进行模拟演练。候选人必须精通陆地导航、巡逻、基本突击技术、伏击战术，以及处置克莱莫人员杀伤地雷的办法。在整个课程的最后，要进行全面的模拟突击演练。当全部的训练结束后，学员们可以身穿海军制服，摆个姿势照一张基本水下爆破训练班的毕业照。然后，这些人就将有机会成为世界上能力最强、风险最高的作战部队的一分子。此后，他们还要经过几个月才能获得海豹突击队的三叉戟徽章，但他们在抵达目的地的路途中，已经跨越了最为耸人听闻的障碍。

海豹突击队基本水下爆破训练被认为是军队中最为艰难的测试项目之一。在每期训练的160名学员里，大约有90名无法挺到训练课程结束，其中大多数是在前几个星期内就放弃的。[29] 有一年，大批学员退出或受伤，教官只能取消了训练课程，以至当年没有一个人毕业。这样的消耗率，无疑加强了媒体关于海豹突击队队员是超级战士的印象，尤其是在菲利普斯船长获救之后。不过，海豹突击队基本水下爆破训练的主要目的，还不是让海豹突击队队员在肌体上不可战胜。

科尔曼·鲁伊斯看上去就像一名海豹突击队队员。他身高 6.2 英尺（约 1.89 米），重 195 磅（约 88 千克），在海军学院时是摔跤队队长，毕业时和其他 15 名毕业学员一道被选中去参加海豹突击队基本水下爆破训练。他在海豹突击队里服役长达 13 年，不过他后来发现（别人在进行“湿沙训练”时，他却在旁边看着——他担任了第一阶段训练的负责教官），海豹突击队基本水下爆破训练的成功，与加强学员体能几乎没什么关系。他说：“我几乎总是听到他们说，‘我要离开，因为我跟不上了，我在拖我团队的后腿。’这是我听到最多的话……不过，我们真的很少很少会因为一个小伙子跑得慢就放弃他。大多数退出者从体能上看还是不错的。”那些退出者或许遭遇了另外的挑战，他们意识到海豹突击队的生涯并不是他们想要的。鲁伊斯评论道：“他们有了新的要奋斗的优先目标……用我们的话来说，他们之所以退出，是为了他们的女朋友、他们的狗、他们的猫、他们的支票簿。他们可以挺过去，但他们意识到这并不适合他们。”在那些退出者当中，只有大约 10% 是因为体能无法跟上。

事实上，海豹突击队基本水下爆破训练所构成的体能挑战还是相对容易克服的。在 28 分钟里跑完 4 英里（约 6.4 千米），也就是每英里跑 7 分钟，这需要经过训练才能做到，但还不是奥运会级别的难度。2012 年，147 万人在美国完成了 6.2 英里（约 10 千米）跑比赛。[30] 你家邻居如果是个长跑爱好者，7 分钟内也能跑 1 英里（约 1.6 千米），只不过海豹突击队基本水下爆破训练要求以这个速度奔跑更长的距离。[31] 海豹突击队基本水下爆破训练的游泳标准同样也不是高不可攀的。每年都有成千上万人参加铁人三项赛，包括 2.4 英里（约 3.9 千米）游泳（光这个就超过了海豹突击队基本水下爆破训练的标准)、111.8 英里(约 180 千米)自行车和 26.2 英里(约 42 千米)长跑。这些参赛者完成游泳阶段的平均时间是 76 分钟，这和海豹突击队基本水下爆破训练的标准差不多，而且海豹突击队在训练中还可以使用鸭脚板。[32] 2013 年 9 月，黛安娜·尼亚德从古巴出发，连续游了 110 英里(约 177 千米)，在 56 个小时后抵达美国——她的游速已经超过了海豹突击队基本水下爆破训练的标准，距离是后者的 55 倍，而且她完成这一壮举时已经 64 岁。[33]

当然，海豹突击队基本水下爆破训练的条件也是很严酷的，这无疑放大了海豹突击队队员们在训练时所要面临的体能挑战——他们要在 3 天的不眠不休之后，再用 28 分钟在沙子里狂奔 4 英里(约 6.4 千米)，这个难度绝对超过在跑步机上跑 4 英里。尽管如此，鲁伊斯还是认为，体能优势并非胜负的决定性因素。在缺乏起码医疗条件的情况下，“如果一个人想去做这件事，他就能达到目的”。

打造互信和有明确目标的超级团队

海豹突击队基本水下爆破训练的目的并不在于生产超级士兵，而在于打造超级团队。第一步是要在队伍中建立起互信。对于加入一支团队的任何人来说，建立互信似乎是顺理成章的事情，但这其实与还原论的管理方式要旨是背道而驰的。在一个自上而下的指挥体系中，领导者将各个大的工作分解成小的任务，并且分配出去。接受指示的人无须了解他的同侪，只需听命于老板即可。在一个自上而下的指挥体系里，重要的联系是垂直隶属关系，而团队建设则是一种水平关系的架构。

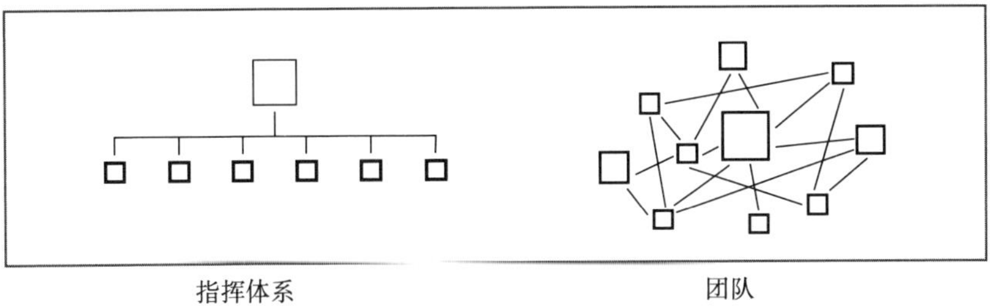

图 6　自上而下的指挥体系 vs 团队

在海豹突击队基本水下爆破训练中，只需要单枪匹马去完成的任务少之又少。在训练的第一天，教官把受训学员每 5 ~ 8 人分成一个小艇组，在接下来的 6 个月中，小艇组内的人将一直共同工作。潜水训练项目包括水下装备交换，两个人合用一个氧气管去完成任务。[34] 夜间导航训练会假设一个场景：黑黢黢的深海中发生爆炸，一对蛙人在没有全球定位系统，也没有视力装备的情况下，根据记忆中的方向潜泳数英里抵达任务区域，其间这对蛙人一个人拿着表、一个人拿着指南针，他们之间的沟通全凭拍打和握手。

几乎所有的军队纪律都是将单个士兵整合到军队硬性的上下级管理体系中，并且锻造其执行上级命令的能力，而海豹突击队基本水下爆破训练则独辟蹊径。海豹突击队并不是让成员根据上级明确的命令行事，而是让队员们能够在一个小团体内构筑互信，并且根据实际情况调整应对。为此，海豹突击队基本水下爆破训练的教官们专门打造了一个训练课程，使士兵们单靠个人执行命令根本无法挺过来。鲁伊斯认为，自己的主要工作就是“在一天内把个人表演的观念从学员们的脑瓜里剔除掉”。

鲁伊斯说：“在‘圆木训练’中，如果有人没有用力，木头就会落地；

在小艇训练中，如果整支队伍没能同心协力，那么小艇就会倾覆。而伴随失败的总是惩罚。”即便是“冲浪受虐”，受罚队员们也必须手臂相连紧靠在一起互相获取体温，只有这样才能挺得更久些。

从训练课程的一开始，受训学员就必须与一个“泳伴儿”一同前进，即便是去餐厅也要形影不离。那些一个人晃来晃去的家伙都会被命令去“给身体涂沙子”；如果训练班上有人看到不带“泳伴儿”就到处跑的家伙而没有去制止，则他自己也有可能受罚。那些喜欢特立独行的人，在训练班中经常被喊“你得找个泳伴儿”。因此在这里，很多“泳伴儿”成为终身的朋友。

这种“联系”不单单能够让学员们获得良好的感觉，更重要的是那些学员彼此间深深了解的团队在训练场和战场上的表现会更为出色。所有的教练都清楚，这种关系对于成败来说至关重要。一支部队如果拥有的是良好的个人训练，士兵人手一本《士兵手册》以及一份详尽的战略规划，那么这支部队也能够高效地执行一份计划，只要环境保持相对的静态，这支部队获取成功的可能性就比较高。但如果一支团队是由互信和明确的目的所锻造的，那么这支团队将更有战斗力。在面对迅速变化的局势时，这样的一群人能够即时反应，且迅速协调一致。

类似于海豹突击队以及机组人员这样的团队，都是要在错综复杂的环境下运行的。在这样的环境下根据客观条件精准地调整反应是很关键的，比单个领导者预测、监督和控制的能力更为重要。这样一来，团队成员在行动时不能仅仅依赖于命令，整个团队工作是一个重新评估、协调和调整的过程。所有参与者都不停地向队友发出信息，并且接收队友发来的信息，这些参与者必须互相理解彼此的行动和目的。当一名在目标住宅内行动的海豹突击队队员决定进入一间储藏室，并且进入这间储藏室并不在最初的行动计划之列时，他必须明白如果他的“擅自行动”引发交火，他的队友们会做出怎样的反应，这就好像足球比赛的前锋必须移动到其队友会把球传过来的位置。哈佛商学院团队专家埃米·埃德蒙森解释道：“伟大的团队中，所有成员都会彼此信任。随着时间的推移，这些人会发现彼此的优点和弱点，这使他们能够像协调一致的一个整体般行动。”[35] 没有这种信任，海豹突击队充其量也就是一群壮硕的士兵。

海豹突击队基本水下爆破训练为了在队员之间建立信任感，一开始甚至有些蛮横地要求队员们一起去吃饭，而那些最终挺过整个训练课程的人，也愿意将自己的生命交给海豹突击队的队友。

团队目标决定个人成败

在成员之间建立互信能够使团队具备重新布局的能力，并且在重新布局后“去做正确的事”，团队成员也必须明确知道到底什么是“正确的事”。团队成员必须全都向同一个目标努力，而在一个易变的、错综复杂的环境里，目标可能是会发生变化的。

泰勒蔑视工人们自由结盟的权利，他认为这种结盟会使他的计划出现很多潜在的变数。他有理由担忧，在没人告知这些工人该做什么的情况下，这些工人会到处乱晃。这些工人通常很少明白公司需要什么，也没有动力提供公司所需要的东西。在泰勒的体系里，他把公司的需求分割成许多较小的短期目标，监督这些短期目标能否达成的管理者也只了解如何将那些分割部分拼凑成一个整体。如果你去看一张传统的组织架构图，每个人的目标和对大背景的了解都是有局限性的、具体的，而他们的目标和对大背景的了解与整个组织的总体战略目标相去甚远。当管理者说要下属“保持一致”时，他通常的意思是下属要知道他们各自所属层级的目标何在（就好比在下午5点之前制造三个轮轴）。一个好的管理者会很高效地制定上述短期目标，将这些短期目标紧密地连接起来，从而获得理想中的结果。

如果整个链条在设计上无懈可击，生产线上的工人就没必要去了解整体的组织架构和生产流程。只要他能够干好自己的活，只要他能够领到工资，他就没有必要去了解工厂整体的状况，也没必要去了解在整个公司战略中自己的地位何在，而团队设置的原则则完全不是这样。

应付错综复杂局面的团队成员必须全面了解团队境况和总体目标。只有当所有的成员都理解任务的目标以及战略背景时，大家才能够对正在产生的风险做出评估，并且明白该如何与队友进行互动。每一个海豹突击队队员都必须去对自己所正在参与的行动进行整体监控，就好像足球运动员不仅要能守住自己的那一块草皮，而要对整块场地上发生的事情负责。所有的队员都必须对整支球队的胜负共同负责，并且清楚为了履行这一责任他们要做些什么。

在计划不断变化的高风险环境中，海军高层要确信他们的作战人员能够做出正确的选择。于是，海豹突击队基本水下爆破训练投入大量精力，确保每个海豹突击队队员与整支部队的整体战略运作息息相关，与其在特定行动中的具体角色息息相关。

如何通过考验看出一个人的集体感强烈，对于目标的追求是发自内心的呢？这简单：将整个训练过程搞得足够折磨人，这样一来，只有那些真正有责任心的人才会坚持下来。海豹突击队基本水下爆破训练对于一个人身体上的磨炼，不是在测试你的力量，而是在测试你的责任心。鲁伊斯说:“通过面试我就能知道哪些人会掉队——那些为了自己而参加训练的人会说,‘我想尝试一下海豹突击队基本水下爆破训练’‘我喜欢挑战’。然而，没人会喜欢海豹突击队基本水下爆破训练，那是地狱。”鲁伊斯接着说:“那些最终成功的人，都会在面试中说:‘我想加入海豹突击队，我想去海外参加战斗。’看似两种回答只有很小的区别，但其实这决定了成败。”

那些通过海豹突击队基本水下爆破训练的人，都对海豹突击队的事业深信不疑。这一点很重要——团队成员赌上自己的生命，为的是能够与一群有责任心的爱国者并肩战斗，而在这种训练中，那些一心只追求使自己更加强壮的人是看不到个人成长的机会的。就像鲁伊斯说的:“信仰我们事业的人才会为了你、为了任务赌上自己的性命，其他人不会。”明确的目的性意味着团队中的互信，而团队中的互信又促进了团队努力的目的性。于是，每一个个体都被锻造成了有效的团队。

当学员们进入第三个阶段的训练时，他们都对自己战友的作战风格了如指掌，并且能够互相信任、以命相托。他们学会了迅速地对行动环境进行整体评估，判断他们拥有哪些战术条件，而团队需要怎样的效果，并且他们与队友间的配合也已经行云流水，这都使他们能够重新部署、调整适应并且采取行动。紧密的互相联系、互相信任，加上对局势的理解以及对团队总体目标抱有的责任心，都使海豹突击队这样的团队能够应对任何错综复杂环境中的威胁，而这些威胁以及环境的错综复杂性，往往是任何高高在上的领导者所无法预料的。

海豹突击队提供了一个尤其鲜明的例子，这个例子告诉我们如何通过互信和团队目标信息的分享，构建团队自身的调整适应能力。这不单单是让学员们在海豹突击队基本水下爆破训练“冲浪受虐”中共历艰辛，类似的方法还能够让一支团队在其他领域内也表现优异。

以互信的组织架构战略应对不确定性

马休·卡蒂博士看到鲜血和内脏时的淡然态度让人震惊。他翻看着自己的工作照，给你的感觉就好像目睹了一场欺骗视觉的奇迹，也见证了好莱坞视觉技术的突破：伤疤变成平坦的皮肤，断折的残体重新成为具有功能的四肢，残破的面庞愈合后几乎能够去拍摄祛痘护肤品的广告。

卡蒂博士是全球最好的外形重建外科手术团队的成员，他将破碎的面庞重建、将残缺的断肢重植，还曾拯救过很多生命。7 年前，他曾经接手了一个女病人：她的整个面部被一条拉布拉多猎犬撕掉了。卡蒂和他的医疗团队切开猎犬的胃部，拿出被吞下的面皮，并且为她重植回去。今天，如果你在大街上和这位病人偶遇，她绝对不会引起你的注意。

卡蒂是个不招摇的人，衣冠楚楚，有时又有点邋遢，但他对自己的工作却有着孜孜不倦的热情。在进行一次手术之前的当口，他先是向我们描述了自己工作中的许多细节；然后来到他凌乱的办公室，谈及皮肤移植的一些细枝末节；之后，在小跑着前往手术室的途中，他坚持要绕个大圈，好让我们作为贵宾，看看哈佛医学院的图书馆。“那里面的东西可真是让人不可思议。他们有菲尼亚斯·盖奇[①]的头盖骨，你们真的得去看看！”

① 菲尼亚斯·盖奇（Phineas Gage，1823—1860），是一名铁路建筑工人。在一次事故中，他的头颅被一根钢筋洞穿，却奇迹般地活了下来，由此成为医学领域著名的“奇迹”。——译者注

他的同事E. J. 凯茨博士在波士顿的布里格姆女子医院工作。凯茨博士最近刚刚刮过胡子，并且比卡蒂博士年长几岁，但他和卡蒂一样热情活泼。

2013 年 4 月 15 日，卡蒂与凯茨接手了一个面部剧烈破碎的病例。凯茨回忆道："一名 16 岁的小孩玩滑板，在高速公路上被一辆时速 50 英里（约 80 千米）的轿车撞上。"手术持续了 10 个小时后，两位外科大夫在下午 3 点正准备回家时，不料这时有人进入房间说："嘿，一枚炸弹刚刚爆炸了。"

就在几分钟前，两个压力锅炸弹在波士顿马拉松的终点线上爆炸，造成 3 人死亡、200 多人受伤。

"我们刚刚离开手术室，就立刻进入急诊室。"卡蒂说，"我们刚刚做了一整天的大手术好像只是个热身一样，然后我们就准备迎接更多的病人了。"伤员源源不断地进入急诊室，卡蒂回忆道："没人清楚这起事件的波及范围有多大，就我们所知，至少有 3000 人受影响。"

他们彻夜工作，切除烂肉，止血，缝伤口。"拿起肩胛骨的一端，切下来，把一条连接到腋动脉的血管从肩胛骨上剥离，再将之接到颈动脉上。"卡蒂一边点击着电脑中的手术照片，一边说道。前后所有关于伤员的照片，似乎都有用Photoshop（修图软件）修改的痕迹。

卡蒂停留在一张照片上，那是一堆已经被损伤得无法辨认的骨头、肌肉和皮肤。在观察了一段时间后，终于认出这是一个膝盖。卡蒂说："当时所有人都认为，这个人的这条腿是保不住了，他需要进行一次膝盖以上的截肢。"[36] 但如果进行这样的截肢，就意味着这个人在余生里，走路时要多损耗 70% 的能量，这会给他带来心血管和肺部的问题，也会使他的臀部受到的压力增强，引发关节病变。[37]

医疗团队开始工作。他们从伤员的腿部取下皮肤进行移植，暂时覆盖住了膝盖上的创口，让其能够初步愈合。他们又从伤员背部一侧取下40厘米长的一条皮肤，从另一侧取下20厘米长的一条皮肤，然后用一根2毫米的血管将它们穿在一起，最后将这片皮肤移植到膝盖创口上——用血管穿合，比用头发穿合的效果要好。他们从伤员的腿部取下骨头，又放了回去。在8次手术后，这名伤员最终重新获得了一个能够运用自如的膝盖——这是医生们精心重建的结果，医生们最终没有动用膝盖以下截肢所要使用的解剖工具。

“这是一种完全非常规的办法，”卡蒂在思索了一会儿后表示，“不过结果不错，这个人能够再去跑马拉松了。”

在那天，这支团队所做的每一件事都是“完全非常规的”。布里格姆女子医院从来没有进行过相关演习，去模拟大范围伤员涌来时所带来的多个大型创口该如何进行医护的问题。没有预案，也没有预演，他们在那一天所做出的反应和他们每天所做的事情差不多——调整适应。一个崇尚自上而下命令指挥式运转的团队，其成员都会等待来自上级的指令，以至他们必然缩手缩脚，无法有效做出反应。没有任何一所医疗学校的课程会教导学员，该如何从狗肚子里拿出一张人脸，当时情况紧急，根本没有时间进行研究并制订计划蓝图。人体是一个错综复杂并且互相关联的系统，手术几乎永远无法按照既定计划进行。“每个病人都有其特别之处，没有两个一模一样的创口，因此也没有一次手术会按照计划进行，”卡蒂说道，“你总是被迫去调整变通。”

我们在伊拉克执行任务时，小心翼翼地制订了一个计划，到了战场上，会出现100万个意外让行动的实际情况脱离预想轨道。两个睡在大街上的流浪汉就可能改变你的“行动路线”。远处有其他人突然要求空中支援，就有可能使你所能获得的后方支援大大减少，从而改变我们作战人员所要承担的风险系数。目标区域突然出现平民，也可能改变能够进行行动的范围半径——最好的技术和最棒的情报手段也无法告诉你有可能会发生什么。一旦打响了第一枪，实际作战情况就会迅速偏离计划。

击杀乌萨马·本·拉登的细节开始浮现后，新闻报道开始炒作刺杀部队着陆时那架黑鹰直升机的坠毁，媒体都将之描述成一次灾难性的异常现象，几乎使整个任务面临失败。[38] 固然，这架直升机的坠毁绝对不会是计划的一部分，但对于这种意外情况也不必大惊小怪：这次特种作战行动十分错综复杂，因此在计划和执行之间必然会出现几个变量。在这支部队所进行的几百、几千次突击行动中，几乎没有一次是完全按照计划进行的，而机械故障在整个行动过程中更是家常便饭。在阿伯塔巴德，我们的战士在几分钟内就重新集结，并且建立起一条与原计划不同的行进路线，最终完成了任务。

军官可以事先制订备用方案，但这些备用方案在面对错综复杂的现实环境时也会显得力不从心。每个备用方案就好像一棵树上的一个分叉，而事实上每个变量都会造成一个分叉（如果我们到达时他们开火，就选择A；如果没有开火，就选择B）。当每一秒钟都有可能因不同的变化产生出无数分叉时，各种可能性所构成的图景就会变得错综复杂，哪怕最为完备的备用方案也会变得毫无用处。

在我们的作战人员所做的所有准备工作中，最有用的无疑是他们之间所建立起来的互信——在数年的服役过程中，同甘共苦所产生的互信。经常有人说，信任是在战场上学会的，但对于海豹突击队这样的团队而言，通过互信和坚定的目标所形成的团队一致性，是部队进行部署的先决条件。没有这些特质就走上战场，就好像不穿防弹衣就进入正在交火的阵地。

在阿伯塔巴德，海豹突击队的计划里肯定没有直升机坠毁的内容，就如同沙林伯格机长的手下不会为飞机遭到鸟类撞击而制定预案，卡蒂和凯茨的团队不会为了马拉松爆炸案而制订事先计划，但他们都能够在面临意外的局势时调整变通，在现场创造性地解决问题，如同一个团队般协同运作。

他们的大战略就是他们的组织架构，而不是他们的计划。

锻造团队的自发智慧

史蒂夫·约翰逊在他的新书《自发》(*Emergence*)中，揭示了“蚁后的迷思”。这个“迷思”就是，每一块蚂蚁聚居区的精巧架构，都是拜聚居区内蚁后在建筑和管理方面的才能所赐。让我们来看一看蚂蚁在建筑方面令人惊叹的创新：密密麻麻地铁般的甬道所构成的网络、工蚁们用来弃置食物残渣的“城镇垃圾场”、安放死亡蚂蚁的“公墓”，还有供蚁后在紧急情况下逃生的出口。[39]看着这些，我们可以想象设计这一切的人或动物是何等聪明，他（它）能够预见到所有原本分散的因素如何逐渐地聚集、归拢，而这也是人类建筑产生的奥秘所在。我们可以想象，以蚁后为核心的蚂蚁统治集团会将蚂蚁王国的臣民组织起来，与敌对势力作战。

不过事实完全不是那么回事，蚁后其实只是一个生产幼虫的“工厂”[40]。蚁后唯一的工作就是生产小蚂蚁——这是一份重要的工作，但不是管理职位。上述的“迷思”（其实是误解）之所以会深入人心，在于我们有一个先入为主的观念：命令总是自上而下传递的。

事实上，每只蚂蚁以个体而论是没有这个智力去设计一个地下王国的——每只蚂蚁拥有 25 万个脑细胞，每个人拥有 1 亿个脑细胞。[41] 地下蚂蚁王国的组织架构是无数蚂蚁个体依靠本能行动聚合而成的：挖掘、觅食、收集垃圾，蚂蚁做这些动作都是通过原始的沟通方式进行——每只蚂蚁能够识别出其他蚂蚁留下的信息所代表的意思。[42]

通过这个案例就能够看出，无数简单、低级的互动是如何派生出错综复杂的模式和架构的。[43]“自发”这个词如今已经被用来指代探寻每一件事的样式，从雪花晶体般的美丽到城市的爆炸式发展①，再到经济世界反复无常的行为。

举个例子，亚当·斯密所谓的“市场是一只看不见的手”，也就是经济秩序并非来自集权化的设计，而是来自底层买卖者自发的互动，这就是所谓“自发”的最早的例子。这一观点与阿尔弗雷德·钱德勒所谓“管理是一只看得见的手”的观念形成了鲜明的对比，后者认为在过去一个世纪中，还原性的计划盛行于大多数组织中。亚当·斯密“看不见的手”如同没有领导者的蚂蚁王国，它阐释了“自发”的核心理念，也可以被运用到我们对团队的研究中：如果有许多高层次的互动，那么即便没有单个的设计者，一个组织内还是能够涌现出许多天才的方案；没有集权规划者，价格也能够稳定；没有详细的计划，也能进行错综复杂的操作。约翰逊将

---

① 简·雅各布斯所撰写的《美洲大城市的生与死》（*The Life and Death of Great American Cities*）一书中，探索了城市在没有集权规划者的条件下如何自动演化，这也经常被引用为“自发”一词的“出现背景”。

“自发”描述为产生“无法预测的创造力”，认为要释放这样的创造力条件，比如“连通性和组织性”。[44] 也就是说，在他看来，秩序可以自下而上地生成，而无须自上而下地通过计划进行指导而生成。

团队的竞争优势是团队成员如同无缝衔接的整体一样去思考、去行动的能力（这种能力有时候被称作“联合认知”①）。任何一个计算机科学家都会告诉你，如果有一房间的电脑，与其把它们与每台机器“单对单”地连通，还不如将这些电脑互相连通，再将运算结果输出给机器，后者所能够解决的问题远比前者错综复杂。事实上，只要有几十台笔记本电脑，通过上述方式你就能创造一台超级电脑，而即便是初级中学的电脑室里，拥有几十台笔记本电脑也不在话下。不过你要在一开始花费很多时间将它们整合起来——这就好像通过海豹突击队基本水下爆破训练把许多精壮聪明的小伙子捏合成海豹突击队这个整体，而且投入这些时间是值得的，因为团队总体能力上的增强是十分巨大的。

这并不是说，遇到问题，简单地把更多电脑组成超级电脑，或者把更多小伙子扔给海豹突击队就能解决，问题的关键不在于资源的多少，而是整合资源的方式——用互信和目标将所有人团结在一起。并行计算、“联合认知”以及团队的一致性都是在朝同一个目标行进：建立一张网络，使你能够解决规模更为庞大、更加错综复杂的问题。创建和维系一支团队必须两手抓：管理的“看得见的手”和自发的“看不见的手”；前者将所有的因素捏合在一起，后者则指导着团队的工作。海豹突击队基本水下爆破

① 从技术上说，“联合认知”是指人或者人群与计算机技术之间的互动。因此，它与机组人员有关，但并不总是与外科医生和海豹突击队存在联系。一般人都认为，如果能够把一批头脑有效整合起来（哪怕是将一批人脑有效整合起来），这种整合体所能够解决问题的错综复杂程度，也要超过一群单打独斗的思想家。

训练的课程，就是用来锻造自发智慧的，这样即便在没有计划或者出现计划外的情况时，团队依然能够正确地做事。

这也正是美国联合航空公司173号航班出事后，航空业试图解决类似问题的方式。

以灵活的体系来杜绝未知的灾难

就在美国联合航空公司173号航班坠毁的几个月后，美国国家运输安全委员会的一份报告得出结论：飞机本身并不存在致命问题；173号航班“在起落架无法正常工作后的40分钟里，还是可以安全着陆的”[45]。机长对于起落架的问题担忧过度，使得他驾驶飞机在空中停滞了太长的时间。

“这起事故很可能是因为机长的错误造成的，机长没能有效监控飞机的燃料状况，也没有对燃料过少的情况做出恰当的反应；当机组人员就燃料状况提出警告时，机长也没有正确地给予回应。”[46]

麦克布鲁姆是一名经验丰富且很有能力的飞行员，在他驾驶173号航班飞向灾难的那一天时，他已经积累了上万个小时的飞行记录。他是怎么被一个小故障给难倒的呢？即便资格最老的人有时候也会遭遇挫折，有人或许会说这是一个令人遗憾的异常值，然而统计数据告诉我们，不是这么一回事。

在美国联合航空公司173号航班坠毁时，航空公司已经面临一个巨大而令人困惑的问题：飞行伤亡率在长达10年的时间里持续上升。这让分析师们感到困惑，因为飞行伤亡率的上升发生在航空业的黄金时代。在整个20世纪六七十年代，美苏之间的太空争霸使喷气式引擎和飞机设计得到改造，并被利用于逃离地球大气层。在1969年，随着可以垂直起降的“鹞”式战斗机被发明出来，航空航天工程技术得到了大幅度的跨越式进步。随着协和超音速飞机和波音的标志性商业飞机——波音727、737和747——陆续首航，商业航空也同样兴隆。每年飞机的安全性能都在取得进步，但与此同时，飞机每年都在坠毁。①美国联合航空公司173号航班称能够杜绝事故，因此它也是这股飞机坠毁浪潮的一个巅峰，而接下来所进行的调查则将使整个行业发生变革。

如果从性能上说，飞机现在更加安全了，调查者就有理由相信，空难的高频次发生是“人为失误率”增加所造成的。是飞行员所接受的训练更少了？是航空公司没有给予雇员充足的休息时间？是3.2万英尺（约9754米）高空的高压空气挤掉了几个人脑子里的氧气，使机长做出了不理性的决策？美国国家运输安全委员会得出的则是另一番结论：“这次事故不过是将一个一直在发生的问题放大了——在飞机发生飞行故障时，驾驶舱内管理和团队精神的沦丧。”[47]

报告中，调查人员发现技术进步非但没能避免空难伤亡数字的上升，反而导致了该数字的上升。随着飞机拥有了越来越多的安全性能，飞机上有了更多的仪表盘以及更大的功率，总体上看飞机变得更加尖端了，但发生小故障（比如指示灯不亮）的可能性也增加了。要制订的应急计划之多、之庞杂，已经使机长及其机组人员难以记忆。有些东西原本只是“复杂”，如今跨过了门槛成了“错综复杂”。那些机组人员在接受训练时

① 虽然飞机坠毁率的确下降了，但因为飞机的容量直线上升，因此总体上的伤亡率在增加。更重要的是，似乎在某些模式下，飞机的安全性能没有任何作用——在这种情况下，飞机本来明明是能够保全的，却还是坠毁了（就如同出问题的起落架指示灯）。

就被告知，要照本宣科以追求效率，因此当这些人掌控飞机时，飞行过程中哪怕出现了一点偏差，都可能导致无谓的死亡。一个世纪前泰勒在其所效力的第一家工厂中发现，技术在进步，而管理却跟不上，从而使之成为一种限制性因素，25 年后我们在伊拉克也发现了同样的问题；同样在当时，飞机的技术在进步，但飞机上的管理没能跟上，以至成为一种限制性因素。

于是，美国联邦航空管理局请来了美国国家航空航天局，后者的职责在于探索广袤、未知的领域，因此它所面临的工作环境显得极为错综复杂。[48] 美国国家航空航天局得出了一个让人震惊的结论：70% 的空难完全是人为错误造成的。[49] 以 173 号航班为例，将大量时间用于试图重获闪光灯信号、穿上救生衣、将书籍封装入袋以及安抚乘客，这是一种可怕的浪费。当然，不会有机组人员去想，为什么要为了防止书籍在驾驶舱内乱飞而去冒生命危险，但问题在于他们对既定程序过于执着，以至没能去做真正重要的事情。他们努力把事情做好，可问题是他们没有去做应该做的事。他们按照计划行事，结果却是一个小小的活塞故障，最终以“蝴蝶效应”的方式迅速升级成 10 死、24 伤的重大空难，还造成了数以百万美元的损失。整个机组人员执迷于流程，而不是追求所需要的结果，这使我们看到了一个鲜明的事实：把效率看得比调整变通能力更为重要，会造成怎样的恶果。流程本身并非导致坠机的原因，事实上，那些检查清单的存在还提升了安全性。但这些流程的最终目的在于安全着陆，如果能更好地达到这一目标，那么人工干预是必要的。

而沟通的缺位也使问题更加恶化：麦克布鲁姆试图依靠自己让所有事情都走上正轨，机组人员提供的帮助他也没能很好地利用。他发号施令，而所有的机组人员都成了执行飞行员命令的工具。在飞机坠落前的最后半个小时里，飞行工程师反复要求进行燃料检查。在5点48分时，也就是距离坠机20分钟前，他向麦克布鲁姆指出燃料泵指示灯已经开始闪烁。[50]在5点50分时他说："15分钟（着陆）几乎会耗尽我们的燃料。"[51]6点02分，也就是麦克布鲁姆宣布5分钟后着陆的计划后，飞行工程师又说："我们的燃料只能支撑3分钟了，就3分钟。"[52]而麦克布鲁姆始终在关心其他问题，没有听他的话。①

摆在航空业面前的有两条路：第一，制订更多的、具体的紧急备用计划，从而减少风险。[53]美国联邦航空管理局已经将美国联合航空公司173号航班的事故作为飞行学校中学习的一个案例。他们也可以修改紧急检查清单，专门指定一名机组人员，每隔5分钟核查燃料标尺。如果这样做，那么下次发生指示灯故障的情况时，可以降低燃料耗尽的可能性。但问题在于，还会有其他成千上万种可能出现的小故障、小误差，在面对它们时，上述做法又能够起到多大作用？届时恐怕还是会出现过度反应和团队运作失灵的情况。更糟糕的是，对于燃料检查流程的过度强调有可能会制造一个新的盲点，就如同当初过度强调观察起落架的流程，导致机长疏忽了对于燃料情况的监控。

第二，增强调整适应能力，而不是很刻板地去试图消灭隐患。也就是接受一个事实：意外机械故障是无法避免的，现在要做的是建立一个灵活的体系来应对这些未知的情况；他们可以修建一条更好的管理之舟，在错综复杂的善变之海中破浪前行。

① 悲剧在于，作为在机组人员中唯一发出正确警告的飞行工程师，最终却死于这次空难。

美国联邦航空管理局认为，机长在飞机上要控制一切、规划一切，但问题在于航空技术发展到当时，飞机上各类机械仪器已达到尖端、复杂的程度了，也不是一个人所能完全掌控的了，这也导致整个机组对于突然发生的意外事件难以调整适应，并做出恰当的反应。在标准任务控制室中，成百上千名专家聚集一堂，实时沟通和调整适应变得更加方便（我们将在后面的章节中讨论标准任务控制室）。标准任务控制室的赞同者认为，与其让机组人员去修炼特种技能，还不如在整个团队中建立互信和沟通。

1979 年 6 月，美国航空航天管理局举办了一次专题讨论会，与会者能够记得，在开幕式上发言人的第一句话是："女士们、先生们，飞机不会再成为一个问题了。"①

小团队的调整适应能力是搭建组织架构的基础

这套解决方案就是所谓的"机组资源管理"②，该方案是在咨询了社会心理学家、社会学家和其他专家后得出的，主要聚焦于提升集体动力、领导力、人际沟通能力和决策能力。

1981 年，美国联合航空公司开始综合实施第一套机组资源管理措施。[54]

---

① 虽然这句话被认为是美国航空航天管理局会议上的开幕词，但事实上这次讲话没有原稿，有可能这次讲话是在不那么正式的场合做出的。无论如何，它成为这次会议以及后面所发生一切的主旨性宣言。

② 美国航空航天管理局在整个 20 世纪 70 年代后期都在对资源管理进行研究，最终得出了机组资源管理的结论。"机组资源管理"（Crew Resource Management，CRM）这个词大约出现于 1986 年，但一直到 1993 年才被正式使用。然而，相关课程的出现一般认为是拜美国联合航空公司 173 号航班所赐。

在几次集中研讨会上，与会者需要对自己和其他人的管理方式进行诊断。机组资源管理措施会训练下级以更坚决的语气说话，而机长则要以更温和的语气说话，从而将垂直管理控制的关系变成灵活、多向的沟通型关系。导师们给学员进行团队建设训练，让学员们精疲力竭。[55]除了飞行模拟器训练和技术训练，导师们还要用海豹突击队基本水下爆破训练一类的方法来强调团队中的互信和对目标的追求。毫无意外的是，飞行员对此都十分抗拒。他们都是通过技术训练成长起来的，脑子里都是教条式的经验主义，他们认为机组资源管理就是“礼仪学校”和“心灵鸡汤”。[56]

不过机组资源管理的确使航空变得更加安全了。

1989年，另一架美国联合航空公司232号航班在飞往芝加哥的途中引擎解体了，随即砸毁了液压系统，使机翼无法上下调整姿态，这也就意味着飞机无法进行航向控制了。[57]这就好像你在高峰时段的高速公路上疾驰，方向盘却坏了；区别在于那架飞机是在3万英尺（9144米）的高空失去了方向盘。这样的意外根本没有先例，也无人能够预测到，因此安全流程中根本不可能有相关的内容。[58]但在232号航班上，接受过机组资源管理训练的机组人员，与一名恰好在飞机上做乘客的导师飞行员密切合作，临时设计并执行了一套方案，通过对剩余的两台引擎推力差的不断控制，在某种程度上来实现对航向的控制。[59]在失去方向控制系统的情况下，在没有相应预案的情况下，机组人员成功地将飞机迫降在艾奥瓦州的苏城，机上296人当中有185人幸存。[60]在模拟器上进行复盘时，人们发现只用飞机引擎的推力是不可能让飞机安全着陆在跑道上的，然而非常让人赞叹的是，机组人员还是近乎成功地着陆了。

机舱内的录音记录了机组人员的讨论过程、可能的方案以及行动过程，包括试图进行紧急降落以及安抚乘客。通过密集的互动（每分钟31次通话[61]），他们临时想出了一个杰出的方案。负责指挥的飞行员，也就是机长阿尔·海恩斯后来说："如果我们不让每个人都参与进来，那么我们肯定无法挺过来。"[62]事故报告对于机组资源管理给予了高度评价，并且指出机组人员的表现"大大超越了合理的预期"[63]。美国联邦航空管理局随即要求美国各航空公司所有的机组人员都要参加机组资源管理训练。

到了1991年，经过调查，超过90%的机组人员发现"礼仪学校"是有用的。[64]从那之后，航空旅行的安全系数不断攀升：2012年和2013年是1945年（当年乘坐飞机的人数仅为现在的1%[65]）以来航空旅行所导致死亡数字最少的两年；重大航空安全事故之间相隔的时间[66]，则在连续30年的时间里不断被延长。[67]21世纪后，北美导致人员死亡的航空事故数量一直维持在每百万次飞机起飞发生一次的水平——在此之前，致命航空事故数一直超越了这个水平。①阿诺德·巴尼特是麻省理工学院统计学教授兼航空安全专家，他判定，1960—1969年乘客乘飞机时的死亡概率是百万分之一[69]；2000—2007年，上述概率下降到两百万分之一，这让巴尼特得出了一个结论："一个美国儿童如果准备上飞机，他成为美国总统的概率都比在飞机上出事的概率要大。"[70]

---

① 飞机坠毁的数据难以分析，因为没有足够的数据构成统计学意义上的重要样本。因此，即便是机组资源管理的创立者，也不敢说现在的航空事故致死率和坠毁率就是机组资源管理的功劳。一个机组资源管理的先锋人物最近在一篇文章中写道，为了判定训练的影响，最为明显、最为确凿的标准，就是每百万次航班的事故发生率，可惜这个数据无法使用。[68]因为总体上的事故率实在太低，而训练课程又是一直在变化的，因此无法得出确凿的结论。然而，机组人员的反馈以及一些逸事中所能看到的人际关系情况，都强烈地表明机组资源管理在减少事故死亡率方面的关键作用。

这倒不是因为今天航班所遭遇的风险减少了。毕竟，错综复杂的飞机结构意味着可能遇到的危险增加了。航线运行安全审计是一个监控航班安全的导流，它得出的结论是：今天所有的航班都会面临一个或多个威胁，这些威胁如果处理不当就会致命——比如美国联合航空公司 173 号航班起落架失灵这样的威胁——而且 82% 的航班上会出现人为错误。[71] 不过对于那些接受风险调适训练，而不是风险控制的机组人员而言，这些都不是灾难性的。20 世纪 90 年代，飞机的“安全性能”和空难事故的死亡数字同时上升，而现在我们生活在一个风险无处不在，但却最最安全的世界里。

详尽分析 1549 号航班成功之处的报告中指出，沙林伯格之所以能够取得最后的成功，与其所接受的技术训练完全无关。在业内，没人会为低空状态下双引擎失灵的情况制定应对流程。[72] 报告认为，机组人员通过互动进行了适当的调整，这才是关键所在：

> 由于时间紧急，他们无法仔细开会讨论然后再进行决策。于是，他们不得不互相倾听、互相观察……（机长）和副机长几乎是凭借直觉地紧密互动，同时进行工作。[73]

报告的结论是：“机长认为，正是全美航空公司的机组资源管理训练，使得他和他的副机长能够迅速调动团队，迅速打开沟通渠道，迅速在团队中贯彻团队目标，并且迅速让团队开始紧密合作。”[74] 沙林伯格谦逊而又真诚地说道：“全美航空公司 1549 号航班之所以能够获救，不是一个人的功劳，是机长、副机长和全体机组人员共同努力、向同一个目标迈进的结果。”

机组资源管理课程被证明是成功的，因此几十个其他行业也相继跟进，手术室、离岸钻井平台、核电厂都开始采用这种课程，它们都有一个共同的愿望：能够更好地应对错综复杂和高风险的工作环境。

在紧急医疗救助中，错综复杂的程度越来越高，这使该领域倾向于用团队协作模式代替指挥控制架构。在1966年一份名为《意外死亡和致残：现代社会被忽视的疾病》的报告中有人指出，从概率上来看，美国人在高速公路上遭遇车祸后死亡的可能性更高，而在越南被越军子弹击中后死亡的可能性更低。[75]这一差别的关键就在于军事外科创伤团队。民用医疗团队所使用的技术，与军事医疗团队没有区别，区别就在于团队的组织架构。民用医疗团队的组织架构是自上而下指挥命令式的，和麦克布鲁姆机组人员的组织架构没有什么不同，也就是一个主治医生直接对病人进行治疗，其他人都根据他的命令提供协助。如同波士顿外科医生凯茨博士所说的："就好像一个家伙来了，然后对所有的事情指手画脚，而每个人只能根据他的意愿行事。"

医学，尤其是外科医学，容易使从业者滋生傲慢的情绪。卡蒂博士承认，这个领域"有许多极具攻击性的家伙，这已经成为行业通病"。医学院里的竞争十分激烈，而私人诊疗领域里的薪酬结构使得医生们对每一个病人都会展开激烈争夺，为此经常爆发明目张胆的争抢；而且医生在进行这种争抢时，往往会不顾及病人的安危。阿图尔·加万德是一名医生，也是一名作家，他评论道："医生经过训练后被雇用，获得奖励后成了牛仔，而我们需要的是能够为病人鞍前马后服务的人。"[76]然而，急诊室的情况则完全不是这样。

在越南战争中，军队外科医生发现，把主治医生从病人身边赶走，在对病人进行康复治疗和诊断时让他站在病床边，就能使医疗团队能够同时做很多其他事情。[77]事实上，这种做法使主治医生成了团队的参与者，让其他人也能够努力去解决问题；而在此之前，主治医生只会高高在上，告诉所有人该去做些什么。

医疗业和航空业一样，技术发展的高度已经大大超越了每一个从业者所能够达到的高度。一旦承认这一点，就会开始出现一种“多功能创伤团队”[78]。在这种团队里，权威和领导权力会被分布得更广泛、更平均。研究显示，上述变化使伤员的完全康复时间平均缩短了一半还要多，即从122分钟缩短到56分钟。[79]

而这种变化最终也影响到民用医疗团队。1973年，美国联邦政府通过了《环境管理系统法》，现代创伤医疗法由此诞生；40年后，也就是2013年4月的那个下午，民用医疗团队的卓越表现，使其在波士顿拯救了许多生命。①

机组资源管理系统和环境管理系统差不多同一时间出现，这并不是偶然的。宾夕法尼亚大学华尔顿学院领导力培训班副主任普雷斯顿·克莱因已经花费了数年时间去研究“关键任务团队”这一课题——这种团队一旦无法达成目标就会危及生命，而且他们的行动时间段往往被限定在不到10分钟的范围内。克莱因指出，他所研究的几十个团队全都成立于1950年以后，其中大多数是最近30年才涌现出来的。英国陆军最早成立于1707

① 这种医疗团队在处理意外情况时的能力，不单单在布里格姆女子医院中能够看到。爆炸发生时，伤员遍及大波士顿区内的27家医院，包括爆炸地点2英里内的5家一级创伤中心。在最初的爆炸中受伤却未死亡的260人，最终都生还了。[80]

年，不过特别空勤团（SAS）[①]，也就是英国陆军的特种行动部队是1950年才出现的；美国特工处成立于1865年，但1979年它的反突击队才成立；而美国海军特种作战部队在1962年成立时，美国海军已经庆祝了其187岁的生日。

此类团队如雨后春笋般涌现，说明世界正在变得日益错综复杂。更确切地说，应对当今世界，大家的战术反应是寻求更为强大的调整适应能力，而小型互助团队相比于自上而下的统治性机构，更具备这种能力。从纽约乘飞机抵达波特兰、对一栋建筑进行突击、进行外伤护理，这些我们曾经做过的事情，如今能比50年前做得更快、更有效。不过这些事情做起来会更加错综复杂，更加让人头晕目眩，因此已经不能凭借一个人进行有效的全局掌控了。

克莱因指出："更多的机动性、更多的信息、更多的影响力，这些因素综合起来就意味着我们已经到了一个临界点。过去，我们能够看到历史的模式是波动之后出现平衡，即所谓'间断平衡'，然而现在即便是这个模式本身也被中断了。今天，我们发现我们处于持续波动之中，而持续不断的波动本身构成了一种'平衡'。这就构成了一种只有'关键任务团队'才能够解决的问题。"[81]

对于美国联合航空公司173号航班和全美航空公司1549号航班而言，它们之所以一个迫降失败、一个取得成功，其区别就在于前者采用了指挥控制式的组织架构，而后者采取了调整协作式的组织架构。在错综复杂的环境中，"关键任务团队"的滋生证明，它们有能力应对特遣部队所面临

① 特种空勤团最初建立于"二战"中，由传奇军官戴维·斯特林统领，不过后来被解散，一直到1950年才以团级编制正式重建。

的这类问题。

我们已经在小团队的层面上磨炼出互信和目标分享的特质，但我们的组织在总体上却是与这些特质背道而驰的——我们的组织是典型的指挥控制式组织。我们的特遣部队习惯于直线和直角的思维方式，因此伊拉克“基地”组织的网状架构让我们迷惑不解。我们花费了很长时间才明白，我们看到的一切究竟意味着什么：小团队的互联互通性，必须扩展到整个机构的范畴。伊拉克“基地”组织每一个个体的能力都不比我们强，但这并不重要。和一个常规的指挥控制式体系不同，一个真正的团队的能力，并非其构成部分的简单加总；即使节点很弱，但整张网络还是会很强。

现在我们理解了，我们的挑战在于要找到办法重塑我们的组织架构，从而把几千人规模的组织打造成紧密如一的团队。

总结

- 指挥控制式架构与团队之间的基本架构是有区别的。前者的基础是还原论的可预见性，在执行事先计划好的流程时显得十分有效；而后者在效率上或许有所欠缺，但长处在于调整适应能力更强。
- 当团队中建立起互信和目标分享的特质后，就有能力解决一些单个管理者无法预见的问题——这些解决问题的方案往往是自下而上冒出来的，而不是来自自上而下的命令。
- 最近几十年以来，由于战术上的错综复杂性日益增加，过去由指挥命令式机构占主导地位的领域涌现出大量的团队。
- 特遣部队中各小团队具备调整适应能力是一个可喜的开端，但我们必须在一个更大的范围内建立起同样的调整适应能力。

第六章　突破“深井”，建立关系

无法预测的危机“临界点”

在东亚克拉斯诺威亚共和国的一座机场里，36 名美国外交官坐在一架飞机上。他们双手被绑着，在这架飞机里已经待了 24 个小时。飞机上的恐怖分子要求美国人释放他们的 12 名同伴，这 12 人因为 4 年前在巴基斯坦发生的一起爆炸案而被美国政府抓获，并投入监狱。恐怖组织头目发布的公开声明称，如果美国政府不就范，他们将在中午前杀害第一名人质。谈判破裂了。而克拉斯诺威亚共和国政府与美国政府关系并不紧密，它表示无意干预此事。

在西太平洋上空数千英尺的高空中，海军海豹突击队从一架关闭了所有灯光的C–17 运输机中跃出，他们的降落伞在夜色中张开。时间是 0 点 20 分。海豹突击队落入海水中，爬上了经过特殊设计的舟艇，然后在波涛汹涌的大海中破浪前行，直扑目标。

与此同时，在人质所在的飞机上，一名患有糖尿病的外交官开始休克，这对外交官夫妇原本打算在结束这个任期后就退休的；另外一对老年夫妇也开始发烧、呕吐。即便飞机上的极端分子不杀他们，他们也挺不过下一个 24 小时了。

就在海豹突击队展开行动的几个小时之后，30 名游骑兵部队士兵以及 4 名陆军特种部队的作战人员匍匐进入了寂静无声的机场停机坪，他们的膝盖和手肘上都佩戴着保护垫。这些保护垫的作用很有限，几名年轻的士兵身体柔韧性十足，并且体形也保持在最佳状态，他们在干重活时膝盖和手肘还是感受到了疼痛，但最终这些小伙子还是把跑道和滑行道上的障碍物清理干净，并且设置了一系列的红外光线探照点。如今通过夜视望远镜，已经能够看到机场的全貌，不过在肉眼里，整座机场依然是漆黑一片。在几分钟内，伞降清理小组的其他成员就骑着摩托车来了，这些摩托车也是通过飞机伞降到地面的。这些人勘测了机场，并且确信准备工作已经做好，然后向指挥部发出无线电信号。

就在这时，第一架黑灰色的 MC–130 运输机从云层中出现了，它是重型“大力神”[①] 运输机的变种。这架 MC–130 在黑暗中降落，迅速滑行到事先筹划好的卸载点。很快，更多的 MC–130 运输机出现了。在轮胎接触到停机坪之前，甚至在飞机还没有完全停稳之前，它们就开始放下活动梯准备卸载了。竖立着机枪的改进型路虎卡车从运输机中隆隆驶出，向机场周边的几个点驶去。3 点 22 分，它们已经瞄准了目标。

---

① 洛克希德生产的 C–130“大力神”是一款大型四引擎运输机，它为美国武装力量效力的时间已经超过了半个世纪。

俄罗斯套娃之舞还在继续。庞大的MC–130里，涌出了一些小型飞行器。折叠着的旋翼提升到位，直升机引擎高亢的轰鸣声与桨叶拍打空气的巨大声音和谐地混合在一起。小型MD–500“小鸟”直升机已经准备起飞。4架武装直升机在前面开路，它们每一架都装备了5.56毫米的急射小机枪和2.75英尺（约0.83米）的火箭发射器。另外6架紧随其后，这6架直升机上每架的外侧都有4个戴着夜视镜的作战人员坐在如同长凳一样的椅子上。到了凌晨3点51分，他们的双腿一边悬吊在风中，一边已经将武器准备完毕。陆军特种部队的突击人员已经在树梢的高度瞄准了目标。

在飞机里，恐怖分子开始不耐烦了。食物逐步消耗殆尽，他们没有料到这次的行动会拖这么长时间。两名恐怖分子把一名外交官从椅子上拽下来，然后用枪托殴打他，外交官的一根肋骨被打断。就在外交官倒地之际，几声爆炸和枪声传来，人质们觉得杀戮终于开始了。

不过事实并不如他们所料。喊叫声与枪声中，陆军特种部队涌入了机场的通道，开始有策略性地与人质劫持者展开交火。恐怖分子进退两难，不知道是该去杀人质，还是抵抗突击，结果他们两者都没做成，最终全被击毙。

到了凌晨4点35分，行动基本结束。各支部队看似没有关联的行动，其实都是一个巨大、精密计划的有机组成部分。海豹突击队夺取了一座关键的石油钻井平台，而克拉斯诺威亚人在平台上安装的防空雷达也落入海豹突击队手中，并被关闭。海豹突击队的行动为美国飞机渗透进入克拉斯诺威亚领空打开了通道。几分钟后，MC–130就利用这条通道，装载着游骑兵进入目标地点，夺取了机场，为陆军特种部队的作战人员采取营救行动提供了桥头堡。

这是一次很棒的编排——展示出了极佳的精确性。行动的每一步都严丝合缝。在整个任务执行的过程中，特遣部队作战参谋人员就在距离海岸数英里外的美国海军军舰上，监控着这部运转自如的军事机器的所有表现。在几个小时之内，他们就会宣布“演习结束”，并且准备返回美国。

这是令人精疲力竭的一个星期，只可惜这一切都不是真实的。所有这一切都只是一场演习，用来磨炼特遣部队在全球各地实施最复杂反恐任务的能力。它能够给人留下深刻的印象，并且经过了完美的策划。但在21世纪初期，这种演习与实战搭不上边，我们在伊拉克、阿富汗和其他任何地方与“基地”组织交战时，面临的完全是另一个局面。

特遣部队从成立之始，就一轮又一轮地进行训练演习。他们不停地与虚拟的克拉斯诺威亚人和其他对手作战，以磨炼自己执行“鹰爪”“无情”之类任务的能力。季复一季，年复一年，不断修改方案，来应对看似无法应对的局面，并且反复拟订计划，进行编排，然后在全球范围内进行实战演练。

上述针对克拉斯诺威亚人的行动将我们特遣部队的所有元素都调集在了一起，上级会用还原性发条的方式，为特遣部队计划好一切。海豹突击队负责夺取一个目标，游骑兵夺取另一个，而陆军特种部队负责营救人质。最后的结果是人质被营救出来，且凝结了上述所有部队的努力。但在整个行动过程中，这些部队之间没有任何互动。这些下属部队每一支都具有极强的调整适应能力，但特遣部队总体上执行的却是复杂（而非错综复杂）的、机械的任务。固然，我们制订了紧急备用计划，并且进行了预演，但在面对千变万化的实战环境时，我们的敏捷性却是很有限的。

在现实世界中，如果我们面临的威胁是那种逐渐积累，并且在一个可以预见的“临界点”突然爆发的危机（比如“鹰爪行动”中出现的情况），那么上述演习能够让我们获得足够的准备去应对。在经历了数年的训练后，我们已经准备好去应对另一场伊朗人质危机，或者克拉斯诺威亚人质危机。但到了2004年，克拉斯诺威亚那样的危机其实就和这个国家一样，在现实中根本难以找到了。我们要面对的敌人，我们要面对的作战环境，都是互相关联、高速变化并且无法预测的。我们通过上述演练所获取的效率完全是自欺欺人。每次举行演习时，我们都能确认海豹突击队在进行登陆作战方面是非常杰出的，而陆军特种部队在人质解救方面无与伦比，至于夺取机场，那是游骑兵部队的拿手好戏。我们也由此得出结论，作为一支武装力量，我们是不可战胜的。不过事实并非如此。

分开来看，每一支部队的成员都能在横向上展示出互信和对目标的共同追求，但这些部队的对外联系却是垂直化的，它们都与指挥部的上层结构连通，使得自己就像组装线上的一名工人。也就是说，团队与团队之间的横向有效联系是不存在的。而我们每一支团队的目标都是临时性的——完成一个任务或者把情报分析完；没有一支团队的目标是击败伊拉克“基地”组织。对于每一支部队来说，战争中真正重要的是如何完成在组织架构图中分配给自己的那一部分任务，并在自己的条块里孤军作战。专门化的目的在于最大限度地提升效率，可当现实世界变得不可预测时，这反而成为一种负担。

团队的调整适应能力被组织系统所束缚

在咨询领域，有一句让人着迷的话——“相互独立，完全穷尽”

（mutually exclusive and collectively exhaustive，简称MECE）。MECE往往是把某样东西（比如消费者）分成几个类别，这些类别之间不存在重合之处，但合在一起，就能覆盖整个大概念。比如，我们可以把“消费者”这个大概念分成“付费消费者”和“非付费消费者”两个类别。每名消费者要么是“付费消费者”，要么是“非付费消费者”，不可能既是“付费消费者”又是“非付费消费者”。按照MECE的框架把某些概念分割、组合，在一些领域中能够取得让人十分满意的效果。对于组织分类类目而言，这种方法还是比较有效的；但对于把一群人组织起来而言，这不是个好办法。

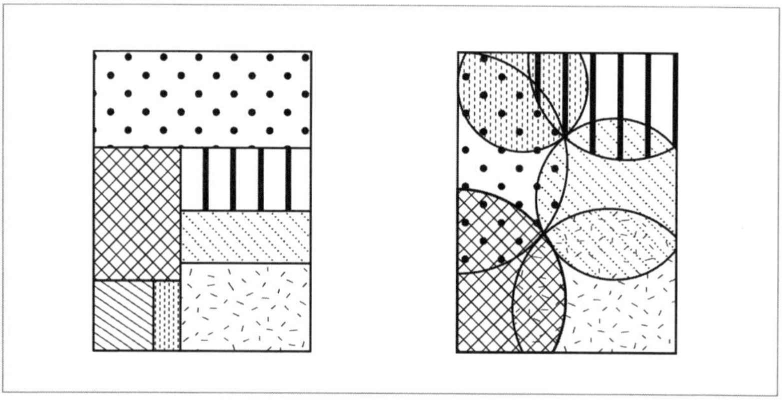

图7　MECE vs 非MECE

而一张经典的组织框架图完全就是MECE式的结构。在整个框架图中，真正重要的联系就是工人及其管理者之间稀疏的几根垂直线。在一家汽车公司里，北美市场战略副总监所要担忧的是他与首席执行官之间的关系，因为他要向首席执行官汇报工作。同时，他对于自己与东南亚市场战略副总监之间的关系就不会太过在意。这就好像在那家汽车制造公司里，组装线上安装轮胎的工人，最关心的是他的上级给了他怎样的指示，而不会去关心给方向盘拧螺丝的工人。两名副总监、两名造车工人所负责的任务，在组织架构设计时是被完全分开的，他们不必互相认识，不必说同一种语言，也没有必要让彼此之间的互动更加流畅。传统的军事指挥架构、公司运转架构，以及麦克布鲁姆机长手下机组人员的架构，都是MECE式的——领导者自上而下地分配任务，每个人待在自己的位置把自己的那份工作做好就行。

如果球队的运作也是MECE式的，那么你就可以脑补出一幅荒谬的画面：运动员在场上全都眼巴巴地盯着主教练等待他下命令，却根本不去看球和队友。或许在球赛高潮时，主教练能够制订一个计划，这个计划比球员临时想出来的主意更加高明，但主教练绝对没办法预计比赛的走向，也不可能在比赛中实时向球员们传达指令，更不可能来得及同时向所有的球员传递有用的指令，即便他能够在脑子里迅速构想出对策也无济于事。球队如果想要在比赛中如同一个整体般良好地运作，既要有专门化的分工（守门员大多数时间里待在球门附近；前锋大多数时间里则不用龟缩在球门附近），同时在责任分工范围上还要有所重叠（每个人都要能够临时做一些其他人的工作）。同时，他们还要熟悉彼此的习惯和对一些问题的反应，这样就能够本能地达成默契。最佳的团队，就好像“班布里奇”号甲板上的三名狙击手一样，知道他们的主教练（或指挥官、老板）会信任他们，他们彼此之间也达成了互信。他们这种横向之间的互信和任务目标共享，是非MECE式的，这也使他们能够去“做正确的事”。

在那些组织架构图清晰，并且是“MECE式”的地方，团队往往会混乱。因为联系往往是纵横交错的，还有很多地方会存在重叠——球员们不单单要在自己专属的区域内飞奔追逐，还要经常满场狂奔。建立互信和共同追求目标会影响效率，比如，与同事建立私人关系，并且对大局有全面了解会耗费大量时间；而大家共同承担责任则会产生一些冗余。不过这种冗余在影响效率的同时，却能够使团队获取高度的调整适应能力和有机性。伟大的团队往往不是什么“酷毙了的机器”，而是“酷毙了的机体”。

我们的小型行动组本能地清楚这一点——他们互相信任，并且在他们的部队中，所有人都清晰地知道团队整体的目标所在。对于意外事件，他们反应敏捷；但他们也仅仅是在自己的“深井”内，也就是自己所负责的领域内能做到这一点，“深井”外的世界他们就无能为力了。

2003 年 10 月，我在接手特遣部队后视察了巴格达国际机场（BIAP）中我们小型基地的情报设施。[①]说是“情报设施”，其实并没有那么高大上。在一栋小型建筑物中有许多牢房，临时关押着特遣部队发动突袭抓来的囚徒，里面还有审讯室和破败的办公区。我四处走动，询问情况，试图了解这里发生的一切。我打开一扇门进入储藏间，发现里面有 4 英尺（约 1.2 米）高的一堆塑料袋和麻袋——这些都是我们的先锋部队空运回来的“证据袋”，它们全部堆在那里，无人启封。

这证明，当我们的海豹突击队和陆军特种部队在前方厮杀，并且获取了情报后，他们会把拿到的一切东西，包括情报、光盘、电脑、手机都扔进沙袋、垃圾袋或者其他东西里，然后贴上一个标签或者便笺。接着，他们就把这些包裹扔上直升机，和邮件、多余的装备甚至重要的囚徒一起运

① 在这一年的某些时候，萨达姆倒台之后，巴格达国际机场曾用过萨达姆国际机场的名称，是以伊拉克独裁者萨达姆·侯赛因命名的。

回巴格达。这些包裹要经过几个小时[①]才能抵达目的地，而那些便笺很多在半路上就遗失了，剩下的也无法为后方的情报分析团队提供足够的信息。

情报机构的负责人解释说，由于缺乏专门的翻译，他只能让审讯员中的翻译人员在空闲时间来翻译这些资料，但这些人往往很少有空闲。如同在太阳下暴晒的水果，情报是很快会烂掉的。这些包裹被打开时，里面的信息大多数已经毫无价值：伊拉克“基地”组织各单位早已转移，或者改变了自己的计划。萨达姆·侯赛因的躲藏地信息，或许就藏在这些文件中的一张地图内，可我们却一直不知道。

作战行动人员对于如何冲锋陷阵十分在行，但他们对情报分析的点点滴滴却知之甚少，因此他们不清楚应该给获取的文件打上怎样的标识才能帮助情报分析人员分析情报，也不知道相关的情报背景，更不知道哪些资料是必须立刻转回去的，而哪些资料则可以等一等。对许多作战人员而言，情报分析团队就是一群坐在“暗箱”里的家伙，不断吞噬着他们辛辛苦苦拿来的资料，却吐出一些过时的、叫人失望的分析结果。这些作战人员和情报分析人员互不相识、互相疏离并且从无交集。作战人员宁可把拿到的资料交给自己的队友，这些队友可能只受过几天的情报分析训练，所以既不专业也缺少必要的资源，但作战人员还是期待他们能够对资料的一小部分进行爬梳，然后得出一些有价值的结论来。就好比在 173 号航班上，每个人都在做自己的工作，可就是没人去检查燃料表。

而情报分析人员也觉得十分沮丧：他们收到的资料质量低劣，到得也很晚。而且他们没有经历过战场，也很少能够知道作战人员究竟需要哪方

---

① 几个小时听上去不长，不过要知道，伊拉克“基地”组织的行动都是如同闪电般迅速的，因此相对而言几个小时就如同一个时代般漫长。

面的情报。对他们而言，交到他们手上的那些手机、脏兮兮的纸，无非就是管理者分配下来的任务。他们很多人认为，作战人员傲慢，对于情报分析一窍不通——那些只知道踹门抓人的人怎么会懂得情报战争的奥妙？在他们看来，作战人员正在错误的地方与错误的敌人交战；而作战人员对情报分析人员的看法也与之类似。

这两支团队都在各自为战，就好像高效率工厂里的工人一样，然而他们所面对的是一个互相关联的环境，他们必须跟上这种环境的节奏。我们都能凭借本能就意识到，我们所搜集到的有关伊拉克“基地”组织通信和行动方面的情报，几乎肯定会影响我们的作战人员在战场上的表现；而战场上的某些细节，则肯定会为情报分析提供有价值的背景信息，只可惜我们组织内的两大构成部分之间没有沟通机制。

在那个夜晚，我与另一名同事站在一块白色写字板前讨论这个问题。我在写字板上画了一个沙漏来代表组织内各团队的距离与关系：在前方冲杀的团队位于沙漏顶端，在后方进行情报分析的则位于沙漏底端。我用手遮住了沙漏的下半部分，问道：“把这部分去掉，会影响我们的前方团队吗？”回答是“不会影响”。这两支团队都知道该如何工作，也工作得十分勤奋，但问题在于团队之间的沟通是一个瓶颈。

那些没有打开的包裹是一个更大问题的象征。我们或许可以制订一个改进计划，打破传输和处理信息的瓶颈，不过这就如同 173 号航班发生事故后，为起落架失灵制定专门的技术流程一样。在这种情况下，我们最多也就是解决了一个特定的问题；在最坏的情况下，上述改进计划只会增加文书工作，使得事情被拖得更慢，而情况一旦变化，我们等于又回到起点。瓶颈的存在不是因为来自上级的指导不到位，而是因为整合得还不够。

为了打破这个瓶颈，我们必须对导致这种瓶颈的管理体系和组织文化开刀。用团队架构的眼光来看我们的组织，寻找横向联系上的薄弱点，而不是让上级制订新的计划，我们会发现类似的瓶颈在组织内所有的团队之间比比皆是，这被称为“断点”。

横向上看层级分明，纵向上看职责清晰，整个特遣部队就被这纵横的线条所缠绕、捆绑。固然，我们所有的部队都居住在同一块驻地内，大多数人身边都是自己的“同类”，也就是美国军人，只不过有些人使用的健身房是不同的。不过，各支部队还是严守自己分配到的领地，而且每支部队都在自己的领地内显得冷漠而高傲，分享资源时显得不情不愿。我们部队的生存状态，就是“鸡犬之声相闻，老死不相往来”。

而在特遣部队与兄弟单位，包括中情局、联邦情报局、国土安全部和常规军事单位之间的“断点”则更加严重。我们不时地要与这些兄弟单位协调行动。一开始，上述机构的代表在其他单独的区域居住，很少进入我们的驻地。他们以安全为名在自己的驻地周围修建起高墙，从而阻挡了日常的互动，也滋生了信息不对称以及互不信息。比如，国土安全部的人一开始拒绝向我们提供他们所截获的原始信息，坚称他们要对这些情报进行加工处理，然后只能把概要发给我们，而这一过程往往要持续数日。他们倒也不是故意刁难我们，只是他们内部的一些教条做法使得他们坚信，只有他们自己能够有效分析自己搜集来的情报；而如果把原始数据递交给其他单位，就有可能导致数据误读，从而有可能导致灾难性的后果。只可惜无论这些人能够多么精确地分析出三天前敌人的所在位置，这种情报也无法让我们去阻止敌人即将发动的自杀式袭击。

除非能够清除这些“断点”，否则我们仍然无法有效运转。我们需要作战团队搜集、组织数据，并且把数据传递给巴格达、坦帕以及华盛顿的情报分析人员；然后这些分析人员要检视这些数据，并且将分析出来的结论通报给作战团队，让他们在接下来的行动中有的放矢；同时，这些相关信息要让我们组织内成千上万的人知晓。我们需要行政管理上层根据这些分析修改行动计划，分配各类资源；而且，所有这些都必须在几个小时内完成，而不是几周，而且不断会有新的情况出现，因此做法也会不尽相同。

我们必须想办法，在我们整个组织内部，建立起交错混乱的连接通道，而这种连接通道在我们的小团队内部已经有效地建立起来了。

我们的情况很独特，但我们的问题却是普遍性的。从医院到航空公司机组人员，组织内的小团队层出不穷，但组织整体依然是按照还原论的结构进行架构，因此这些团队在调整适应方面的潜力仍然被束缚着无法释放。

在医治波士顿爆炸案伤员时，布里格姆女子医院与其他医院相比拯救了更多病患，而该医院所收治伤员的平均伤势程度则几乎称得上是最严重的。① 在爆炸案后和同事们合写的一篇文章里，卡蒂博士和凯茨博士高度评价了医院的一种文化："通过每天的协同互动来培育应对能力和团队精神。" 这支医疗团队在日常照顾病人的过程中，互相建立起了长期的关系。因此，当危机到来时，用卡蒂的话说："不会凭空做出任何决定，也就是说不会有任何一个外科大夫会说'把这条下肢剁了''我要把这条腿锯掉'之类的话。作为一支团队，我们会集体决策。" [1] 不过即便是布里格姆女子医院也承认，这个机构在总体上还不具备应对这种突发意外的能力。

问题会出现在断裂带上，也就是两支精英团队之间的空隙上。医院中

① 在一个事件中肯定会有许多变量，这个样本的规模不够大，因此在统计学上也构不成重大意义，因此这不是决定性的证据。不过，这的确和其他医疗记录相符合。

各个部门在追踪新病人方面有各自一套惯常做法。当前所未见的大量病人涌入，在急诊室、手术台和烧伤科之间轮转时，追踪体系就开始不堪重负了：“护士或技术人员手动地在追踪板上添加每一个病人的肖像，使得其他人能够找到这些病人。而那次爆炸发生后情况非常混乱，护士和技术人员来不及在规定时间内把病人的肖像放上去，这就使医生们有时候不知道自己的病人在哪儿。”[2]布里格姆女子医院在那一天做了大量的事情，但一家机构越大，就越难以让其如同一个人那样去思考和行动。

1999 年，美国医学研究所做出的研究认为：“人类总会犯错。”据估计，每年因为医疗失误而死亡的人数在 4.4 万到 9.8 万之间。[3]即便按照 4.4 万计算，按照疾控中心的统计，因为医疗失误而死亡的人数在 1998 年也是第七大死因，这意味着每年因医疗失误所导致的死亡人数要超过车祸（43456 人）、乳腺癌（42297 人）以及艾滋病（16516 人）。[①4]

2013 年 9 月问世的一项新的研究结果表明，医疗失误所导致的死亡人数创下新高：从 21 万人猛增到 40 万人。[5]这些数据表明，在疾控中心 2011 年度的致死因素排名中，医疗失误已经排到了前三名。[6]而且，每年有 10 万人因为在医院里受到感染而死亡，如果把这 10 万人也算作因医疗失误而死亡，那么就相当于每星期有 20 架波音 747 客机坠毁。[7]

小团队的扩展阻力

2013 年，布里格姆女子医院所面临的困境，特遣部队在 2004 年就面

① 目前疾控中心还没有将医疗失误单列出来作为致死原因。

临了，这种困境可以称为“被司令部束缚的团队”：具有调整适应能力的团队，只能够在旧式僵化的上层建筑指挥下行动。由于战术上的错综复杂性越来越高，许多领域内的许多组织开始将原先小的指挥控制式机构替换成团队。但这些组织总体上看，远比一支团队来得庞大，这些组织往往由许多团队构成，而将这些团队捏合起来的，还是传统的那种指挥控制式架构。这遏制了团队发挥其调整适应方面的最大潜力，就好像我们的特遣部队一样，他们只能被束缚在自己的“深井”中，也就是自己的任务领域内。在战术上，这些团队或许具有调整适应能力；但在战略层面上，整个组织却无法展示出这种能力。

“被司令部束缚的团队”不单单出现在执行一些关键使命时。麻省理工学院经济学家保罗·奥斯特曼在研究了700个制造厂商后发现，这些厂商中的大多数使用的是团队，大部分厂商手下的大部分雇员都按照团队方式在工作。[8]“美国就业研究所”在调查了100家业内领导型企业后发现，95%的被调查者将“团队建设：创建、维系以团队为基础的组织”作为自己的研究课题，并且认为这一课题对于他们的组织意义非凡。[9]当然，办公室里的团队或许是具有凝聚力和调整适应力的，否则也只是空有“团队”的名号——管理者贴两张海报、准备会上发个言，然后就缩回办公室的一角，这种团队就是徒有其名。和本书所探讨的许多其他话题（互信、目标分享、调整适应能力的必要性等）一样，团队建设很容易就变成“保险杠贴纸式的问题解决方案”，即把外表的口号当成实际的变革。但通过坚实有力的数据对一些大型公司（如施乐、福特和宝洁等）所进行的研究表明，团队建设经常能够使产量迅猛上升、员工士气高涨。

对于那些僵化的组织而言，一个个的小团队能够带来某种程度的调整适应能力。但这种改善有其局限性，调整适应能力强的特点只被限定在小团队的层级上。随着世界上各因素互联性越来越强，我们必须找到一条道路，使得小团队运转时的流畅性能够扩展到整个组织的范围内。这些组织往往具有成千上万名成员，并分布在全球几块大陆上，就好像我们特遣部队一样，但这说起来容易做起来难。

小团队的架构之所以能够在局部见效，因为它比较小——在一个小团队内，成员彼此熟悉，并且共同度过成百上千个小时；而在大型组织内，大多数人不可避免地会互不认识。事实上，小团队身上的一些特性，一方面使小团队自身能够变得强悍，另一方面却使小团队的类型无法在一个更广阔的范围内见效。

比如，如何建立一个由7000名“泳伴儿”所组成的团队？

高效敏捷的小团队是一把双刃剑

凡是看过《微观经济学》的人在绪论中都知道“边际收益递减”的概念。对于大多数货物和服务来说，每增加一个单位，其所带来的价值和满足感都会比前一个有所减少。比如，第一个三明治会让一个饥饿异常的人获得极大的满足感，而第二个三明治会让那个人感受到一定的幸福感，第三个三明治所能带来的幸福感就减少了，而当第十个三明治摆到面前时，那个人估计不仅吃不下，而且都要吐了。[①]这个理论套用到人力资源方面，

① 边际收益递减和总体收益递减是有区别的。前者是指每增加一个单位，该单位所能带来的价值要比前一个少；而后者是指每增加一个单位，该单位所带来的价值都是负的，比如，吃了一个单位的三明治后，你的感觉反而更糟糕了。不过对我们而言，这种区别并不重要：关键在于劳动力规模扩张了，劳动力总体能够带来的正面效果并非一直都会增加。

就产生了一个著名的问题："厨房里的厨子太多了"。

那么多少个"厨子"算是太多呢？这就要看情况了。在一个小型厨房或者办公室里，4个厨子或者说4个职员应该比较理想；但在一个类似沃尔玛这样规模的公司里，上述临界点就会高得多。对于某些活动，比如进行一次有意思的对话，边际收益递减的临界值就比较低，一般几个人参与进来就会达到这种临界点；对于其他一些任务，比如通过组装线生产某种机械，你接连增加几百个雇员，这些雇员所带来的收益都会和第一个一样多。

然而，对于团队而言，这种临界点就比较低了。比如，一支运动队通常由15~30人组成；陆军游骑兵排一般包含42人；海豹突击队小分队为16~20人。如果人数多于上述标准，则团队的一致性就会遭到破坏，其调整适应能力也会相应受损。上面所说的"厨房"被大量厨子给填满了，那么厨房里的沟通和互信就会崩溃，傲慢会引发冲突，曾经触发创新性和敏捷性的化学反应如今会变得具有毁灭性。在很多案例中，这种调整适应能力的弱化，是整个企业前途的不祥之兆。

从理论上来说，任何一名海豹突击队成员就和特遣部队成员一样，在打同一场战争，但其实他在为自己的小队奋战。海豹突击队队员都是以班为单位一起预备、部署并行动的。在伊拉克、在充满敌意的沙漠中、在干旱的阿富汗平原上，他们每次轮值会一同度过4个月，其间除了同一班的人，他们不会与外界产生多少有意义的、友善的互动。你可以想象你与最亲密的室友之间的关系，然后再把这种关系的牢固度和亲密度乘以100。一个小队内队友之间的联系，与各小队或各单位之间战士们的情谊是有根本不同的。我们海豹突击队的一名成员就说："一个班就是一个圈子，圈子外的人什么都不是。其他中队算什么，其他海豹突击队小分队算什么，陆军的特种部队更不算什么。”而其他班的战士们也同样这么想。

在这里，我们所面对的是人类心理移情作用的频谱宽度限制。英国人类学家罗宾·邓巴提出一种理论：一个人所能信任的其他人的人数一般是100~230人[10][而马尔科姆·格拉德威尔在其著作《异类》(*Outliers*)中，提出了“150人定律”，他认为一个人所能信任的其他人的人数不会超过150人]。这就导致了某种群落竞争：“班”这样最具凝聚力的小团队所定义的“胜利”，与特遣部队所定义的“胜利”可能不是一回事。对于小团队来说，目标不再是赢得战争，而是比驻扎在基地另一边的小团队更漂亮地完成任务。也就是说，小团队所具备的优点，从组织的角度去看，有时候也是一柄双刃剑：一些特质使得小团队在获得足够的调整适应力后变得强悍，而这些特质又使得它与自己所处的总体架构格格不入。

许多新生的企业之所以沉沦，就是因为它们无法将团队建设规模化。乔尔·彼得森是斯坦福商学院的教授，他认为规模扩大所带来的僵化是许多暴发户最终失败的重要原因之一。已故的哈佛大学社会学教授J.理查德·哈克曼则发现，要想构筑和维系一支团队，其难度比我们通常想象的要高。问题不在于团队会失效，而在于团队的活力很彪悍，同时又难以掌控，而团队如果扩充，则必然会损害这种活力。“有人认为团队越大越好，因为大的团队拥有更多的资源，这其实是个谬误，”他解释道，“随着团队的扩张，团队成员间各种需要管理的联系也会迅速增加，而且是几何级数地增加。”[11]在他所撰写的《高效团队》(*Leading Teams*)中，哈克曼让我们了解了“布鲁克定律”：当项目进度落后于计划时，增加人手的做法通常是无效的。他认为：“这就好像为了快点生出一个孩子，分配9个女子去各怀一个月的孕……一个软件的生产已经延迟，如果此时加派人力，则整个项目进度只会更加拖延。”[12]

把特遣部队变成一个大的团队是不可能的，但我们也不能谨守我们对各团队指挥控制式的办法而不变通，把我们的各支小团队困在各自的“深井”里，这让整个特遣部队显得臃肿不堪。与此同时，我们又不能简单粗暴地废除现有的还原式的上层结构，让每支团队各自为战，我们必须在整个机构内进行有效协调。我们要找到某种方式，在不造成混乱的前提下，大规模地建立起互信，并且分享整个组织的目标。

小团队构成的大团队

维系千年的行为模式、人类大脑的神经限制，以及美国特种军事行动的历史，这些都是我们难以打破的圈子，就是出了这个圈子其他人什么都不是的圈子。我们必须将单一性，以及相伴而来的调整适应能力扩展出这个圈子，让它们从游骑兵部队的一个排、陆军特种部队或海豹突击队的一个班，扩展到由成千上万人构成的特遣部队中。

当我们坐在巴拉德的临时指挥中心，阅读伊拉克“基地”组织发动爆炸袭击的报告时，我们意识到，我们的目标不是创建一支庞大的团队。我们需要创建一个由小团队构成的大团队，这听上去似乎只是不怎么高大上的词汇上的区别，但这里面其实包含了关键的组织架构上的区别，这种区别能够启发我们把小团队内部的魔力扩展到一个更大的范围，从而使之成为一个可以实现的目标。

在一个小团队中，每个人都要认识其他团队成员并建立起互信，同时他们都要一直保持互相的了解，这样才能有统一的目标——在一个由 25 人组成的团队里，做到这一点不难；在一个 50 人的团队里，做到这一点也是有可能的；但是对超过 100 人的团队，就有些难度了；如果是要在超过 7000 人的特遣部队中做到这一点，那更是不可能的。但在一支由小团队构成的大团队中，每个个体成员无须与其他所有成员建立起关系，只要构成这个大团队的各个小团队之间建立起小团队内部各成员之间那样的关系就行了。比如，海豹突击队要信任陆军特种部队，这两支部队要信任中情局，海豹突击队、陆军特种部队和中情局则要紧密团结，以达成一个共同的目标——赢得战争，而不是在战争中各自表现，试图压过别人一头。而通过委派代理人的方式，就能够有效地达成上述目标。

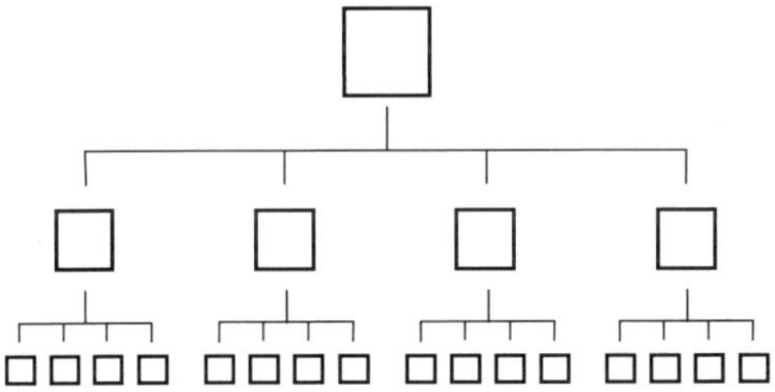

图 8 最传统的指挥控制式架构

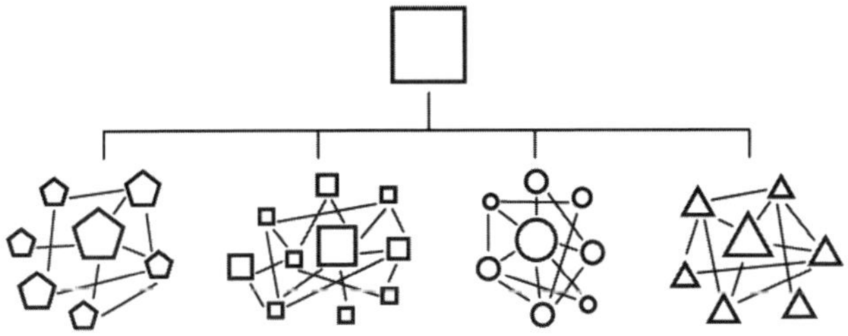

图 9 下层为团队结构，上层仍是指挥控制式结构

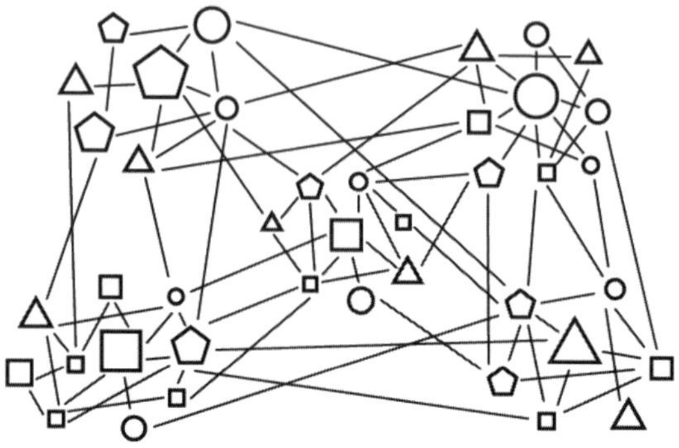

图 10　由小团队构成的大团队

我们不需要每一个特遣部队的成员去认识整个部队中的其他每一个成员，只需要每一个人去了解其他团队中的某个人，这样当他们想到驻扎在隔壁的部队时，或者想到那些在华盛顿特区工作的情报人员时，脑海里浮现的不是竞争对手的可恶形象，而是一张友善的面容。我们不需要每个人去跟进所有正在实时进行的军事行动，这是不可能的，就好像任何一个人都不可能与 7000 个人保持终身的友谊；我们需要让一支团队能够在一个各因素互赖性很高的环境中行动，从而让他们明白自己的行动有可能引发“蝴蝶效应”。这样，这支团队就会清楚与自己合作的其他团队工作的难处和重要性，这有利于这支团队去达成战略上的成功，而非战术上的成功。

时间很紧，风险很高。

调整组织架构势在必行

整个 2004 年，伊拉克局势持续不稳。费卢杰陷落了，在扎卡维的阴影笼罩下，这座城市成为叛军的据点。到了 6 月，“圣战者”开始巡视街道，关闭发廊和剧院，虐杀伊拉克警察以及“内奸”。外国战士蜂拥而入，我们估计每个月有100~150人进入伊拉克。这些人都是自杀式爆炸者和激进分子，伊拉克境内每增加这样一个人，就意味着要多夺去几十条人命。而费卢杰也成为各种“高端袭击”的上演场地，前文9月30日的污水处理厂爆炸案就是一例。在2004年结束前，针对美国军队的袭击平均每天有87起[13]，美国人的死亡人数超过1000人。[14]

到了2005年，伊拉克“基地”组织的势头不减，扎卡维策动了一系列暴力事件，用于威胁1月所进行的议会选举。在安巴尔省，只有3775人参加了投票，占当地总人口的2%。[15]扎卡维嚣张地宣称，他每天都能轻易地通过美国人设置的检查站，也日益以叛军领袖的形象出现，这些进一步凸显了我们的无能为力。阻止扎卡维对于特遣部队来说是势在必行的，这件事也让我投入了大量心血。

2005年2月，一个针对扎卡维的机会出现在我们面前。此时，正是我们确认他就在伊拉克境内后的第14个月。多个情报来源证实，他就坐在一辆小轿车里到处转悠，一架“捕食者”无人机①在1万英尺（3048米）上空看到这辆轿车在巴格达以西人烟稀少的区域驶过。于是，特遣部队开始调动打击力量，准备立刻采取行动，大量密集的沟通在特遣部队内部进行。同时，特遣部队还要求常规部队配合，避免扎卡维的座驾逃脱。

就在“捕食者”的操作员追踪这辆轿车时，轿车突然进入了一个死胡同，短暂停留后驶出。操作员为了继续监控，只能调整摄像头。它的运气实在太不好了，调整摄像头时没能看到扎卡维已经从轿车里钻了出来，开

① “捕食者”无人机为标准的无人机，能够将地面上的物体移动情况实时传输到后方。

始徒步行进。我们虽然缴获了他的电脑和卡宾枪，但整个行动的结果还是让人非常失望。这个家伙的人头我们悬赏了2500万美元，但最终还是让他逃脱了。

我们知道，即便找到这个家伙，也不意味着就能摧毁他的组织，以伊拉克“基地”组织现在的韧性和去中心化程度而言，损失一个最高领袖并不是致命打击。但我们还是认为，如果能除掉扎卡维，将是一个战略上的、标志性的胜利。如果失去击杀伊拉克“基地”组织成员的良机，尤其是失去击杀扎卡维这样有价值目标的良机，我们要付出的代价就是更多美国军人或伊拉克平民的生命受到威胁。自从我接管特遣部队以来，伊拉克的局势只是朝着更为恶化的深渊跌落，而且没有缓解的迹象。

2005年6月，我被召唤到白宫，就我们为抓捕或击杀扎卡维做了哪些努力向总统做了简单汇报。在空间逼仄的战略室中，总统就坐在国防部长拉姆斯菲尔德和国务卿赖斯中间，他召集了国家安全团队的所有成员来听我的简报。我向他们介绍了我们所做的工作，并且最后表示，我们有足够的信心阻止扎卡维。但问题的实质在于：在扎卡维于伊拉克全境点燃烽火之前，我们能不能阻止他。

此时我已经认识到，依靠传统的自上而下的指挥控制模式，我们无法完成击败扎卡维的重任。即便下层已经是精悍团队，只要上层依然是指挥控制模式的架构，就无法做到这一点。我们必须在确保传统实力不受损的前提下，获得能与伊拉克“基地”组织相匹敌的调整适应能力，而这就需要进行一次前所未有的变革——真正的由小团队构成的大团队。要想完成这个任务，必须把传统的许多做法完全推倒重来，包括信息分享、角色描绘、决策做出以及领导方式。

总结

- 我们特遣部队的下属团队固然具有调整适应能力，但上层建筑依然是指挥控制式的，这在很大程度上限制了组织发挥功效。这种“下层已经是团队，上层却依然是指挥控制式”的结构，与传统指挥控制式结构相比，已经显得灵活了不少，但其调整适应的能力仍然不足以应对 21 世纪错综复杂的环境，也不足以应对伊拉克“基地”组织。
- 在许多领域内固然出现了大量的团队，但在这些团队的上层，依然是传统的指挥控制模式。越来越多的组织需要克服这些障碍，并增强自身的调整适应能力。
- 不幸的是，我们许多团队所具备的一些特征，固然让这些团队变得非常优秀，却无法把这些特征扩展到整个组织的范围内。所以，我们必须与一些基本的限制作战。建立一支规模类似于特遣部队的超级团队，这是不可能的。
- 我们的解决方案是“由小团队构成的大团队”，也就是在一个组织内，各组成团队之间的关系如同团队内部成员之间的关系。这样，原先在各自的“深井”中单打独斗的团队，就能够通过互信和目标的分享，融合成一个整体。

第三部分

信息共享

2000 年 1 月，哈立德·米德哈尔获得进入美国的护照。在这之前的两天，中情局和联邦调查局召开联席会议专门探讨了这个人。开会时，中情局的一名分析师知道米德哈尔与一些恐怖分子嫌疑人有联系。但“作为一名中情局的分析师，当联邦调查局就中情局所获得的信息发问时，他无权回答”。就在当年的夏季，联邦调查局开始怀疑米德哈尔，但调查局内部一些部门出面阻止追踪米德哈尔，一名曾经被分配去调查“科尔”号军舰爆炸案的联邦调查局特工，居然被告知不能去追踪米德哈尔，原因是他是“犯罪”特工，而不是“情报”特工。第二年的 9 月，米德哈尔驾驶着美国航空公司 77 号航班撞进了五角大楼。

2001 年 7 月，联邦调查局驻费城的一名特工向联邦调查局总部发出一份备忘录，提醒联邦调查局总部注意，乌萨马·本·拉登有可能会将一批恐怖分子送入美国的航空学校。这位特工还指出，在亚利桑那州的一些航空学校里，值得调查的目标人物数量多得出奇。[1] 在这份备忘录中，费城的这名特工还把上述“目标人物”所在的地址都列了出来，只可惜联邦调查局追踪乌萨马·本·拉登的单位一直要到“9·11”事件发生后才看到这份备忘录。[2]

至于哈立德·谢赫·穆罕默德，也就是“9·11”袭击事件的幕后主谋，关于他的“零星的、值得怀疑的信息在 2001 年春夏就出现了”，但“这些零碎的信息始终没有被成功地拼成一块完整的信息图”。[3] 在 2001 年 4 月，中情局获悉，一个名叫“穆赫塔尔”的人正在策划一起针对美国的阴谋，就在当年夏天的晚些时候，中情局又获悉，哈立德·谢赫·穆罕默德——一个已经被明确列为恐怖分子的人，正在阿富汗招募人手，并把这些人派往美国准备发动恐怖袭击。到了 8 月，中情局又得到消息，哈立德·谢赫·穆罕默德的外号就是“穆赫塔尔”。但没人注意到，4 月其实就有信息显示，有个“穆赫塔尔”正在策划一起恐怖袭击。

“9·11”事件调查委员会的报告认为，美国情报系统在这起袭击事件中的表现就是“不及格”。然而，更准确地说，表现“不及格”的是美国情报“各系统”，因为“各系统”间的壁垒使得它们彼此间无法融合起来避免这次袭击。[4]

没有人把分离的点连成一条线。

第七章　打造体系思维

信息“空隙”是无效组织的根源

时间到了10月，临近中午，巴格达街道上的热浪正在聚集。一名26岁的情报分析师留着邋遢的胡须，穿着哥伦比亚野营衬衫离开了特遣部队壁垒森严的设施。走的时候他斜眼瞄了一下。他携带着7页的报告：这是他把自己制作的PPT（幻灯片）打印出来所形成的报告，内容是关于一名伊拉克“基地”组织行动人员生平的简报，这名人员曾经是一名轿车经销商。

时间很关键。这位分析师追踪了这个目标长达数周之久，但就在此前的一天，这位分析师才确定了这个人的作用和身份。拦截到的手机信号表明，这个人最近在伊拉克首都十分活跃。伊拉克“基地”组织正在用车载简易爆炸装置在整座城市内成片地杀伤平民。对这个人采取行动，对阻止目前的恐怖浪潮而言十分关键。

就在距离特遣部队设施50码（约46米）外的一座地堡内，分析师与同事们坐在战情沟通室的桌子旁，将自己得出的结论和盘托出。根据他的建议，那名曾经的轿车经销商成为重点关注的目标。我们的追踪仪器开始消化这一新的情报信息，并且将这名恐怖分子列入追踪名单。我们要追踪的这个人或许仍然茫然无知，但他的性命已经危在旦夕。

很快，分析师们辨认出这个人的住址和车辆，连与他说话、会面的两个同僚也没能幸免。在这之后的第4天晚上9点，我们的情报系统在胡丽雅区的一所房子里找到了他。此时需要一架“捕食者”无人机来进行拍摄，甚至直接干掉目标。然而，情报侦察资源十分稀缺，控制“捕食者”的团队起先不想交出无人机的控制权，经过一番激烈的交涉，最终无人机还是盘旋在了距离目标房屋1.7万英尺（约5182米）的高空，开始向后方提供实时全动感现场视频。这个恐怖分子被发现了。就在情报分析师把这件事移交给行动部门时，我们的“3F–E–A”反恐生产线中的“锁定”一环，也开始启动了。

陆军特种部队随即组建起一支突击小组。突击小组在听取简报后，迅速投入行动，而这一切就在几分钟内完成。他们坐上了几辆南非产装甲车，开始扑向目标。这些装甲车在设计上就是应对这种街头作战的。所有这些流程，都是在经历了11年前摩加迪沙巷战的惨败后，由我们打造的。①

行动人员专注而冷静。这不是他们第一次出击，也不是一项特别具有挑战性的任务。装甲车里的战士们在其部署期间里，每天都会做这件事，

① 这件事十分出名，名为《黑鹰坠落》（*Black Hawk Down*）的小说和电影都对此事有详尽描述。

区别仅仅在于次数多少而已。“捕食者”无人机缓慢盘旋着，将目标地区的实时影像不停地输入装甲车里的显示设备上，行动人员根据这些影像迅速调整计划：要先确保房屋周边区域的安全，避免目标人物逃逸，然后再进入建筑物中行动。基本的框架和以前一样：如果目标人物投降，那么就把他活捉了，然后进行审问；如果目标人物抵抗，那么当场击毙。

装甲车抵达目标区域。那名伊拉克“基地”组织的恐怖分子依然在房屋里，对即将发生的一切浑然不知。他已经被“锁定”了，接下来的一步就是“终结”。

目标区域附近的街道很安静。过去曾经有伊拉克人在夜晚外出，享受晚间凉爽的空气，但这一切现在已经很少能够看到。行动人员将车停在街区的三个角落，并且派出两辆车去占据街区的第四个角落。狗开始叫唤了，如同平常一样，然而，狗吠并没有在附近的居民中引起什么反应。行动人员谨慎地接近一扇金属门，这扇金属门十分关键，控制了它，就等于控制了房屋的车道和停车场的入口。行动人员把两部矿梯竖在院墙上。很快，M4 卡宾枪上的瞄准激光就开始在院子里射出红点，行动人员已经准备好粉碎一切抵抗。

整个攻击过程并没有那么激烈。没有爆炸，也没有交火，只有一些断线钳所发出的低沉响声，有人用这种工具在院墙上的铁丝网上剪出缺口，方便后来的作战人员快速跟进，占领院子，然后冲进房屋。几分钟后，这位曾经的汽车经销商、如今的恐怖分子出现在门廊里，手上戴着镣铐，眼睛蒙着眼罩。他已经被“终结”了，接下来的一步，就是“利用”。

一位作战人员在一名翻译的陪同下，把这个人领到了一辆装甲车里。同时，其他行动人员迅速搜查了这个人的住宅，缴获一台电脑、一部手机和一批文件。半个小时后，这个人就被带到了这支部队的基地中——这里以前是萨达姆·侯赛因的一栋别墅。行动人员和分析师一样表现得十分优异。他们经过数年磨炼的效率在这里展露无遗，这也使他们无愧于“全球最佳”的美誉。现在，这支团队把囚徒和缴获的材料移交给审讯人员以及情报专家，后者会对这个囚徒以及移交过来的资料进行“分析”。就如同前一道工序中的情报团队一样。

行动人员现在开始向下一个目标展开行动了，而这个目标也是整个特遣部队的“反恐生产线”移交过来的。这名前汽车经销商是否会吐露有价值的情报，已经不是那些战士们所要关心的了。对于大多数行动人员而言，战争中情报层面的问题只不过是个无从窥探真相的“暗箱”。他们觉得自己就是一名猎手，任何事情如果与“锁定”和“终结”无关，并且要耗费他们的精力，那对他们而言都是一种空耗。这也是所谓“酷毙了的机器”教会他们要做的事情。如今，他们开始准备对下一个目标下手。

与此同时，对于前汽车经销商房屋内搜出来的文件，我们的人也开始了查询和利用:“酷毙了的机器”中下一个齿轮开始咬合、转动了。

然而……汽车经销商的名字记录错了（对于西方人来说，这些地方人的命名方式很奇怪，因此这种事情经常发生），此外，搜集来的情报如果被彻底利用，是可以鉴别出其他伊拉克“基地”组织目标人物的，只可惜它要经过层层错综复杂的安全检查，才能回到特遣部队手上，而此时距离逮捕前汽车经销商已经过去了 4 天。此时，前汽车经销商身边的恐怖组织网络消失了，这名恐怖分子一被捕，恐怖组织就设法让所有与之有联系的恐怖分子消失得无影无踪。这样一来，我们手上的信息就一文不值了。

从每个团队的角度来看，我们的这次行动都是成功的，但在总体上，我们还是在不知不觉中浪费了大量机会。在信息无法充分共享的情况下，指挥控制式上层结构统领下层的敏捷团队，就会产生这样的困扰。

从核心上讲，“3F–E–A”是一种理性的还原式流程。它将一套错综复杂的任务分解开来，分配到特定的、最适合去执行的人或团队手上。

当我们发现难以战胜伊拉克“基地”组织时，我们的第一反应还是做我们以前一直所做的事情，只不过要做得更好：精心制定日程，加强情报研究，成批地增加审讯人员、分析师和技术人员，并且试图让我们的注意力更加集中。在我们看来，如果每个任务都能完成得更漂亮，则我们这台“机器”必然会变得无可匹敌。

“我们自小受到的教育就是，如果你失败了，说明你还不够努力。”一名在巴格达执行任务的海豹突击队指挥官说道，“于是我们开始全力出动，在锁定一个目标后，我们会计算离开驻地要多少时间、穿戴上装备要多少时间、装载直升机要多少时间。”

于是，“3F–E–A”变得更为紧凑、快速、目标清晰。到了 2004 年 8 月，我们每个月会执行 18 次突击任务——这已经超出了我们所预想的最快节奏，但这仍然无济于事。我们聚焦的是我们所分配到的那一部分任务，而不是整个流程，于是我们也无法就最基础的问题给出合理的答案。把整台机器上每一个组成部分的运转速度调到最高，并不能消灭各部分之间的空隙，而正是这些空隙让我们的努力归于无效。这些“空隙”有些是地理上的，有些则是技术上的：华盛顿和巴格达远隔万里，这会拖延做决策的效率，原先数据传输上就存在的一些问题有时候也因此会被放大。不过更经常出现的“空隙”存在于人与人之间。特遣部队各组成部分之间存在文化上的差异，这就可能导致沟通不畅。要想解决这个问题，就要彻底重新考虑传统的组织内分配信息的方式。

控制信息与分享信息

经常看动作电影的观众都会在银幕上看到一个宽肩膀、方下巴的特种部队突击队员或满脸严肃的情报人员小声说："有必要的话会告诉你的，不过我觉得你没有必要知道。"在日常生活中，我们很少会说这句话，不过这句话很精确：军事组织或者更为庞大的组织在谈论有价值的情报时，就是这么认为的——在处理大量的敏感情报时，默认选项是不分享相关信息。

在"3F–E–A"流程的各部分都在被执行时，每个团队都会把自己视为与其他团队无关的一个角色。而他们在自己领域内特定的能力，也使他们必须专注于自己的任务，而忽略整个流程——对行动人员而言，花时间去学习情报机构"暗箱"里是如何运作的，等于是挪用自己用来做本职工作的时间。但这种对于效率的狭隘理解，意味着他们所传递的原本价值连城的信息，最终会成为"过期"的废品，或者由于缺乏背景信息而变得毫无用处。

如果我们的每支团队，都是海豹突击队基本水下爆破训练班中的一名成员，那么这个人会在一个星期之内就被赶出去。这些团队只会对本团队的表现感到骄傲，就好像在一支团队整体表现低迷的时候，只有一个人在那里唱出自己的最强音。从本能上来说，在我们的组织内，各部门只会在自己的"深井"内往里看，而它们所看到的成功与失败，也仅仅是以"深井"内部的尺度来衡量的。

遏制信息传播的做法，部分源自现代人对于安全的担忧，但也来自我们对清晰定义的、机械化流程的本能偏爱，无论在工厂车间内还是在组织架构表里，人们都只需知道自己的那一块工作职责所在。关于专门化最古老、最有名的例子，可以在亚当·斯密的《国富论》中找到。亚当·斯密在1776年写作这本书时，描绘了一个扣针制造厂里的情况，这种情况既是当时的普遍情况，也是上述专门化所导致的部门缺失的经典场景：

> 第一个人负责拉铁线，第二个人负责将铁线拉直，第三个人负责截断，第四个人负责将铁线的一端削尖，第五个人负责磨铁线的另一头以便能装上圆头。而制造这种圆头也需要两到三个区别明显的步骤，把它装上去是一个特定职业，将它涂白则是另一个特定职业，甚至将它们放入包装纸内也是一个特定职业。扣针制造业中重要的工序由此被分成了大约18个区别明显的步骤，在一些制造厂内由不同的人完成。当然，在另一些制造厂里，一个人有时候可以参与两到三个步骤。我曾经看到过这样的一家小制造厂，只雇用了10个人，一些人不得不同时参与两到三个生产步骤。他们很穷，必要的机器设备也相对简陋，但他们竭尽全力一天也只能生产12磅（约5千克）扣针。中型的扣针1磅（约0.5千克）大约是4000枚，因此这10个工人每天最多能制造出4.8万枚扣针。每个工人每天的产量就是4.8万枚扣针的1/10，也就是4800枚。
>
> 但如果他们各自为战，并且没有接受过相关领域的培训，每个人每天的产量不会超过20枚扣针，甚至一天都做不了1枚。也就是说，没有劳动分工和分工后的整合，这10个人的产量将是目前的1/240，甚至1/4800。[1]

这家扣针制造厂给每个工人戴上了眼罩，让他们只从事自己的工序，并且扣针制造厂从中受益了。一个负责搬运生铁的人无须知道这些生铁是从哪里运到工厂来的，也不用知道这些生铁在被加工成产品后，谁会接收它们；在建造轮船的生产线上，负责一小部分工序的工人无须知道所有的零件是如何拼装成一艘轮船的。但所有这些精细的工作在整合后，就能形成最终的产品了，这还多亏了管理者复杂而天才的设计。这些事物看起来简单得让人很舒服，但其实是各组成部分总和的结果。20 世纪通过还原论的方式追求效率，在经济上取得了成功，这使得越来越多的宗教激进主义者坚定信奉亚当·斯密的专业化教条。

但随着技术越来越尖端，流程越来越分散，各组成部分拼凑起来形成整体的方式也变得越来越无法直观地看清，在许多情况下，仅凭一批精英管理者已经不可能去预见、设定这种方式。在一个扣针厂里，很容易地就能理解生产线各部分的劳动是如何形成最终产品的：制造扣针是简单的，亚当·斯密所提到的工厂中的一个工人，很容易就能看清他的劳动是如何与其他同事的劳动产生互动，从而形成最终的产品。即便每个工人只是在完成自己的任务，他也依然能够在某种程度上理解整个扣针制造的流程是怎样的，并且能够说清楚他同事的任务是什么。但现在的实际情况已经不是这么回事了，随着技术越来越尖端、流程越来越分散，各组成部分拼凑起来形成整体的方式也变得越来越无法直观地看清。一个负责给客机起落架安装阀门的工人就很有可能无法解释整架飞机的生产细节。

泰勒为了省钱，解雇了纸浆化学师，用一个文化素质低的工人和一张图表代替了他。如果花时间和资金去让员工了解整个流程，则必然挤占员工做自己工作的时间，并且挤占用来进行原材料采购的资金。从短期来看，这种培训的机会成本似乎是不值得的一种付出。

在军事、政府和企业领域，由于对信息保密的追求越来越高，使得信息隔绝的现象愈演愈烈。我们都有秘密，而秘密都必须被保守。如果信息落入了不该获得的人手中，就会造成很大的损失。这一点，最近的斯诺登和维基泄密丑闻已经清楚无疑地显现了。依照相关性设定边界，不让超出边界的人获取信息，这种做法似乎是合理的，除非有非常确凿的理由不这么做。

现在的数据量越来越大，海量的信息流入越来越专业化的部门里，而确保信息安全的体系也变得越来越复杂。要想分享到信息，就必须满足越来越多的条例、进行越来越多的测试、出示越来越多的证件。

在几十年的时间里，美国的军事和情报机构发展出一整套复杂的、由各种许可证和“深井”所构成的矩阵，来确保“人们不会知道他们所无须知道的事情”，这句话是好莱坞影片里的一位将军说的。在2003年的早期，我在五角大楼的参谋长联席会议中担任美国中央司令部①行动处副主任。我禁止五角大楼的雇员浏览内部网站，担忧这会使得更高层的司令部人员能够看到一些尚未制订完毕的计划。现在看来这简直荒谬，但反映出来的问题却是很现实的：大部分组织更关心的是如何最好地控制信息，而不是如何最好地分享信息。

现在的问题在于，“有必要的话会告诉你”的逻辑基点是有人会确切地知道，哪些人需要知道哪些信息，哪些人不需要知道哪些信息，这里的“有人”是指某些管理者，甚至是一种信息系统的算法。海豹突击队地

① 中央司令部是一个作战司令部，其负责的地理区域包括中东、北非以及中亚。当时，这个战区的任务明显就包括筹备即将开打的伊拉克战争。

面部队没有必要知道某个特定的情报来源，某个情报分析师没必要准确地知道在一次特定任务中到底发生了什么。为了能够斩钉截铁地做出以上判断，司令官必须能够满怀信心地说，上述信息与上述团队或个人即将要做的事、要面对的情况毫无关联。而我们的经历告诉我们，这是不可能的。在伊拉克，我们好几次就要执行抓捕或击毙任务时，在最后一刻被告知，目标其实是其他兄弟单位派出去的卧底。我们所发展出来的组织结构在保密和效率的名义下，积极阻止我们互相交谈，阻止我们将整个局势的全貌拼凑起来。

我们已经提到，想要进行有效的预测已经越来越困难，在很多情况下甚至是不可能的。假装我们能够清楚地预见哪些信息会与谁相关，并且以这个前提为基础继续运作，完全是一种骄傲自大的表现。这会让我们自我感觉很安全，但其实使我们更危险。要想在一个各因素高度关联的环境中平稳地运作，就需要每一支团队都能全面地了解各个运动着的部分是如何互动的。每个人为了确保自己的计划能够见效，都必须能够看到整个体系的全貌。

打破信息阻隔的壁垒

让我们设想一下，我们虚拟的战争游戏对手——克拉斯诺威亚——实在是太喜欢机械时代了，以至不愿意离开那个时代。我们可以设想，这个国家里充斥着鲁布·戈德堡[①]式的精妙机械，从早晨给人们穿衣服，到晚

① 鲁布·戈德堡（Rube Goldberg，1883—1970），美国漫画家兼发明家。他的漫画里经常会描绘一些设计复杂，却只执行简单任务的机械，因此后世把这样的机械称为“鲁布·戈德堡机械”。——译者注

上熨平报纸，这些机械能够做所有的事情。这个国家的总统（最近以 97% 的得票率获得第 7 次连任）不相信什么“错综复杂性”。经济完全是中央计划型的，每个家庭日常食物的配给都被计划好了，甚至连生态系统都是规划好的：这个国家不会让各类生物进行非线性的进化，科学家们在一座座混凝土塔里制定培育日程，然后将培育出来的动物阉割后放归野外——4 月放八哥，9 月放蟾蜍。

而克拉斯诺威亚足球队的主教练——T 教练——也和这个国家的总统一样，十分崇拜决定论。他毕业于国家规划学院，决定将还原论的管理方式运用到世界上最伟大的体育项目中。T 教练手下的运动员们互相之间不知道队友的名字，他们甚至彼此都没见过面。这些球员们都是分开受训的，教练会一对一地找他们分别开会。在这种日常的会议上，T 教练让他的队员们专注于磨炼个人的体格，他还设计了一个 7–1–2 的阵型，要求队员们各司其职，在日常训练中多演练自己的位置所需要的技能。这支队伍每年会集中演练一次。T 教练还天才地发明了一种轻型头罩，有些类似于马匹所佩戴的眼罩。这种设计的目的，在于最大限度地避免球员分心。每次队员们合练时，他都会要求他们戴上这个头罩。队员们戴上头罩后，就只能看到自己所负责的那一块草地。在这些球员中，很多从小就在 T 教练所建立的足球训练营中受训，他们习惯了各司其职、各司其位，甚至都不知道整块场地是什么样的。

年度的合练观赏起来非常美妙。队员们的体格无与伦比，他们能够完美无缺地履行自己所踢位置的职责，而他们的主要对手——安特罗皮亚队，无论在体格、速度还是纪律性上，都与他们相差甚远。世界杯预选赛每 4 年举行一次，每次克拉斯诺威亚队的晋级呼声都很高。然而，很多时候比赛只进行了5分钟，就会发生一些事情是T教练7–1–2阵型计划所没有预计到的。可是克拉斯诺威亚人依旧在足球场上进行着他们完美无缺的舞蹈，只不过他们的脚在对空乱踢，做传球动作时球根本就不在他们脚下，而安特罗皮亚队没有什么完美的比赛计划，他们每个人都知道整块场地是怎么一回事，他们围绕着克拉斯诺威亚人狂奔、抢球。比赛的结果可想而知。

每次失利后，T教练就回去制订另一项计划，而到了下一场比赛前，他又会针对安特罗皮亚队在前一场比赛中的表现，制订出完美无缺的比赛方案。

在现在的环境中，有太多不确定的可能性，因此克拉斯诺威亚这样的自上而下的计划性体制已经难以生存。像记错一个名字这样的小错误，通过一些训练和一本备忘录，就能轻易地纠正；但如果有成千上万个小小的、与原计划不符合的因素出现，而每个这样的因素都可能造成很大的影响，那么训练也好，备忘录也罢，就都无济于事了。就好比一个小小的起落架故障，就导致了美国联合航空公司173号航班的悲剧，悲剧的真正根源并非没有特定的流程，而是应对意外事件时的无能表现。特遣部队的领导层们正在玩一种类似于“打鼹鼠”的游戏：对于问题露头就打。但我们从来无法预测特定的一支行动部队需要怎样的情报，也无从说清我们的情报分析师需要行动人员提供怎样的数据。

在一个不可预测的局势中，组织需要应对临时出现的问题。要做到这一点，在这一领域内搏杀的参与者就有必要了解更为广泛的背景信息。从团队的层面来看，这一点是极为明显的；但从更为广泛的机构层面上看，结构工程师既要对自己的专业很精通，又要具备临时应变的能力，这就困难多了。

不过在某个层面上，这个问题十分突出：我们无法在两支团队之间建立起有益的联系。行动人员和分析师的工作不可避免地是有一定联系的，然而我们还是将其置于两个彼此独立的组织“深井”内，以“效率”的名义给他们戴上了“眼罩”。我们的队员，在球进入他们直接负责的区域时才会看到球，而此时再做出反应可能已经晚了。而且，即便他们拿到球，也不知道该怎么办，因为他们对于队友不断变化的位置和视野根本茫然无知。他们在踢的，就是克拉斯诺威亚式的足球。

在此之前，我们特遣部队还从来没有发现自己陷入如此的困境。这样的挑战以及最终应对的方式，都是全新的。

连接信息断点，了解系统全貌

1962 年 9 月，在莱斯大学，肯尼迪总统带着灿烂的微笑，热情洋溢地发表了一篇流传后世的演讲。他承诺美国会把人类送到：

> 距离休斯敦 24 万英里（约 39 万千米）外的地方，工具是一种高度超过 300 英尺（约 91 米）的巨型火箭……这种火箭会用新型合金打造，这些合金中有一部分还没发明出来，它们能够抵抗的热度和压力比现有材料高数倍。它们将以比现有最精确的手表还精确的方式被组装起来，携带所有的推进、导航、控制、通信以及食物和生存装备，去一个未知天体执行一项未知的任务，然后安全地把所有这一切都送回地球，以超过每小时 2.5 万英里（约 4 万千米）的速度再次进

> 入大气层，这种速度在火箭表面所产生的高温，相当于太阳温度的一倍……在这一个10年结束前，我们要做到这一切，做得最早，做得最好。我们要大胆……当我们启程时，我们会祈求上帝保佑这次人类历史上最疯狂、最危险并且是最伟大的冒险之旅！[2]

肯尼迪列举了许多障碍：距离、速度以及温度，这不是为了给大家打退堂鼓，而是为了激发所有人的憧憬。我们可以想象，当总统指出要完成这次壮举所需的金属还没有被发明出来时，台下那些初出茅庐的理科生们会有多么惊骇。在这次演讲的前一部分里，肯尼迪发表了铭刻青史的演说辞："我们要做这些事情，不是因为这些事情很简单，而是因为这些事情很难！"

不到7年后，在全球6亿观众的注视下，尼尔·阿姆斯特朗把脚印留在了月球上，在他将一面美国国旗插在月球上后，他宣称这是"人类的一大步"。[3]这面旗帜虽然被月球车重新上天时喷射出的烈焰推倒了，而且几十年间被无遮无挡的阳光给晒白了，但它依然留在月球表面上。[4]阿姆斯特朗用橡胶鞋底在月球表面上留下的崎岖印记，有如一个小小的、完美的几何山脊，至今仍然留在那里。在接下来的几百万年中，无论狂暴的地球上会发生什么，阿波罗11号在月球上所留下的印记将成为一座证明人类天才的不朽丰碑。

然而，有那么一件没有发生的事情，却和1969年7月人类在宇宙探索中所取得的成就一样重要。就在阿波罗11号发射前的两星期，在大西洋的另一边，欧洲运载火箭发展组织所组装的F–8火箭未能从发射台上成功升空，这也是欧洲运载火箭发展组织连续第5次发射失败。

美国航空航天局以及欧洲运载火箭发展组织有着类似的野心，并面临着同样的挑战。前者之所以成功，后者之所以失败，与专业知识或者资源的多寡并没有太大关系，关键在于两个机构分配信息的方式有所不同。美国航空航天局由于有着一套所谓“体系管理”的办法，因此成为一个更加有效的组织。美国航空航天局主管罗伯特·西曼斯和弗雷德里克·奥德韦将他们所取得的成就归结为：“阿波罗计划……被普遍认为是人类历史上最伟大的技术创举。但为了获得成功，技术上所付出的努力固然惊人，管理上所要付出的努力也同样惊人。”[5]

但是，在肯尼迪发表上述演讲的前几年，美国在空间探索竞争中令人尴尬地处于落后的地位。苏联已经建造出最早的地球轨道器，并且第一个将动物送入预定轨道；第一个发射飞行器飞向月球、撞击月球，拍摄到月球背地面①的照片；它很快会把尤里·加加林送入地球轨道，这也是人类第一次进入太空。与此同时，美国的空间探索事业还在努力挣扎。

美国航空航天局第一个试验性无人飞行器“水星–红石1号”在1960年11月21日发射升空，但该运载火箭只离地4英尺（约1.2米）就一头栽了下来。顶部的逃逸塔原来是打算在进入太空后与母箭脱离的，结果在运载火箭发射后就被射出，降落伞立刻打开，而这面降落伞原本是帮助逃逸塔重回大气层后着陆的。[6]逃逸塔在大气层中进行了一场“拔河”：降落伞不让逃逸塔迅速降落，而燃料喷口则将逃逸塔往反向拉，最终逃逸塔坠入了大海。

事后的分析认为，运载火箭“阿特拉斯”最初的设计布局是用来装

① 月球一面永远朝向地球，另一面永远背向地球。——译者注

载弹头的，而现在装载的是卫星，这两者是不匹配的，双方背后的技术人员也没有进行应有的沟通。这种不匹配导致各阶段引擎的关闭信号都有些许的延迟，于是逃逸塔的实际释放时间比计划时间早了很多。其实，几个月前就曾经发现“水星”宇宙舱和“阿特拉斯”运载火箭在结构上存在不兼容的情况。[7]这种“交接失灵”并非某个特定组成部分的失灵，而是各组成部分之间的融合出现了问题。这种问题就类似于我们特遣部队的“断点”，其起因也相似——信息没有能够被充分地共享。

美国航空航天局在刚建立时只是一个研究机构，而当时已经是个庞大的机构：许多团队根据主管分派的任务各自独立工作。这种组织架构方便了小团队发挥创造能力，许多科学家觉得在专门化的部门里做自己的试验很舒服，就像在大学里一样。然而，上述的“交接失灵”却暴露了一个根本问题：各自独立的小集体在进行实验室工作时如鱼得水，可一旦这些分散小团体的项目要结合起来，形成一个进入太空轨道的运载工具，问题就爆发了。

如果无法进行顺畅、有效的整合，则一切无从谈起。火箭行进过程中巨大的推力和惊人的速度，使得整个运载工具时刻会有各种不可预测的震动，这就产生了一个系统性的问题。这种问题是研发火箭各组成部分的各团队仅凭自己的能力所无法解决的，结构工程师、推进专家、电气工程师以及其他团队的成员，都无力单独解决这种问题。这里面还要考虑到电磁干扰：在之前的所有科学项目中，都不会将如此多的数码硬件如此紧密地压制在这样的一台机器中，各种计算机所释放的信号会在互相之间产生干扰。[8]还有重力问题：在地面，灰尘、液体以及其他形式的污染物会聚集在运载火箭的底部，然而到了太空中，这些东西就会四下漂浮开来；如果有一个漂浮着的金属颗粒正好同时碰触到两根相邻的电线，所引发的短路就会导致整个系统失灵。[9]火箭的电脑、箭体以及电子系统割裂开来单独工作，或许都能完美地运转，但只要接入互相依赖的模块中进行太空探索，这些东西就会失灵崩溃。

由于这些挫折，1962 年，美国航空航天局领导层一度怀疑肯尼迪所提出的目标能否达到。一个美国航空航天局的行政人员回忆道："我们太空探索任务团体的大多数人认为，肯尼迪在开玩笑。我的意思是，我们觉得我们做不到他所说的。我们并不是惧怕挑战，不过看在老天的份儿上，我们连怎么进入地球轨道都不知道，更别提月球了。"[10]

科学家们不得不重新考虑工程学的一些基本理念。一位工程师说："在零重力的情况下，你怎么让液体离开一个箱子？每个人都会说，'哦，那还不简单？向液体施加压力就行了。'施加压力？只要你施加压力，该死的液体就会到处漂浮。或许在箱子里会有液滴，但你甚至都不知道这些液滴在箱子里的哪个位置。"[①][11]

没人知道月球表面能否承受住一个人的重量，更别提一艘飞船了。他们也不知道在地月往返时会遇到多少辐射，而这种辐射有可能会导致整个项目功败垂成。燃料电池技术在 1960 年还没人听说过，后来却成了太空探索领域的重要砝码。而这些只是在搭建各个必要的模块。[12]

这种基础性的发明和发现通常是先由小团队完成的，然后才会大规模地推广，就好像莱特兄弟发明了飞机，戈特利布·戴姆勒及其搭档威廉·迈巴赫发明了戴姆勒式发动机，亚历山大·格雷厄姆·贝尔和托马

---

① 这一点在现在的零重力研究领域是基本常识。你使用螺旋桨或者虹吸方式就会产生这种情况。不过就像一名官员所说的："在 1958 年和 1959 年，我们连这个都不知道。"

斯·沃森发明了电话。只可惜美国航空航天局不能采取这种由小至大的方式，它必须同时研发和完善所有这些技术，就如同2004年我们的特遣部队一样，就如同如今许多挣扎着试图赶上时代的组织机构一样。美国航空航天局发现它已经被推入了一个错综复杂的环境中，它必须找到一种办法，使得小团队的那种创新能力能够被拓展到一个大型机构的层面上。

为了把一个人送上月球，“阿波罗项目”[13]最终要雇用2万个承包商、200所大学，它们分布在80个国家，雇员超过30万人，项目的总投资为190亿美元；而旧的管理模式根本无法把各种发明和发现进行如此规模的整合。[14]就如同斯蒂芬·B.约翰逊在《阿波罗的秘密》(*The Secret of Apollo*)中所写的那样：“从研究到发明，成千上万的细节要注意。将成千上万的零部件恰当地整合、建造起来已经不是什么学术问题了，而是一个组织问题。”[15]美国航空航天局必须摒弃“有必要的话会告诉你”这样的教条，将信息进行大范围的传播，从而将所有的小团队串联在一起。

1963年，美国航空航天局邀请乔治·穆勒来构建“阿波罗计划”的管理架构基础，他也进行了大量的组织变革。[16]在他看来，美国航空航天局应该是一个互相连通的大脑，就如同一个卓越的团队会通过“共同的认知”形成“自发智能”一样。[17]美国航空航天局局长沃纳·冯·布朗说，穆勒将一个电气工程师的视野带入了美国航空航天局，他试图在管理上创建一个“神经系统”；而冯·布朗作为一位机械工程师，他将一个组织视为还原论中的精密机器。

穆勒摒弃了旧式的组织框架图，那些管理者和工程师原先都习惯于在自己的“深井”中工作，现在则要与其他领域以及其他团队的管理者和工程师进行日常沟通。整洁的、MECE式的组织部门设计消失了。斯蒂芬·B.

约翰逊对此描述道，这“在美国航空航天局的总部引起了巨大的波澜……那些工程师原先的工作只是监控特定的硬件项目，如今却成为负责制定政策、管理和收支的执行经理。变革开始后的几个月内，职员们都变成了行政执行人员，整个总部沸反盈天”[18]，人们开始抱怨“这种强行要求进行的组织沟通”[19]。这些人单打独斗解决各自问题的日子也一去不复返了，冯·布朗和其他高级管理者提出抗议。

过去，美国航空航天局总部每个月都会从各场地中心收集数据，并且让一群管理者对这些数据进行核对，而穆勒坚持要求对这些数据每天都要进行核对，并且进行快速的交流。所有的数据都会在中央控制室内展出，而“阿波罗计划”的各个现场中心也会自动显示出来。[20]这些控制室内热闹无比，不停地接收着来自承包商和各团队的数据，并且也会将数据反馈给它们。这是互联网出现前的“互联网时代”：信息只要已更新，就会被广泛而迅速地分享。随着这些信息的有用性越来越明显，越来越多本来反对这种做法的科学家开始聚集在信息显示屏前。

管理者们还建立起一张“电信网络”[21]，通过纸张和电脑在各项目控制室之间传递信息，并且使得各实验室、制造中心以及试验场之间可以召开电话会议。当时，美国航空航天局里那些工程师的天赋暂时不再用在建造火箭上，而是用来构筑一张巨型的“无线电网”，使得各团队能够流畅地进行沟通。肯尼迪宇航中心的一个官员回忆道：“我认为当时在 39 建筑群，我们就有 250 个频道供大家对话。你可以打开北美 2 台，听听那些正在造引擎的家伙说些什么。如果那里出现了问题，你就能听到他们是如何解决问题的。”[22]在发射火箭时，所有的团队都在一个通信网络中，让这名官员感到惊奇的是：“你能即时听到通信线路上人们的沟通。这很可能是有史以来最大的通信网络了……即时沟通，即时传播信息。”

美国航空航天局与外部承包商的沟通方式也有所改变。过去，美国航空航天局总是更喜欢“在家里”做事；而现在各部分零件之间错综复杂的互动意味着，那些分配给承包商去做的子系统如果无法与大系统有机融合，则未来在进行组装统合时会出现问题。冯·布朗指出：“你不能很简单地和承包商签合同，让他制造土星五号火箭的一节，然后就让他回去开工。”[23] 美国航空航天局的雇员经常会将承包商发来的东西拆解、重建。[24] 不过在载人登月项目上，美国航空航天局所需要的专业知识和软硬件能力，已经不是其自己的雇员所能够完全应付的了。

解决方案就是把承包商带到“家里”来。在一个由“深井”和条例所构成的迷宫般的地方，冯·布朗创建出两种状态：“体系内”和“体系外”。那些“体系内”的人，必须对阿波罗计划的整体有所了解并且赞同。专家们继续做各自专业领域内的事情，但他们同时也必须对整个项目有所了解，即便他们为了了解整个项目要花费本来用来做“本职工作”的时间，可能损害“效率”，也在所不惜。美国航空航天局的领导层认为，由于他们的产品各部分之间存在高度的互动性，将专家们困在各自的“深井”中是愚蠢的做法：为了在高层次获取成功，在低层次丧失一些效率也是值得的。

一个管理者详细描述了与一个承包商的合作：“这个合作之所以能够取得让人满意的效果，之所以能够按照时间表把东西准备好，原因在于我们做决策时，让所有人济济一堂知道这个决策……良好的配合已经到了这种程度，那就是我们早晨发现了一个问题，下班前就能解决它，钱被分配好了，决策也做好了，然后让事情运转起来。”[25]

穆勒所着手制定的就是所谓“体系设计”或者“体系管理”，这是以“体系思维”为基础打造出来的一套方法。这种方法与还原论的方法完全相反，它认为一个人至少要对整个体系有最基本的了解，才能够把自己的那一部分事情做好。正是在这种观念下，美国航空航天局的组织理念让它获得了调整适应能力强、自发智能高的特征，并且最终将人类送上了月球。

穆勒来到美国航空航天局的两年后，“阿波罗项目”从一堆组织松散、各自为战的研究团队，变成了一个密切协作的组织。[26]即便曾经积极反对“体系管理”法的工程师们也发现，许多技术问题只要通过分享信息就能够得到解决。[27]就如同冯·布朗所说的那样：“真正让美国航空航天局的钟摆开始摆动的机械原理是……房间里左右两边的人不停地互动。”[28]在 5 年的时间里，曾经让这个国家感到尴尬的美国太空探索项目最终成为全球最佳。

用体系管理应对不确定性

而在大西洋的另一边，欧洲运载火箭发展组织也曾经雄心勃勃地开展他们的计划。这个组织在欧洲煤钢共同体（欧盟的前身）成立后不久宣告诞生，它象征着曾经在 50 年的时间里计划将彼此彻底摧毁两次的几个国家，从此走上了团结友好的道路。这个动作将鼓励几国间的联合，如果欧洲运载火箭发展组织的任务能够获得成功，并且将物体发送到地球同步轨道上去，则西欧的商界、政界以及军界都将获得技术上的专业知识和好处。

1961 年，欧洲在技术和专业知识上的实力与美国并驾齐驱。德国人第一个研发了军事火箭；英国则成功地研发了空对地、地对空、空对空以及舰对空武器；意大利、法国、比利时和荷兰也带来了重要的资源。[29] 但欧洲运载火箭发展组织的各个团队却都是单打独斗，生产商和使用者之间几乎从不沟通，每个国家都试图控制一节或几节火箭：英国制造助推器，也就是火箭的第一节，法国制造第二节，德国制造第三节，意大利则制造卫星实验舱。[30] 项目的资料没有统一存放的地点，也没有相应的系统供各团队之间互相查阅资料，每个团队所产生的资料也没有统一的规格。[31] 每个国家都通过本国的欧洲运载火箭发展组织管理自己的那部分项目，每个国家都试图在这个项目中最大限度地实现自己的经济利益，这也就意味着它们对信息要藏着、掖着，项目承包商只向各自的政府汇报情况。[32] 1968 年，美国航空航天局的项目主管说，欧洲运载火箭发展组织的成员国“在一起做事时三心二意、各怀鬼胎”[33]。这种竞争态势如果在一个各部分之间不会有什么互动的体系里会是一种优势，但在空间探索这种互动密度高且错综复杂的项目中，就是个问题了。

欧洲运载火箭发展组织第一次发射之所以会以失败告终，是因为使用了错误的螺栓去连接法国和德国所造的两级火箭。此外德国和意大利所使用的连环也存在差异，这也导致系统崩溃。[34] 1967 年 8 月，欧洲运载火箭发展组织进行了第二次发射尝试，二级火箭成功分离后火箭直冲云霄，但二级火箭在与助推器分离时却没有点火。[35] 而火箭还竖立在发射台上时，一个电气学方面的错误使得第一节火箭的继电器断电，而这又造成了第二节火箭的终端序列发生器失灵。4 个月后，在另一次发射中，一个电子接口问题又导致了失败。到了 1969 年 7 月，也就是美国向月球发射火箭的几周前，欧洲运载火箭发展组织又进行了一次尝试，这回一个接口错误引发了火箭的自毁程序，火箭还在发射台上就报废了。欧洲运载火箭发展组织的最后一次尝试，是在 1971 年 11 月，火箭在升空 90 秒钟后爆炸。3 年后，该组织解散。[36]

内部和外部的分析所得出的结论是：所有这些问题都源自缺乏组织沟通——非常致命的“接口失灵”或“断点”。法国记者让-雅克·塞尔旺·施赖伯在 1964 年撰写的《美国的挑战》（*The American Challenge*）一书中认为，在太空竞赛中欧洲之所以落后于美国并不是钱惹的祸，“最主要的原因，是组织方式上的缺陷……这里所说的组织方式，与传统意义上的‘脑力’无关，而是指组织、教育和培训这些方面”[37]。在大西洋的另一边，美国国防部长罗伯特·麦克纳马拉也认为，欧洲受挫于管理上的缺陷，“而不是技术上的差距”[38]。这是太空探索时代的巴别塔——各国无法互相沟通，这导致了它们无法携手迈向天堂。

就如同泰勒在世界博览会上所展现的商品一样，“阿波罗 11 号”的高歌猛进以及同时期“欧罗巴 1 号”项目的步履蹒跚，都体现出大规模事业中管理的重要性。国会举行听证会来研讨美国航空航天局的管理秘诀。[39] 美国航空航天局所施行的“体系管理”法，成为太空研究和研发领域的核心流程，从国际空间站到波音 777，这种“体系管理”法成为各大项目中必不可少的一部分。[40]

美国航空航天局能够获得成功，说明了一些组织管理上的深刻道理。这其中最重要的是，在一个各部分互相依赖性强并且难以预知的领域里，让组织成员了解背景信息是十分重要的；无论通过“深井”你能够获得怎样的效率，只要“接口失灵”，后者所导致的损失是前者无法弥补的。同时这也证明了认知上的一致性，也就是所谓“自发职能”固然在小团队中可以被发现，也能够在较大的组织内达成，只要这样的组织愿意在有纪律约束的前提下有意识地分享信息。这与标准的“你只要知道你需要知道的”的理念是相悖的。

美国航空航天局是新技术的先锋，它所面临的错综复杂的环境也要超前于它所在的时代。半个世纪后，几乎所有的组织都陷入了错综复杂的、不可预测的旋涡中。

美国航空航天局某些创意听上去简单得让人不可思议：拿掉眼罩，让人们互相交谈。基本的理念只是要我们忘却对于效率的狂热追求，但这执行起来却需要持久的坚持：确保每个人都一直能获得最新的信息，大家在整个工作过程中要对全局有所认识，这需要每个人付出责任心和时间。

历史学家霍华德·麦柯迪指出，事实上，即便对于美国航空航天局来说，“维系……组织文化在一开始也是最难做的事情”[41]。在“阿波罗项目”之后，曾经整合良好的体系再次分崩离析成一堆互相独立、互相竞争的实体，它的公开通信里全都充斥着官僚主义的套话。1988 年，一个雇员将美国航空航天局称作“太空中的邮局和国税局”[42]。“挑战者”号失事后所进行的调查，对于美国航空航天局的管理提出了严厉批评，但随即，在 20 世纪 90 年代，美国航空航天局还是提出了以效率为核心目标的计划——“更快，更好，更便宜”，这使美国航空航天局进一步滑向顾此失彼的深渊。当初在“阿波罗项目”时代所打造的一系列内部联系都被剪断了，因为它们“损害效率”。一次著名的“接口失灵”导致了火星气候轨道器的失事，以及 1.25 亿美元的损失。这是两个团队之间的沟通不畅所导致的：一个系统在建造时用的是米制单位，另一个系统在建造时用的是英制单位。麦柯迪指出，“更快，更好，更便宜”是“体系管理”法的对立面。“体系管理”法是“正式的、不厌其烦的以及昂贵的”，它并不高效，但它的确见效。[43]

将信息沟通机制扩展到整个体系

体系思维被用来理解许多事情，从一座城市的运作到皮肤细胞的内部活动，同时，在解读环境的互相依赖性方面，它也扮演了关键角色。

让我们来设想一下一位医生和她所接受的教育。医生也分领域，如小儿科、耳鼻喉科、放射科等，但无论是哪个科的医生，在医学院里她都要接受严格的训练，对人体运作的机理要有整体的了解。在某些人看来，这似乎有些浪费，比如对于一个手部外科医生来说，他的余生都只会去看病人的手掌、手腕和手指。然而，由于人体不是各自独立的一堆零件的集合，而是彼此互相关联的几个部分所构成的体系，你就有必要去了解糖的新陈代谢是如何运作的。只有这样，手部外科医生才会知道糖尿病是如何导致手指组织坏死的，就好像手部外科医生有必要知道中枢神经反复受到压力是如何会导致腕骨综合征的。当我们躺在手术台上时，我们希望主刀的大夫对于人体运作原理有全面的理解，而不希望大夫拿着泰勒发给工人的指导卡给我们动手术。

对于外科医生来说，一张核查清单是不够的，人体是一个各部分互相关联的体系，手术中面临各种可能性。我们不会将医学院的严格视为“宽松”，但花 7 年时间去了解人体内各种错综复杂的因果关系显然更为可行，与之相比，我们不太可能记住我们的身体可能会遭遇的每一种可能性。

这就是“教育”和“训练”之间的区别。医学院里进行的是“教育”，而人们日常进行的急救行动仅仅是“训练”。“教育”要求学员去理解整体的原理，这样学员就能应对几乎无限种可能出现的威胁；而“训练”涉及的仅仅是单一的动作，只有在可以预见到的挑战出现时才有用。“教育”具有可伸缩性，训练则是粗暴僵硬的。

科尔曼·鲁伊斯说，海豹突击队基本水下爆破训练“在第一天就把个人英雄主义消灭掉”。这种对团队成功的强调，使得团队成员会寻求互相合作、互相信任，并把团队的目标视为自己的目标。不过只有当人们看到现实环境是各部分互相依赖着时，才会互相协作。在海豹突击队基本水下爆破训练的“冲浪通行”项目中，只要一个人失败，则整个小艇就会倾覆，然后小艇上的整个团队都会受罚，而受训者从中也学会了合作。

在我们特遣部队中，那些专业化的部队几乎不知道兄弟团队是如何运作的，也不知道各个团队是如何形成合力的。每个人都清楚小艇会不停地翻，但如果你不知道其他人都在干什么，你也无从知道如何使小艇不翻。

和美国航空航天局一样，我们有必要将小团队中的信息沟通机制扩展到整个组织层面，这也是打造“由小团队构成的大团队”的关键。

我们并不希望所有的团队都能变成多面手——与情报分析师相比，海豹突击队更擅长作战；与海豹突击队相比，情报分析师更擅长与信息打交道。多样化的专业能力是必需的，我们所需要的，是把各种专业化的知识形成一种整体的意识。我们整支部队都有必要对作战环境和这个组织有一个基本、整体的认识，同时，我们也要保留每个团队各类出色的技能。我们将这种目标，也就是形成这种自发的、自行调整的组织智能称为“共享意识”，这也是我们变革的基石。

总结

- 如同之前的美国航空航天局一样，我们特遣部队也面临着一个错综复杂的问题，需要用体系的方法进行解决。由于行动环境中各因素的互相关联性，这两个组织都需要其成员对这个内部关联度极高的体系有整体性的了解，而不是只待在组织结构表中属于自己的那个MECE式“暗箱”里。
- 如果一个组织在地理上被分散布置到各处，那么为了驾驭这个组织，就需要进行信息分享，就需要让这个组织在内部取得前所未有的透明度。
- 对传统机构而言，这就意味着比较艰难的企业文化转型。这需要严格地去推行，使得组织内能够出现共同的群体意识。

第八章　培养共享意识

2004年7月，就在阿梅尔污水处理厂爆炸案发生之前不久，我们离开了巴格达国际机场破旧的建筑，搬到了位于巴格达以北64英里（约103千米）处的巴拉德空军基地的新总部。20年前，在残酷的两伊战争中，苏制米格–21战机就不停地从巴拉德的停机坪上起飞、降落，在空中轰击伊朗军队。之后的1991年，当诺曼·施瓦茨科普夫将军的第七军团向东杀入伊拉克南部时，这些战机对于联军执行这次“四分位长传”[①]的巨型战争机器也构成了巨大威胁。如今在这座钢筋混凝土建筑中隆隆回响的，是美国飞机引擎的声音。

这座基地位于肥沃的底格里斯河畔，但在7月骄阳的炙烤下土地还是变成了棕色。两条跑道经过基地中心周围，一条紧贴着行政维护大楼，一条从一群散布着的老旧混凝土掩体边穿过。特遣部队占据了一片特殊的、

---

① 四分位长传（Hail Mary），美式橄榄球用语。当时联军总司令施瓦茨科普夫用这个词语来形容第七军团的机动性。——译者注

安全性极高的场地，在这里可以看到飞机的滑行跑道，并且能够较为容易地搭乘飞机和直升机。在这片场地中，有一些预制件挂车、胶合板小屋，附近还杂陈着一片帐篷。生活区、工作区、装备维护区以及食堂都分布在周围。我要上班，只需步行 40 英尺（约 12 米）的路程。

我们老旧的地堡就位于基地的西侧，绰号是“南堡”，因为这些坚硬的飞机库是南斯拉夫承包商修建的，用来保护伊拉克人的战斗机。这些机库的顶棚有许多药丸大小的孔洞，这是 2003 年海湾战争时联军飞机的精确武器所留下的印记。这些地堡的大小有如巨型的马戏团帐篷，有两层厚厚的水泥，当中是一层大约 1 英尺（约 30 厘米）厚的沙子。长长的、低矮的拱形机库门洞伸展到两侧。它们都是米黄色的，和这片场地周围的沙石建筑以及沙石建筑附近的沙漠一样。在这些地堡的里面，声音在混凝土间剧烈地回荡着。特遣部队挑选了一座地堡作为司令部，并且搬了进去。

附近能够看到大量的、在战争中被摧毁的伊拉克军队装备，还有一直在燃烧的垃圾堆，这些都呈现出一副破败的景象。尽管如此，对于我们来说，巴拉德意味着一个美丽的机遇：在这里可以创造出全新的东西，在这里可以构建一个组织体系的实体，从而扭转对我们不利的局势。小时候当我做了傻事时，我父亲最喜欢的告诫语句是他从一个老军士那里学来的：“把你的脑子放到行李箱里，我在这儿帮你思考。”而我们的命令则是相反：在巴拉德空军基地，我们要求把所有的大脑都拿出箱子，然后放在一起进行思考。

我们已经分析了问题，而且我们也知道哪些是有必要改变的。为了有效地对付伊拉克“基地”组织，我们不得不颠覆我们根深蒂固的、旧有的涉及保密、许可以及内部竞争的体系，代之以一个透明性十足的环境，从而让司令部内的每个人都清楚自己在这个错综复杂的体系里究竟扮演了何种角色，而这个错综复杂的体系代表了我们所有的事业。每个人都需要非常熟悉组织里的每一个分支，并且对追求结果全情投入，而这与我们过去一个世纪内所着力追求的专业化是背道而驰的。我们的希望是，通过分享信息能够建立关系，而这两者都能激发出一支新型的、团结一致的、调整适应能力强的大团队，从而打赢这场战争。这就如同海豹突击队基本水下爆破训练、人力资源管理和美国航空航天局所秉持的宗旨一样。

这是一次宏大的、充满风险的试验。在巴拉德，我们开始了试验工作。

打破物理空间阻隔的启发

传统上，军事基地的物理布局反映了还原论所追求的效率，同时也能进一步促进这种效率的提升。五角大楼非同寻常的外形最初是为了契合阿灵顿国家公墓土地的形状，后来皮埃尔·朗方为美国提出了新建首都的宏大计划，五角大楼于是搬迁，但五边形的设计还是被保留了。据说，在这栋建筑里的任何两个地点之间，路程都不会超过 7 分钟。今天，五角大楼总长达 17.5 英里（约 28 千米）的各条走廊在设计上十分符合逻辑，并且能够让陌生人都快速熟悉，但走廊里成千上万的门现在被标明“不可进入”，也就是说被锁上了。即便你的许可证等级让你能够进入这些门，你会发现门里面还有很多门或者入口，这就是个小型的迷宫。办公室都是分隔开来的，十分整洁，2.8 万人在这栋楼里，他们虽然同在五角大楼办公，但都被分成了一个个谨慎的小团体，有的甚至单独工作。五角大楼修建于第二次世界大战期间，主要为军队服务，起初这个机构散布在华盛顿哥伦比亚特区各自分离的办公楼中，然后才把办公地点合并起来，以求整个团体能够更好地协作。然而，这栋建筑越来越背离它的初衷了。目前，在这栋办公楼里工作的人都独来独往，秉持自上而下等级森严的理念，秉持“你只需知道你有必要知道的事情”的理念，秉持还原论计划的理念。这些人的实际工作状态，就好像他们都分散在全球各地一样。

在我们位于美国布拉格堡的几个司令部中，一种类似的物理布局理念在这个组织头一个20年的历史上盛行过。在20世纪80年代早期建造的几栋办公楼中，为了强调安全性，建筑上是没有窗户的，走廊分割出一间间小的办公室，而这些办公室又被分隔成几个部分。几乎没有公共的部分让职员彼此互动，对于访客的严格限制进一步把特遣部队与布拉格堡基地内的其他机构疏离了开来。

在民间，物理布局在一个世纪的时间里也以追求效率和专业化为导向。和工厂里的组装线一样，白领的工作区域构建也以效率最大化为目标。在19世纪前，有一种“会计房”[1]，在里面老板和职员坐在一模一样的拉盖书桌旁共同工作。到了19世纪，这样的景象开始消失了，取而代之的是一些分隔办公室。随着文书行政工作的兴起，白领职业开始从工厂车间里借鉴专业化的还原论理念。管理历史学家阿尔弗雷德·钱德勒指出，曾经，一个商人会同时兼顾“出口商、批发商、进口商、零售商、船主、银行家和保险业者”等多重角色，但后来就如同亚当·斯密笔下的扣针生产过程一样，这些角色在19世纪晚期逐渐分成了多种专业化的行业。[2]

数年后，这些专业化的行业重新聚合成一个大型的、垂直整合的公司，这个公司拥有几十个部门和几百间办公室，钱德勒将之称为“管理学上的革命”。在这种中央集权的实体出现前，往往是许多小的玩家独自应对市场的惊涛骇浪；而如今，在这种中央集权的实体出现后，应对市场变化的功能被强化了，钱德勒将之称为“看得见的手”，这与亚当·斯密所谓“看不见的手”，也就是市场的力量形成了鲜明的对比。1860 年，在这种“职业机构”中工作的人为 75 万[3]，到 1890 年上升到 216 万，到了 1910 年上升到 442 万，但雇用这些人的公司的数量却下降了：1897—1904 年，4000 家公司经过倒闭、兼并和整合，还剩下 257 家。但这种合并并不意味着要回归那种大家分享工作空间，以及对“会计房”文化的追求；相反，公司追求更大的体量是为了保留层级的区分。

新技术的诞生使得我们能够建造更大、更高的建筑，从而容纳工作领域内越来越复杂的层级。[4]所谓的“办公楼”成形于路易斯·沙利文这样的建筑师之手，这些建筑师认为建筑物应当由独立、标准化的小隔间构成，他喜欢把这种理想化的建筑物[5]比喻成六边形的蜂巢：互不关联的 MECE 式单位，而且不会整合在一起。①录音电话和气动导管使办公楼内的职员可以远距离进行个别的、直接的交流，而不必像“会计房”那样进行混乱的、低效的沟通。[6]行政人员搬到彼此分离的房间里，然后进入豪华的套间里，最后分离到各个楼层，这样他们就能够与那些速记员分离开来。[7]这些速记员都被安排到一个个格子间里的办公桌旁，默默地敲打着打字机。而所谓的“角落办公室”是管理者使用的，它使管理

① 事实上，沙利文在 1896 年就撰写文章《高楼建筑的艺术性思考》，指出“形式追随功能”，这也成为一句非常有名的话。

者能够与其他工人分隔开来，并且成为管理者身份的象征。在2008年的金融危机中，人们知道许多行政人员上班进入办公室时，乘坐的是私人电梯，这使他们与雇员之间的互动机会更少了。到了20世纪早期，“梯子”成为公司行政层级的惯用名词。[8]

这些建筑的理念与五角大楼可谓一脉相承，这些玻璃调和板也构成今日城市中摩天大楼的壮观景象，它们的设计理念，都是为了适应高效的文书工作流程。[9]这种文书工作流程其实在某种程度上就相当于一条生产线。1958年，一名做文书工作的职员描述道：

> 第一个姑娘负责……拆开、整理邮件；下一个姑娘则是我们的执行者，邮件中要求做的事情都由她来负责具体实施——取消预约、开收据发票或诸如此类的事情。然后我会检查她交给我的文件，添加一些必要的标记，然后传递给紧邻在我左边的姑娘。她是我们组的打字员，负责复制文件。接下来，她会将整个文件传递给最后一个姑娘，即所谓的“组装员”，她会把文件用恰当的顺序整理好，然后进行输出，输出对象或许是另外一个部门，或许是中央档案室，抑或有可能回到客户手中。[10]

就和在工厂里一样，管理者对整个流程的设计初衷在于尽可能地高效、尽可能地专业化。管理理论学家R.H.古德尔指出，访客在经过一条走廊时会分散文书职员的注意力，所以可以将他们的办公桌从门旁拖离，让他们面对墙壁，这样除了避免注意力分散外还有一个好处：让他们时刻觉得上级或许有可能就在背后看着他们，从而让他们如履薄冰，这样一来效率也提升了。[11]

我们办公地点的物理布局在很大程度上反映出我们对人们行为模式的看法，不过人们的行为模式也经常是我们所设置的物理布局的副产品。在巴拉德，我们所需要的物理空间无须去契合有序的、如同机械一般的文书工作流水线，我们需要的物理空间能够契合敏捷的、网络状的思维汇集方式。也就是说，我们要的建筑物不是为了分隔，而是为了融合。我们不是唯一试图这样做的组织——在私人民用领域，也正在兴起一股潮流：办公室的布局能够让员工更好地协作。

有些公司十分珍视创新和创造力，它们会花费大量时间寻找办法，让公司的工作环境充满互动性。1941 年，贝尔实验室打破常规，聘请了著名的SOM（Skidmore, Owings & Merrill）建筑设计事务所为自己设计一所大学校园式的办公区域，方便职员们互动。比如，职员们要从办公室走到实验室，就必须经过自助餐厅，碰到一群人。[12] 贝尔公司之所以这样做，是希望这种与同事、管理者甚至是后勤人员的“偶遇”能够使他们获得意想不到的视野。到了 20 世纪 70 年代，甚至连古板的IBM（国际商业机器公司）都开始推出早期的“敞开式”[13] 办公室，工程师可以到这种办公室中取走资料，并且在开放式空间的任何一个地方落座，这样就使每个工程师有更多机会与团队其他成员“偶遇”[14]。和在美国航空航天局一样，这些变革在一开始并不受欢迎，然而却越来越有人气。“以前我对此有所怀疑，但现在谁要是让我回到过去、回到封闭的办公室里，我要恨死他了。”一个工程师这样说道。另一个工程师则说得更加简单明了：“别把我再圈起来了。”[15] 在硅谷，谷歌、脸谱网以及其他巨头都使用开放式办公室，让各支团队的成员、让各个管理层级的人都能聚集在同一个地方。

当前纽约市市长迈克尔·布隆伯格搬入纽约市政厅时，他拒绝进入豪华的市长办公套间，而是让听证会评估委员会室变成一个大房间，而听证会评估委员会室是纽约市政厅这座历史性地标建筑里最为豪华的纪念区域之一。①他把这个大房间分割成成百上千个小隔间，并且留了一个小隔间给自己，这样就能够使市政团队成员的交叉沟通达到最大化。

早前，他在彭博社就已经试验了这种做法。这是一家金融媒体巨头，正是彭博社让布隆伯格成了亿万富翁。

布隆伯格说："我一直认为，管理层通过发号施令对于员工习惯所能施加的影响是有限的。或许有时候一声令下，事情表面上搞定了，但只要你一转过身，员工们就又开始故态复萌。然而，物理布局则有着持久得多的影响……我发布公告让所有人都在一块儿办公，但只有把墙推倒才能让他们真正地在一起工作。"[16]

布隆伯格的大办公室使得管理层级扁平化，各个"深井"融合在一起，他所希望的员工办公地点是把所有人圈在一起，此外他绝对不允许行政人员有独立的用餐室，也不允许行政人员有独立的停车位。[17]这些做法一部分是受到他第一位雇主——所罗门兄弟银行——的启发。"所有人都可以在任何时候来到首席执行官的桌子旁。无论是公司里的最高层，还是最底层，都可以直呼其名。"[18]

这并不是一种象征性的平等主义。在组织架构表里可能八竿子打不着的两名职员，在闹哄哄的开放式办公室中则更有机会互动。而置身于这样

① 麦克·弗林少将是我的老搭档了，我在第 18 空降军、特遣部队和五角大楼内的参谋长联席会议任职时，他都是我的情报官。2008 年秋季，他和我从伊拉克一回来，就一起去拜访布隆伯格的那间大办公室。固然，我们独立地构建出了特遣部队新型的物理布局和文化生态系统，但我们还是发现，纽约市政的运转情况和我们错综复杂的战场态势非常相似，这种相似性让我们印象深刻。

的一个办公室里，也使得布隆伯格能够摸准这个组织的脉搏。他说：“那些把自己锁在办公室里的人是做不好管理的。对于这种人的这种做法我一点儿也没有兴趣。”[19] 如果以他自己的市长生涯作为尺度进行衡量的话，他的话是正确的。普利策奖获得者、《纽约时报》记者比尔·凯勒就说：“纽约市政的运作很可能处于历史上最好的状态。”[20]

布隆伯格的大办公室也好，硅谷的开放式办公室也罢，对于“偶遇”都很赞赏，这等于是说：“我们不知道哪种联系、哪种谈话会是有价值的。”

在巴拉德，我们也试图做类似的事情：工程师荡平地堡的内部。我们把地堡内破旧的废墟堆、老旧的隔离物以及苏联时期的战争物资焚烧干净，并且用胶合板竖立起格子，形成开放式办公室。我们所有行动的中枢是一个名叫联合作战中心的地方——这是一个庞大的中央区域，类似于布隆伯格的大办公室。

在这个空间最前面的一堵墙上，布满了各种屏幕，上面不停地更新着各种行动的实时信息：小规模冲突或突袭的视频信息传输；联合作战中心日志记录，记录了成功的抓捕行动或者友军的伤亡情况；全国各地区我们的损益图。就在这些屏幕前，我们将便携式办公桌摆成一个“U”形，特遣部队司令官和主要领导都坐在旁边，一边工作，一边能够很容易地彼此相望、互相沟通。再外面一圈，则是一排排的长桌和椅子，主要是给情报、空地火力支援、医疗救护、联络官等与作战行动相关的功能单位预备的。

房间里任何一个人，无论他在组织架构表里处于什么地位、什么层级，都能够抬头看到屏幕，并且立刻了解到当前影响我们任务的各个主要因素。所有人员都根据各自的职能被有策略性地分布在整个空间里——有些人必须获取实时信息才能够使作战行动更好地进行下去，那么他们就被安排在接近房间中央的位置；那些不需要时刻关注这些信息的人，则被安排在房间的边缘，这样他们可以聚焦于手头的其他工作。但是，所有这些人都可以自由地在房间里走动，面对面地互相协调。只要按一下麦克风上的一个按钮，就可以立刻引起任何一个人的注意。

我们希望，这种新的办公布局能够使整支部队成为一个整体，不仅能够引发所谓的“自发智能”，还能使特遣部队麾下的各支小团队对整个体系有一个综合的了解。“各家自扫门前雪”是不行的，每个人自顾自也是不行的，必须像贝尔那样让他们走进一家自助餐厅里。

在2004年，我们有大约60人坐在这间房间里，包括情报分析师、作战行动官、军事联络官、情报监视和侦察人员、空中火力控制员、国防部律师以及医疗人员。为了让所有人都失去拒绝合作的借口，我们将整个区域指定为机密高度安全区域。几乎任何与我们行动相关的文件或对话信息都可以公开地讨论和争论，这些文件或对话信息有些还是极其敏感的。①这是史无前例的举动。

我拥有一件小型私人办公室，但很少使用；相反，我经常在紧邻联合作战中心的地方办公，那里被我们称为战情沟通室，就在另一排“U”形桌子的前端。这里是一个微缩版的联合作战中心，我在那里与多个其他组织派到特遣部队来的跨部门代表一同工作。在联合作战中心，大家聚焦于伊拉克；而在战情沟通室，大家聚焦于全球。在这里，我们建立了一张网络，用来遏制伊拉克“基地”组织的全球网络。我的情报主管、行

① “极其敏感”的活动，比如情报人员的管理以及我们部队内部的人事变动，则都会在更为受限的环境下处理。

动主管以及高级征兵顾问就坐在我身边，能够听到我所说的每句话，看到我所做的每件事。

文化的变革要与组织的变革相匹配

我们新的物理布局为变革提供了空间架构，但我们知道这是不够的。新的布局配上老的文化，会导致新老世界中最糟糕的情况——无数的管理者热切地希望获取革新后的新气象，却不愿意放弃老的组织架构表，于是他们越过大办公室里设置的隔板，使整个办公室里更加吵闹，让人无法集中注意力，这既没效率也会让管理归于无效。

小隔间本身就是管理空间误入歧途的表现。这种小隔间最初的创造者是远见卓识的发明家罗伯特·普罗普斯特，他这么做是为了将职员们从孤独隔绝的环境中解放出来。但最终这种小隔间成为一种不近人情的文化象征，而这种文化原来是这种小隔间所努力要去改变的。而“二代行动办公室”[21]据设想可以定制、重新布局，从而有更好的私密性，同时也能方便职员们进行协作，提升职员们的互动。根据设置，这种办公室要以有机集群的方式安排布局，这反映出一种新的理念：整个办公室是一种内部各小空间互相联系的整体。

1967年，赫尔曼·米勒将这种办公室投入使用，普罗普斯特的这一发明立刻被视为变革性的。《纽约邮报》刊登名为《办公室迎来革命》的文章，曾几何时，“老板们将自己封闭在一个个‘箱子’里，他们坐在巨大的红木雕像‘符号’后面，而你们则终日坐在一排排不近人情的、坚硬的钢铁办公桌旁”，这种日子马上就要结束了。[22]“这一理念似乎注定会取得成功。”这篇文章在最后这样总结道。

任何人只要在过去的30年间曾经驻足于一家公司的办公室里，就能证明上述产品其实是成功的，但这种产品所追求的理念，也就是希望获得自由的、理性的、有机的办公场所，却并不成功。相反，管理者们发现，他们可以利用这种“行动办公室”把更多的人挤入更小的空间，而在20世纪初，这些管理者是用速记室的小格子来做到这一点的。[23] 小隔间固然可塑性很高，但赫尔曼·米勒的雇员用悲伤的词句表示，正是这种可塑性“也不可避免地表达出一种理念：将人与人之间的联系与公司体系内的文件传递画上等号，或者与组织机体内投入产出的‘效率’画上等号，而在过去半个世纪里，这才是至关重要的事情……规划者们对‘行动办公室’非常欣赏，因为这给了他们一种工具，能够将尽可能多的人挤在一起”。[24]

今天，93%在小隔间里工作的人说他们宁愿在另一种办公场所里工作，这个比例让人吃惊。[25] 普罗普斯特在去世前两年就说：“这一发明的黑暗面就是并非所有组织都是理性的、进步的。许多组织的运作者都是一些蠢人，无论给他们什么工具，哪怕工具设计者用意再好，他们也只会拿去做一些恶劣的事情。他们把工作场所变成支离破碎的小隔间，并且把人塞进去。办公场所成了光秃秃满是老鼠洞的地方……我从来就没幻想过这是一个完美的世界。”[26] 这番话是他最伟大的遗产。

特遣部队新的、淡化等级色彩的办公空间具备关键的结构和象征意义，但仅仅把家具搬一搬是无法让整个组织获得新生的，我们还必须革新组织文化。

与砖瓦相比，文化对于变革的抗拒力更强。要想获得意识共享的效果，就要最大限度地在我们特遣部队内部，以及和友军之间提升透明度。这里的“透明度”和商业世界里经常使用到的“透明度”一词并不是同一个意思，后者往往是指个人品质的正直；我们所需要的“透明度”是指组织内每个团队都能毫无障碍地随时知道组织其他部分的情况。我们这些一直在官僚主义的“深井”中成长的人，对于这种“透明度”会感到不适应。但要想聚合成一支由小团队组成的大团队，并取得成功，这对我们而言至关重要。

有些事情做起来还是比较简单的：有时候我的指挥团队和我在讨论行动时，只要发现行动本身，乃至行动之后的第二步或第三步可能会影响到谁，就把邮件抄送给这些人。我们必须承认的一点是，在很多时候我们无法预测把某些信息开放给一些特定的人是否会让他们受益，包括我在内，我们几乎所有人都在扩音喇叭里打电话，而我还是负责全国最敏感部队的司令官。这或许会让一些人感到不舒服，有时候是非常不舒服。但在伊拉克，这种做法几乎从来没有让我们受过损失，只是让我们受益。对于分享信息，我们试图让那些不习惯的人变得习惯起来。我们不变的指导原则就是“在你觉得有可能违法之前，一直要分享信息”。

信息共享是体系变革的心脏

在我们的变革中，最为重要的一环就是作战情报简报，这也是我们试图创造的肌体的心脏和脉搏；没有它，我们的肌体就会死亡。通常所谓的作战情报简报，是军事标准动作，是一个司令部的领导层在举行日常会议中，将已知要处理的所有事情统筹一下。

当我2003年接掌司令部时，作战情报简报只不过是一个小型的电话会议，参与者包括位于布拉格堡的后方司令部、位于华盛顿的几个办公室，以及我们在伊拉克和阿富汗的几个最大的基地。然而，很快参与者就增加了——从当地使馆人员到联邦调查局，我们督促每个人都安装安全通信线路，来参与我们的讨论。

当人们说到尖端军事武器时，他们通常想到的都是兵器，而不是放大版的Skype（即时通信软件），但那正是我们迫切需要的技术优势，和在几个月内的投资重点。我们知道，打造一张神经式网络，使错综复杂的问题能够得到自发式的解决，对我们的长期成功而言十分关键，于是我们将通信设备打包，使我们的团队能够携带到战场上，这样他们无论在世界上的任何地方执行任务，都可以获得通信工具。与美国航空航天局一样，我们投资于通信带宽，以便让我们部队的所有组成部分之间、让我们和我们所有的兄弟部队之间都能取得联络，无论是叙利亚边境上条件艰苦的基地，还是中情局位于弗吉尼亚州兰利的总部，莫不如此。大大小小的卫星锅把我们的部队连接了起来，安全视频电话会议、聊天室、网络端口以及电子邮件成为我们循环系统中的关键动脉。从技术上讲，这是错综复杂的；从经济上讲，这是昂贵的，但我们还是在试图构建一种分享的文化：特遣部队中任何一名成员，与我们相关的任何一支兄弟部队，都可以用自己的笔记本电脑安全地介入我们的作战情报简报，并且通过戴在头上的受话器倾听简报内容。

随着特遣部队在全球的活动范围扩张，我们将越来越多的人整合进我们的网络。每周开6天会，而且从来没有取消过一次会议。每次我们都是在东部标准时间早上9点通过视频电话举行会议，这时位于华盛顿的部门正好开始上班，便于它们参会，而我们也希望将这些部门更紧密地整合进我们的行动中。而在伊拉克，会议开始的时间是当地下午 4 点，我们的行动人员在将近中午时起床，训练、准备、参加完作战情报简报会议后就可以为夜袭做好准备，夜袭行动会从黄昏持续到破晓。这些人和部门形成了一个“协调同步的圈子”，我们将之称为“作战节奏”，它从作战情报简报中获取给养，而作战情报简报会将信息和背景材料输送到整个特遣部队中。

这么做的风险也确实存在。原本属于顶级机密的视频电话会议如今却开放给这么多人，这使我们面临潜在的信息泄露的危险。毕竟，我们讨论的这些信息，之所以机密是有一定理由的。同样，将我们成功与失败的信息不加筛选地广而告之，有可能被断章取义，被部分人有意或无意地抽取背景信息进行误读。不过我没兴趣，也没时间将地狱般的场景描绘成百花盛开的天堂。所有想用官僚主义的那一套朝我们开火的人可以找到各种借口，不过我们对这种战斗毫无兴趣。

信息交叉分享使信息价值升值

当我们在巴拉德建立新的战情沟通室时，我们在“U”形的桌子旁摆了额外的椅子，这些椅子是让兄弟单位的人来坐的，我们希望他们的到来能够增强特遣部队的实力。在早期，只有中情局派出联络官能坐到这多出来的椅子上。我们凭直觉认为，如果我们能够在战场上获取更多的胜利，其他兄弟单位也会派人加入中情局联络官的行列，但现在的问题是如何在更多的胜利到来前让这件事发生。我们需要将各个兄弟单位融合成一个整体，但现在我们并没有被明确授权去这样做。

对于构成特遣部队作战力量的军事部队而言，这也是现实问题。在整个特遣部队的历史上，该部队司令官所带领的作战行动人员都是来自各个不同的武装力量的分支，这些下属一方面要听命于特遣部队司令官，同时，他们原先部队的行政司令官还在发挥作用。比如，特遣部队司令官无法监督游骑兵团的人员遴选、训练和后勤维护，那是游骑兵团团长的工作；而游骑兵团团长则遵循着完全不同的一条指挥链，向陆军特种作战司令部和陆军部负责。这是一个让人尴尬的体系。我开玩笑地说，指挥特遣部队有点类似于驾驶F1（世界一级方程式锦标赛）赛车：你得驾驶一辆棒得难以置信的车，但这部车不是你的，你在车上弄坏点东西还不用掏钱去维修。这样一来，当这部F1赛车每天要经过战场时，车主和车手之间的关系很自然地就会有点紧张了。

尽管有这些困难，我们还是让海豹突击队、陆军特种部队、陆军游骑兵和情报分析师并肩工作，而情报分析师与我们战斗行动人员之间的直接接触，仅限于后者抱怨前者提供的情报分析速度又慢、质量又差。当个人或组织要彰显或维系自己的显赫地位时，总会以委婉的方式表现出傲慢。然而，最终战斗的压力会逼迫所有人妥协，而妥协也需要本事。如果一个人或者一个单位能够输出高质量的情报、能够可靠地与别人协作，或者准确及时地提出警告，则他们受欢迎和受尊敬的程度必然提升。躺在功劳簿上也好，咆哮怒喝也罢，或许能够奏效一时，却最终无济于事。人们要么能够做出点实际的事情，要么就逐渐变得无足轻重，没人想听你在上一次战争中做了些什么事情。

在我们司令部中存在的内部竞争已经让整个司令部功能失调了，而与中情局、国土安全部、联邦调查局以及其他外部机构之间的竞争相比，这种内部竞争简直是小巫见大巫。就如同冯·布朗发现的美国航空航天局承包商所存在的问题一样，我们意识到如果对整个背景情况没有任何了解，任何一支团队都无法从中受益。我们不能简单地向上述单位输出我们的情报需求，然后指望他们能够对我们的所想所需洞察得分毫不差。他们必须和我们坐在一起，来了解战场上到底在发生什么。我希望，他们最终能够给我们相似的反馈，让我们知道，从他们的角度来看这场战争是怎样的。

战情沟通室被挤满了，局促，有时候还非常吵闹。许多被派来与我们一同工作的人觉得在这种环境下很难集中注意力工作，或者说对于这种分享信息的氛围感到不舒服。许多官僚从职业生涯的一开始就小心谨慎，并且在信息分享方面绝对不越雷池一步，对他们来说，我们的工作方式是丑陋可憎的。有一个兄弟单位一年到头每天给出的反馈都是一句话："我们这里没什么新的东西可以说。"

为了能够实现上述这种"交叉功能"，我们和兄弟单位之间的联系必须与我们作战团队和团队成员之间的联系一样紧密。在很多时候，当我们需要得到或给出某些信息时，我们才会看向我们的兄弟单位。后来我们在这方面进步了，我们与兄弟单位之间的关系，是一张网络内各个部分之间的关系，它们不是我们无足轻重的机器，我们输入命令，它们就得输出结果。我们所需要的关系，并不是一种简单的利益交换，而要比这深刻得多。如果我们能够和兄弟单位之间构建起这样一种联系，则有朝一日在一个特别紧急的时刻，一方或许就能够告诉另一方："这次相信我。"然后把事情办成功。

其中关键的第一步是广泛分享我们的信息，并且在兄弟部门使用我们的资源和人力时要慷慨一些。以此为基础，我们希望我们所构建的人际关系能够让我们迎来胜利。

信息分享的范围必须遍及整支部队中的每一个部分。我们的作战人员完成一次突击后，我们立刻就会把获取的资料送到最近的分部办事处，给每一篇资料都拍照，并且使用我们新的宽带网络输送给图像分析师、语言学家以及其他方面的专家。通过这种方式传输的资料是粗略的、原始的，但传输速度是快速的——不会再有一袋一袋的废纸贴着邮递的标签堆积在柜子里这种事情发生。而且，通过邮件抄送和在扩音器里打电话的方式，我们毫无保留地把我们的情报和分析结果广泛地传播了。很多人觉得我们这种做法很傻、很天真，但就像古老的谚语所说的："知识就是力量。"我们正在将这种力量抛向空中，让它随风传播。我们的想法是，信息分享得越广泛，其价值就越高，其所能激发出的力量也就越强大。

信息共享，利远大于弊

到了 2005 年，我们的诸多假设中至少有一个被坐实了：情报机构运转得更快了，而且它们从特遣部队获取的情报比从其他来源获取的情报更有价值，于是它们开始更积极地参与到我们的行动中。我们的流程开始有了向心力，因为越来越多的兄弟单位意识到，我们这种流程能够加快速度、增加透明度。我们的部队每天都在与伊拉克"基地"组织——反恐战争的头号目标——打交道，而我们可以将从中学到的所有东西都与兄弟单位分享。

我们在伊拉克和阿富汗组建了许多联合事务特遣部队，它们中的很大一部分规模都得到了扩充，因为兄弟单位开始将更多的年轻分析师派过来，并且能够接触到我们作战人员以及其他来源所得到的情报。一名国防部情报局的分析师可以从联合事务特遣部队步行前往临时审查处，审问在那里关押着的伊拉克“基地”组织人员，或者旁听在那里进行的针对伊拉克“基地”组织人员的问询。这位分析师由此就能够为自己的总部撰写一份第一手的报告，里面所采用的都是来自反恐战场的最新信息。无论对分析师本人还是对分析师所隶属的组织而言，这都是好事。这样做，分析师所隶属的组织也能够在第二天反馈出一些对我们有价值的分析结果，或者他所写的报告能够与世界上另一个地方所出现的一份报告联系起来。一个人只要能够恰当地获得授权，就能够融合进一张更大的网络，并且反过来对我们的工作有所助益。我们确保我们的作战人员会与分析师互动：一名陆军特种兵中队的指挥官会命令自己麾下的作战人员与情报分析师坐在一起，互相交流他们是如何工作、如何思考的，以及他们觉得哪一类的信息是最有用的。他说：“为了获胜，我们所有人都必须随时随地深入战斗中。”

随着时间的推移，人们开始认识到体系思维的价值。作战情报简报会议的参与者增加了，会议上交流的信息和各方的互动也有了质量上的提升。最终，几乎每天都会有7000多人花最多两个小时参加会议。对某些管理学家来说，这似乎是对效率的极大损害，但在作战情报简报会议上所要分享的信息是如此丰富，与实战间的关系又是如此密切，因此没有一个人会愿意错过它。

而作战情报简报会议也成为我最好的管理工具。我们的组织分布在全球，有几千名成员并非由特遣部队直接掌控。作战情报简报会议固然没办法让我拍拍这些人的肩膀鼓励一下，但通过视频还是能够传递许多意思、许多鼓舞。我们这些领导层开始明白，这个平台不是那种传统的军事简报会议——下级人员漂亮地将最新情况叙述一遍，然后希望老大们别提出什么问题——而是一种互动性的讨论。如果一个人有4分钟的发言时间，则最新情况叙述最多也就60秒，剩下的时间则是汇报者和上级领导之间开放式的对话，网络中的任何人如果发现有重要的东西需要说，也可以插话。我们不会再生硬地、干巴巴地问诸如“……有多少”这类问题，我们的谈话是互动性的、范围广泛的，比如，“你为什么这么认为？”这种互动性的问话可以让人获取新的视角，并且增进我们分布在全球的人员的互相理解程度。最重要的是，这会让组织内所有的成员都能看到问题在被解决，并且理解领导团队的一些看法。

这使所有成员都能获得解决类似问题的技能和信心，也就不必安排进一步的指导或培训了。让成千上万的人参与日常的互动，也能省下大量的宝贵时间，这些宝贵时间原本要被用来澄清互相间产生的各种问题，以及获得各种行动的许可。

各种作战情报的整合是会议的精髓。一名图像分析师可以就最近敏感区域的一些变化在会上进行汇报，如果他在伊拉克时间下午5点的时候汇报，则游骑兵作战人员可以在数小时内突袭这栋可疑房屋。而在第二天的作战情报简报会议上，另一名分析师就可以谈一下，在这栋房屋里所发现的汽车炸弹里的炸药都是些什么化学成分。而刚才的那名图像分析师也可以从作战情况的汇报中获得内心的满足，毕竟他的工作拯救了许多生命，他也能知道他的努力直接影响着战场上的成败，而不是仅仅在特区的办公室里制造一大堆的文书。我们的组织不是自顾自地“变得更聪明了”“做得更多了”，而是做起事来更聪明，同时不断地在学习。

作战情报简报会议中最棒的时刻，莫过于两个机构、团队或部门发生争论的时候。或许两个分析机构根据一模一样的资料得出了截然不同的结论，此时我们就要平息争论，然后去了解为什么会这样。或许我们位于摩苏尔的一支团队所看到的敌人的战术或看到的一群敌人，与另一支位于提克里特的团队在上周所看到的有着惊人的相似。这种会议也使关键的信息能够被真正需要的人看到、听到。当然，这里也有风险，就是不应该获取这种信息的人也在会上获取了这些信息。但关键的问题是，究竟是潜在的风险大，还是获得的利益大？

信息泄露与信息分享

2010 年 1 月 5 日，巴格达以东 40 英里（约 64 千米）的哈默前沿行动基地里，一个 22 岁的年轻陆军专科医生走出一间安全屋，或者说走出一间应该比较安全的屋子。他带走了 40 万份高度机密的、有关伊拉克战争的文件，这些文件都被储存在几张光盘上，他在这些光盘上标了“嘎嘎小姐”的名字。三年后，他将这些光盘上的信息输入了自己的工作电脑中，并且下载了 9.1 万份有关阿富汗战争的报告。在接下来的几个月里，他重复干着这种勾当，最终获取了 25 万份美国国务院的机密电报，然后上传到维基解密上。到了 11 月，所有文件都在网络上向全球公众开放。

美国政府抓狂了。“这次泄密是对美国外交利益的严重损害。”[27] 国务卿希拉里·克林顿在国务院电报泄露后的第二天表示。在美国历史上，还没有如此多的机密材料被一次性泄露出去。在那之后，还发生了几次类似的事件，其中最著名也是规模最大的泄密事件，莫过于承包商爱德华·斯诺登了。

之后进行的调查确认，这名闯祸的士兵名叫布拉德利·曼宁①，当时刚刚被降级为一等兵。福克斯新闻网的一名评论员愤怒地质问道："陆军一个22岁士兵的工作，是如何与这些泄露信息有交集的？"[28]这位评论员觉得难以置信："一个人为何能够接触到这些机密材料？很明显，我们的信息安全被放在了一个次要的地位。"

"9·11"事件调查委员会曾得出一个著名的结论：美国各情报机构已经掌握了有关这次恐怖袭击所有的拼图碎块，但没能把这些碎块拼成完整的一幅图，从而失去了保护这个国家的宝贵机会，从那以后，各国家安全机构的理念逐渐发生了一些转变，也就是更多地分享信息。"9·11"事件发生10年后，参议院国土安全与政府事务委员会中的调查报告写道："'9·11'恐怖袭击事件告诉我们每一个人，冷战中在管理机密和敏感信息方面'有必要才让你知道'的体系，孕育出一种有关信息安全的文化，这种文化导致这个国家最有情报价值的信息都消散在无数的烟囱管里，被淹没在秘密的口袋里。"与此同时，国家安全部门在规模上急速膨胀。在我写作本书时，有85.4万人握有最高等级的机密许可证，其中1/3是私人承包商。[29]这样一来，与历史上任何一个时期相比，更多的机密情报可以更容易地被更多人获取。

这些变化也使得一个有抑郁症病史、举止乖张的年轻士兵能够获得海量的机密文件。偷窃、传播这些文件十分简单，无非就是写几行基本的代

① 被逮捕时，曼宁又被贬为二等兵，她还把自己的名字改为切尔茜。

码，并且用几张光盘而已。

是否应该有更严格的措施防止曼宁复制这些文件？当然应该。是否应当禁止人们把空白的光盘带入信息安全隔离区域？很明显，应该的。上级是否应当干预因为这个人曾经有过行为问题而不应把她部署到伊拉克去？毫无疑问，应当。二等兵曼宁的生命受到威胁了吗？对的。但设计一个体系，让二等兵和专科医生能够获取大量有价值的资料，这有错吗？这绝对没错。

目前信息分享的程度，还不会导致大规模的信息泄露。即便会导致，这种信息分享所能带来的利益，也要超过潜在的代价。与曼宁和斯诺登之流所带来的损害相比，“9 · 11”事件后在美国情报圈子里分享信息的做法拯救了许多生命的好处显然要大得多。然而好事不出门、坏事传千里。这些坏事一登上报纸头条就开始扭曲我们的判断了。我们特遣部队从来没有发生过任何严重的信息泄露事件，但我们每次举行作战情报简报会议时，都在冒这个风险。我们的经验告诉我们，分享信息能够在极大的范围内拯救生命。

把大脑锁进箱子里没人能够受益，把这些大脑拿出来才是关键的一步。然而，要想在整个组织层面上实现小团队那样的共享意识，光靠信息分享还不够。

总结

- 物理空间布局和既定流程可能会阻止一个组织在内部形成共享意识，也可能会帮助一个组织在内部形成共享意识。在很多时候，试图更好地实现泰勒式的效率，就会为分享信息制造障碍，也会为系统性地了解全局制造障碍，而我们特遣部队需要的，正是各个成员系统性地了解全局。
- 要在我们所需要的规模上实现透明度和信息分享，我们不仅要重新设计我们的物理空间布局，还要重新思考我们组织文化中的几乎每一步程序。而我们变革的核心，就是每日进行的作战情报简报会议。这个会议会将我们行动中的全部信息输送给特遣部队中的所有成员以及兄弟单位，同时也为每个人提供分享各自信息的机会。

第九章　击败“囚徒困境”

在罗恩·霍华德2001年的电影《美丽心灵》（*A Beautiful Mind*）中，有一个令人难忘的场景：拉塞尔·克罗扮演的男主角、数学家约翰·纳什与三个同事坐在普林斯顿的一间酒吧里。4个女子走过门口，其中一个被称作“金发美女”的女子美得让人窒息。她向桌子边的几个男人投来了让他们想入非非的一瞥，几个男人觉得她对他们中的某个人感兴趣，但谁是那个幸运儿呢？一个人开玩笑地说：“我们是不是该拔刀相向了，先生们？”第二个人说：“人不为己，天诛地灭，先生们。”第三个则充满学究气地说：“这让我想起了亚当·斯密，现代经济学之父……”其他人同声回答道：“正是通过竞争，个人野心服务于公益。”不过纳什依旧埋首于自己的那一大堆文件中，没有加入他们的谈话。他满脸漠然，常看电影的人都知道这种表情意味着一种蔑视。此时轻柔的背景音乐响了起来，他静静地说道：“亚当·斯密的理论需要被修订了。”

“如果我们都是冲着那个金发美女去，那么最终谁也得不到她，因为我们每个人都会试图诋毁其他人，这样竞争的结果不是大家共受益，而是同归于尽。”然后，他接着说，“我们或许还会去追求她的朋友。可是，这些女人会觉得自己被当成了备胎，因此会断然拒绝这种追求。”他又建议道：“如果没有人追求那个金发美女，会发生什么？如果4个男人都与那4个女子中的一个搭讪，那么我们就不会彼此竞争，也不会让所有姑娘觉得受到了侮辱。”说到这里，他微微一笑，“这是我们成功的唯一法门。”说完这句话，他就跑出酒吧，花了一整个晚上把自己的这番顿悟记录了下来。

这个桥段为我们很好地介绍了博弈论的一个主要概念——根据电影中纳什的归纳，亚当·斯密让我们相信：“一个团体中每个人都为自己谋求最大利益，则这个团体就能获得最好的结果。”但电影中纳什还补充道，有时候“一个团体中每个人都为他们自己和团体谋求最大利益，则这个团体就能获得最好的结果”。

“囚徒困境”提供的关系法则

博弈论的基本理念还能够用“囚徒困境”来诠释。在这场著名的思维试验中，两个罪犯即两个同案犯被逮捕了，他们被分别关到两个牢房里接受审讯。他们都被告知：“如果你保持沉默，你会被判处一年徒刑；如果你出卖同伴，你会获得自由；但如果你的同伴出卖了你，你就会蹲两年大狱。”出于竞争性的私利，两个囚徒实际上都有动力去出卖对方。然而，就如同下图所显示的，如果两个囚徒互相出卖，则他们获得的结果是一起蹲两年大狱，如果把这两个囚徒视为一个整体，则这个结局对整体来说是最糟糕的；但如果他们是一条心，则他们获得的结局是都坐一年牢，如果把这两个囚徒视为一个整体，则这个结局对整体来说是最好的。

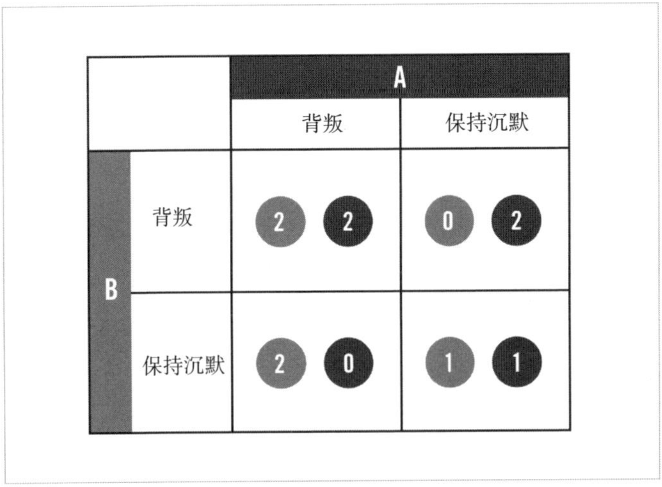

图 11　囚徒困境

囚徒困境在管理方面有着有趣的意义。首先，囚徒困境意味着在某些情况下，合作比竞争更好。这一点看上去很明显，然而许多管理者还是觉得，公司间可以有良性竞争（这也是自由市场的生命线），那么公司内部也应当有良性竞争。20 世纪一些最为传奇性的管理者高度推崇这种“竞争精神”，有意识地让员工之间和各部门之间产生对立。杰克·韦尔奇创建了分级平等制度，在这个体系里，员工发现自己所获得的评价都是相对于其他人的，这种方法在许多领导者和许多行业内大受欢迎。鼓励合作在更多的时候仅仅是贴在汽车保险杠上的标语，而不是管理者真正的作为。然而，在一个互相关联的环境里，能否有效合作关系到生死存亡。

我们正在陷入一个现实版的囚徒困境。每个机构都害怕分享信息会损害本机构的利益。机构之间的竞争让它们不太愿意输出信息，它们害怕兄弟单位不会做出相应的回应。如果每个机构都能够配合，则我们会取得对我们整体而言最好的结果，但要取得这样的结果，我们首先要克服囚徒困境。

然而，要想促进合作可谓知易行难。要想做到这一点，所有“囚徒”从一开始就必须知道整个决策体系，而不仅仅是知道有哪些选择摆在他们的面前。如果他们只知道自己可以做哪些选择，这些选择给自己所带来的命运又是什么，则他们中的每一个人都会选择背叛同伴。只有当同时知道同伴所面临的风险，他们才能了解自己的所作所为从全局来说意味着什么。而我们改变物理空间的布局、举办作战情报简报会议这样的论坛、追求信息分享方面的透明度，其目的正在于此。

当然，还有其他一些因素在起作用。每个“囚徒”在系统性地了解了全局后，都会理智地认识到与自己的同案犯合作是有利的，但问题在于他或她无法确认自己的同案犯会不会也这么想。毕竟，从自私的角度来说每个案犯的“占优策略”[①]是背叛同伴。即便囚徒们能够意识到全局，他们对于同伴是否会忠诚于自己也没有信心。

我们需要真正的合作、透明度和互信，而不是停留在理论上的，把所有人安排到同一间屋子里只不过是个开始。[②]但如果我们想要的是发自肺腑的、团队式的互信，我们的工作还要做得更深入。和囚徒们一样，我们各团队间的联系越强韧，则我们的合作越有可能提高到符合要求的水平。

当我们刚刚开始培育共享意识时，我们还没有认识到克服文化上的障

---

① 占优策略（dominant strategy），博弈论中的一个概念，指无论竞争对手如何反应都属于本企业最佳选择的竞争策略。——译者注

② 这里还可以补充一点，把囚徒分开是我们学得比较彻底的一招：当我们拘押恐怖分子嫌疑人时，如果我们把他们塞在同一间牢房里时，通常都很难让他们开口；当把他们分开时，说服他们提供信息就简单多了。

碍会这么难。当我们的兄弟单位来到你的办公桌旁时，他们都已经有了几十年的历史，并且有自己独特的看待问题的视野。在他们看来，在他们自己的视野之外发生的任何事情都与自己无关。情报机构想的是通过人力情报资源或技术搜集手段，建立一张网络来了解实际的情况；外交机构想的是建立一套长期稳定的机制；反恐部队想的则是“夜复一夜”地在战场上解决掉实时看到的问题。所有这些机构看待问题的视野都有其价值，但都无法单独获得整体的成功。因此仅仅抽象地告诉它们全局情况是不够的。

为了实现“交叉功能”，我们与兄弟单位之间的关系，必须和作战行动团队及其成员之间的关系一样紧密强韧。在很多时候，我们仅仅把兄弟单位简单地看作我们能够要到一些什么东西，并且要输出一些什么东西的对象。后来我们进行了改进，开始将我们与兄弟单位之间的关系看作一张网络内各个部分之间的关系，而不是一台机器中的一个零件，你输入初始条件，它就要反馈出结果。我们所需要的关系绝对不仅仅是简单的利益交换。如果我们能够在各个兄弟单位之间培育出这样的关系，则当发生紧急情况时，一方能够对另一方说：“这次相信我。”然后把事情就给办完了。

连接断点的交换制度：嵌入计划

我们最具争议的行动莫过于“嵌入计划”，这是一种交换制度，大约在 2003 年后半年开始施行。根据这种制度，我们会从一支团队中抽取一个人分配到另一支团队里工作 6 个月，比如，把一名陆军特种部队的作战人员调到海豹突击队中工作 6 个月，或者把一群分析师调入海豹突击队工作6个月。之所以这么做，是希望让我们的行动作战人员从其他团队的角度来看一下整场战争，同时他也可以与其他团队的人建立起私人关系，这样一来各团队之间的关系就十分融洽了，而这种融洽以前只会出现在一支团队内部。

正如可以预见的那样，一开始这种做法遭到了强烈的抵制。有人告诉我："我们各团队的训练方式都是完全不同的。"还有人告诉我，突击团队中各成员经年累月地一起工作，才培养出牢不可破的关系，如今强行塞进来一个外人，这等于要团队承受额外的风险，要知道这些突击团队执行的已经是最困难的任务，如今要他们承受这些额外的风险既不明智也不公平。简而言之，在特种行动部队人员遴选、训练和战斗的历史上，还没有过此类做法，而且这种做法简直就是离经叛道。但我和其他一些领导者认为，我们将不得不把特遣部队中所有的精锐部队融合到一个全新的高度，要想打赢这场战争，只能依靠一个紧密联系的组织。

当我们执行这样的交换计划时，我们所看到的一切似乎都没有脱离一位社会学家的预言。虽然这是一个带有强迫性的命令，可一旦指令下达，精锐部队还是自然而然地把自己最优秀的作战人员和军官送出去。这些被送出去的人代表的是各自的组织，因此团体荣誉感让这些团队要把本团队内的精英输送出去，而这些团队本身就已经是经过精挑细选的楷模了。这些顶尖的人才往往天然地就具备与其他人进行沟通的能力，更何况他所在的环境中，领导者和个人的作战能力也是同僚衡量他的标杆。

打个比方，我们会要求陆军特种部队的作战人员嵌入海豹突击队中去。陆军特种部队的特点是个人高度的纪律性，而海豹突击队的每个作战人员都以自己的创造性思维为荣，并且具有强烈的个人意识。由此可以预测，陆军特种部队作战人员来到海豹突击队工作时难免会有冲突产生。但特种部队的作战人员很快就会意识到海豹突击队的文化标准，在保留原部队赋予自己的气质的同时，也会积极寻找有效方法融入新的环境。随着时间的推移，他们会看到海豹突击队处理问题方式的积极一面，最终从海豹突击队的团队文化中汲取营养，并带回到自己的团队中；而海豹突击队也会看到陆军特种部队的文化优势，意识到在本团队中所宣扬的个性文化，如果能够辅之以严格的纪律性，则会力量倍增。此外还有一点额外的好处，如果B部队的一名作战人员，比如小布被交换到了A部队，则A部队不会把小布看成一次性的特例，而是将小布视为B部队的代表，这样A部队对小布的感情和信任会扩展到整支B部队，即便在B部队中，A部队只认识小布这么一个“交换生”也是如此。这种关联性的肌体组织会越长越强韧。当这些“交换生”回到自己的原属部队时，他们对原先是竞争对手的部队的赞誉将扩散开去，从而加强两支部队之间的联系。于是，我们就能够慢慢地获取我们所需要的团队间的互信，从而战胜我们团队中所存在的“囚徒困境”。

同样，我们也拓展了我们的联络官派遣制度，开始向兄弟单位派遣联络官。联络官是制度性的外交官，用来将各机构串联起来，比如，我们特遣部队会向中情局派出联络官，中情局也会向我们派出联络官。传统上，这种联络官都是临近退休的人，或者说在本机构中不受欢迎被打发出来的人。他们的职位丝毫也不令人羡慕，而且被接收的单位视作间谍——他们只会坐着开完一个又一个的会议，然后向原属单位发报告。他们几乎不带来任何东西，而且很少受到信任。

然而，随着“接口”的重要性越来越凸显，我们意识到，向兄弟单位派出一个能力强一点的关键联络官，从而加强我们与兄弟单位间的关系，这样做可能是有好处的。事实上，我们最优秀的一些关键联络官同样也是我们在战场上最好的一些领导者。我们开始挑选出一些世界级的突击队员，他们能狙击、能玩快绳、能遂行高空伞降，让他们穿上普通人的衣服，把他们放到距离战场数千英里的大使馆中，因为我们知道我们必须与驻扎在那里的外交大使和其他部门的领导层培育起良好的关系。所有人都不情愿将最好的指战员从战场上调离，但通过这种做法我们确实获得了巨大的好处。

我们的目标分为两个层次。首先，我们希望更好地了解，从我们兄弟单位的视野来看，这场战争的面貌如何，从而使我们对整场战争的看法更为全面、理性。我们每天都能近距离看到伊拉克“基地”组织的一部分，但我们知道，它们只是一个更大的全球金融、武器以及意识形态体系的一部分，而关于这个体系，其他人比我们更加了解。其次，我们希望我们所派遣的联络官能够为我们兄弟单位所进行的行动提供帮助，这样我们就能在整张网络的各个节点之间建立起互相信任的关系。

我们都成了“关键联络官控”。我会和我的指挥官花费数个小时亲手为各个岗位挑选性格和技能最合适的人手。我们派往安曼大使馆的联络官和我们派给参谋长联席会议主席的联络官完全是两码事。我们知道，在某些关键岗位我们需要一些超级明星去压住阵脚，比如我们派往中情局的关键联络官，并且我会坚持这些关键位置上的人选必须已经在其他地方证明他本人确有才干。如果将我们的全球事业看成一个机体，则心脏就在战区的核心位置，而关键联络官是我们的神经末梢。

在提名一些关键位置的关键联络官时，我们遵循两个标准：第一，如果这个人从你的团队中离去让你觉得无所谓，那么肯定要换一个人；第二，如果这个人半夜两点打电话给你，你却认不出他的声音来，那么肯定要换一个人。过去，我们或许根据级别、岗位来做出决策，有时候还会考虑人选对自己职业生涯的期望；但现在为了把事情做对，个人素质的考量压倒一切。这些人要进入一个未知，甚至有时候是敌对的、官僚气十足的环境，然后与那里的领导层建立起互相信任的关系，这是一项十分困难的任务。

一旦各位关键联络官就位，他们就不能“身在其位而心不在焉”，而这往往是一种通病。他们也不能仅仅被视为去增援了其他机构；相反，我们还是把这些人看作宝贵的资源——当然，前提是我们挑选了正确的人选，并且给予适当的支持。

在此之前我们就知道，如果这些人被派出去后能够起到作用，这些关键联络官就必须与那个机构的高级领导人有所接触，并且受到信任，但这一点并非轻易就能做到。

互信关系的建立：联络官计划

康韦（化名）少校的招待会让人感到害怕。在一个不稳定的中东国家，美国大使馆刚刚不情愿地允许我们特遣部队派去一名联络官，和他们一道进行范围更为广阔的“反基地”组织战争。但当这名被战火淬炼得刚强无比的海豹突击队军官出现在那里时，对方还是明显表现出了某种保留，而这种保留其实也是可以理解的，因为对方担忧的是敏感情报会不会泄露以及特遣部队的作战部队会不会出现在现场等。有些担忧非常庸俗，就好像新人来了会在大使馆内抢走他们的一席空间；有些担忧则深深根植于两个机构之间的文化差异。这些担忧和恐惧，大部分是没有根据的、很自然的，但它们的的确确构成了障碍。

我们选择康韦是经过深思熟虑的。他块头很大，浑身洋溢着活力，积极乐观，乐于帮助他人。在过去执行任务的过程中，他曾经穿着防弹衣，戴着夜视镜，蹑手蹑脚地在安巴尔省与伊拉克“基地”组织的战士走在一起，但他现在的新任务是让新同事们接受他。在伊拉克，康韦少校曾经不得不出生入死，如今他却不得不收敛起他自负的一面。

在新的岗位上，他一开始无法接触到任何情报，也没有任何事情可做，于是康韦自愿去倒垃圾。每个下午他都一个办公室、一个办公室地跑，把垃圾收集起来扔到垃圾箱。当他发现大使馆中的一个同事喜欢吃去骨鸡胸肉三明治后，康韦立刻让特遣部队派来的人下次多带一些这种三明治。要知道，一个海豹突击队队员的训练过程要花费美国政府数十万美元，这样的人却在三个月的时间里光荣地充当起了垃圾收集员和快餐外卖员。

然而，当伊拉克首都的局势恶化时，大使找到了我们的关键联络官康韦并且询问他是否知道如何进行武装保护，以及如何应对日益严重的伊拉克“基地”组织威胁。我们的康韦少校立刻给出了大使所需要的答案，他说：“我知道，我接受训练就是做这个的，而且我能比你预想的干得更好——先让我打个电话。”很快，特遣部队全部的资源都听候大使馆内那支跨部门团队的调遣。我们的关键联络官在那里做的都是集体感很强的事情，从收集垃圾到反恐，莫不如是。而特遣部队与驻该国外交团队的关系也立刻变得紧密起来。我们网络中的又一个节点上线了，并且开始发挥很大的作用。

我们发现，将一些重要的关键联络员放在其他部门是十分必要的。和康韦一样，特遣部队的许多人都能够凭借自己的人格力量和天赋完成很多事情，但这些人也需要特遣部队提供一些日常帮助。我将我们的关键联络官设想成旧式的潜水员，嘴巴通过一根氧气管与水面相连。他们能否起到作用，要看我们能否向他们输出资源和信息，让他们能够变得有效，并且成为他们所派驻机构需要的人。而我们的兄弟单位所能给出的东西中，最有价值的莫过于他们对于我们正在进行的这场反恐战争的看法，毕竟我们自己的视角是受限的，对战争全貌的理解是模糊的。所以我们不停地向关键联络官提供情报，并且授权他们只要觉得合适就可以将这些情报分享给他人。信息分享是很关键的，因为我们或许有一天也会请求先前曾经受益的机构反馈一些东西。在理想状态下，一个关键联络官会与诸如国土安全部或者国家地理空间情报局这样的组织建立起非常棒的关系。比如，当我们真的紧急需要一些敏感信号或者图像情报时，这些数据就会快速、全面并且没有任何拖泥带水地来到我们面前，只要打个电话，对方绝对不会用官僚主义的客套来搪塞我们。由此我们对目标的追踪、识别能力也就进步了。

随着兄弟单位开始欣赏我们的关键联络官，他们也开始向我们派遣关键联络官，于是我们这里的人才库稳定膨胀。因为我们的兄弟单位开始意识到，他们派来的关键联络官越得力，则它们一旦遇到至为艰难的任务时，就能越快地得到特遣部队的帮助。原先战情沟通室周围空出来的椅子如今都坐满了人。联合事务特遣部队充斥着来自美国各地的分析师。海豹突击队基本水下爆破训练在那些满怀抱负的海豹突击队队员之间建立起横向联系，而我们这种合作方式不单单能够让特遣部队内部的各团队之间加强联系，还能让特遣部队和兄弟单位之间加强联系。没有这些兄弟单位的合作，我们就难以赢得这场战争。随着这种联络关系的增加，各兄弟单位派出人员的素质也越来越高，他们通过这种方式表达了对我们的热情。如果派来的是一个没什么才华的公职人员，这往往说明派他来的机构筑起了一道石墙拒绝良好的协作；而如果派来的是一个“超级明星”，则说明他们迫切地希望参与我们的事业。

随着内部“嵌入计划”和关键联络官计划的实施，加上作战情报简报会议的不断成熟，我们开始消除内部竞争和阻碍合作的障碍，互信的联系开始形成。来自各个地方的人发现彼此之间越来越熟悉，甚至连新来的人现在也融入了这个亲密、互信的整体，毫无疑问大家都受益匪浅。最重要的是，这并不是一个零和游戏：你向体系投入得越多，则你能获得的反馈就越多。

而最能说明这种地盘主义正在消失的，莫过于空中资产的交换，而空中资产一直是让人垂涎的一个领域。

系统理解和充分互信是培养共享意识的基石

在漆黑的夜幕下，30 名作战人员小跑着冲向一架停留不动的直升机。螺旋桨的叶片旋转着，拍打着跑道上沙漠中炙热的空气。就在 10 分钟之前，这支部队刚刚听取了有关此次夜间任务的最后一次简报。他们将搭乘直升机飞行 35 分钟，然后步行将近一个小时对目标展开攻击。他们此次出击的目标，是抓获一名伊拉克“基地”组织的中层行动人员。他们认为，这名目标人物掌握着重要的情报，如果能够成功抓捕并且撬开他的嘴巴，就有可能抓获当地一名更高层级的敌人首脑。对于这些战士而言，在他们所有人的军旅生涯中，这并不是什么太过让他们难以置信的任务，不过这次夜间任务是他们理解并瓦解敌人网络组织的重要一步。

作战人员都坐在了自己的座位上，军官最后清点了一下人数。突击指挥官接入了直升机上的无线电台。只要打开一个开关，他就能和直升机上的手下、直升机驾驶员和位于司令部的领导对话；他还能听到他所隶属的司令部和全国其他地方各突击小组之间的对话。当他听到命令时，直升机驾驶员正在做最后的检查。

“利马 2–1，这里是利马 0–3。”通过无线电说话的是他的上级军官，此刻这位军官正坐在距离直升机 500 码（457.2 米）外的作战中心。或许，突击队指挥官此刻希望听到的是关于目标区域情况的最新通报，这片区域如今正被美军的情报监视与侦察系统牢牢紧盯，相关数据正源源不断地被输送给作战中心。

突击队指挥官说道：“2–1 收到。”

“2–1，我们刚刚得到消息，情报监视与侦察系统被调到巴格达去监控另一个重要目标了。现在我们这方面的最低需求也无法被满足，我们得放弃了。”

突击队指挥官觉得很泄气。直升机驾驶员也听到了这几句话，扭过头来与突击队指挥官进行了一下眼神上的交流，他把手切在自己喉咙上，示意已经听到了刚才司令部传来的话。突击队指挥官点点头，然后通过无线电回复：“收到，0–3。放弃任务。”

于是驾驶员关闭了螺旋桨。

“我们没有情报监视与侦察系统了，先生们，我们得放弃任务。”

在黑暗中，他看到队员们摘下头盔，都把头摇得跟拨浪鼓一样。要知道，这是连续第二个晚上他们失去了原本属于他们的“资产”。

现在，我们会对“捕食者”无人机、小型有人驾驶的涡轮螺旋桨飞机（比如，比奇空中国王）进行改装，并装备上侦察设备，这就是所谓的“情报监视与侦察系统”。如今，这种装备已经成为我们在伊拉克和阿富汗进行战争的关键因素，其重要性在此前的历次战争中前所未见。情报监视与侦察系统大幅度增加了我们搜集目标情报、发现新目标的能力。在突击行动中，这种系统能够将地面上多个地点的实时全运动视频传送过来，而先前指挥官不得不布置大量部队将目标地点团团包围，防止目标逃跑。现在它可以更有效地分配力量，防止敌人增援部队的到来，堵住目标逃跑的线路，从而将突击部队的人数削减到最少。没有情报监视与侦察系统，每次突击就可能要多调动一个排甚至更多的部队、更多的直升机和其他增援力量。简而言之，一支部队能够拥有更多的情报监视与侦察系统，则它们所能够执行的作战任务也就更多。

在我们特遣部队内部，对于情报监视与侦察系统的争夺是很激烈的。在这场战争的早期，高级领导层最耗时的一项工作就是决定如何部署我们有限的情报监视与侦察系统。当一个地面指挥官不得不交出他手上的情报监视与侦察系统时，往往会在特遣部队内部引起震荡，受影响部队的士气都有可能遭到沉重打击。在地面作战人员看来，前一刻他们还有一架直升机或者一架“捕食者”，下一刻就没有了。在他们眼中，就是有人抢走了自己的装备——这就是个零和游戏。他们确信，已经没法完成自己的任务了。

当他们对整场战争的全局有了清晰的认识时，就会开始信任自己的同僚。与那个决定是否要背叛同案犯的囚徒一样，我们指挥员对于整个上级决策的背景有了整体的了解，对于拿走自己资产的人有了了解，则他们对自己的需求得不到满足这一点的看法也会成熟起来。在过去，对于指挥官而言，指挥官管辖范围之外的世界就是一个“暗箱”，一旦资产脱离了自己的掌握，在他看来就是失去了资产。一旦他们了解这些资产为什么要离开自己的掌控范围，以及在离开自己掌控范围后是被如何使用的，他们也会立刻理解这一点，并且尊重现在掌控这些工具的人，情况已经有所改变了。

在过去，决策都是关起门来制定的；而现在，有关资源分配的话题就在作战情报简报会议上，当着所有人的面进行。一个在伊拉克与特遣部队一起工作的海豹突击队士兵说道：“当我们一直在我们组织内低级别人员的面前谈论这一话题时，我们都能看到在哪里战事很激烈、在哪里并不激烈，哪里的人最需要情报监视与侦察系统。此外，有时候我们还会发现，交出这些资产其实对我们还是有利的……”有了这样的认识后，他们也能够确信，如果他们要执行一项至关重要的任务，也会在必要时拿到他们所要的装备。对于整个机构的整体理解意识如今贯穿了各个层级。

随着整个机构内人际关系的深化，部队指挥官会主动交出珍贵的装备，有时候即便手下的人一开始感到惊愕、泄气，他们也会这么做，因为他们相信这些装备交到了更需要它们，并且在执行更关键任务的团队手里，而且他们也开始发现，自己这样做很快就能获得实质性的回报。这样一来，即便团队中最为多疑、强硬、好斗的作战人员，也会开始对其他团队产生信任。突然之间，“囚徒困境”就被我们克服了。

我们通过不断的试错，找到了应对特遣部队中“囚徒困境”的办法，但我们之后就发现，博弈论学者也持同样的观点。1980年，密歇根大学政治学教授罗伯特·阿克塞尔罗德设计了一款程序，让互动计算机来模拟一次“囚徒困境”式的锦标赛。在第一轮中，一些领袖级博弈论学家提交了总共 14 条输入记录，内容涵盖经济学、心理学、数学和政治学，在初始策略和代码复杂程度上也各有很大差别。然而，赢得比赛的策略只需要包含 4 条代码。[1] 这组代码是由多伦多大学教授阿纳托尔·拉波波特提交的，程序的名字叫“以牙还牙”。该策略总是以合作开场，然后照搬其他玩家的上一个动作，如果其他玩家合作，那么这个策略也会合作；如果其他玩家背叛，则这个策略也会背叛。这个程序的目的倒不是怨毒的报复，因为如果它的对手在背叛后重新开始合作，则“以牙还牙”也会再度合作。在第二轮比赛中，更多的输入记录被提交给计算机，但依旧是阿纳托尔·拉波波特的策略胜出。这一程序之所以能够成功，是因为它默认的行为选项是信任与合作，并惩罚那些具有自私行为的玩家。然而，就像研究和平与冲突的专家所指出的那样：“一旦自私的行为出现就予以惩罚，自私行为什么时候结束则惩罚也结束。这种做法可以被认为是一种非常有效的制裁，可以让另一方迅速发现合作的好处。”[2]

诺贝尔奖获得者、认知学家丹尼尔·卡尼曼认为人类在心理上有两条截然不同的决策路径：“第一体系”自动地、迅速地做出决策，而“第二体系”则深思熟虑地、处心积虑地做出决策。[3] 我们经常性地、条件反射地使用“第一体系”，比如当着某个人的面发泄情绪；而在我们权衡利弊做出艰难的决定或试图进行错综复杂的计算时，则会采用“第二体系”。我们在观察特遣部队时，发现当采用“第二体系”做出决定时，各团队就会开始进行合作了（“如果我现在帮助他们，他们未来也会帮助我们的；合作对我有利”），而不断的合作带来的丰硕成果，使各团队今后只要依据条件反射性的“第一体系”做出决定，就会开始与其他团队合作——换句话说，在这种情况下真正的信任就出现了。进一步来说，这种信任会产生关键性的效果：一旦这种信任的程度超过了一定门槛，则信任就会成为常态。

能说明这种共生现象的最佳例子，莫过于我们新近获取的打击“接下来的目标”的能力。

伊拉克“基地”组织由地理上散布在全国的、一群又一群的战士组成，他们的关键领导层一直在移动状态中，即在各个地理中心之间来回转移，从而分享信息，并且指导他们网络中的战士。如果“基地”组织是一个机体，则各地理中心的战士就是肌肉，不停移动的领导者就是氧气，负责为这些肌肉提供力量，伊拉克的道路就是循环系统，让氧气顺着这些血脉流通到各处。在白天，他们进行长距离的移动，因为伊拉克“基地”组织知道我们的夜视设备和夜间侦察设备使我们在夜间具备优势。所以，如果想要撕碎它的网络，我们不仅仅要拥有黑夜，更要在白天阻塞它的“氧气”输送。

理论上讲，在白天拦截伊拉克“基地”组织的领导层是一件简单而优雅的任务，作战人员和情报官员在白色写字板上画图讨论着就制订了计划。如果现实生活和电影中的场景一样，则部队会立刻发起行动；但在真实的战场上，纸上谈兵要想化作真正的行动，伴随而来的是无数看似无趣的后勤问题——如何在交通高峰时段跟踪一辆车？如何截停一辆车？我们的直升机能否以足够快的速度从我们的驻地抵达这辆车的位置？在作战人员靠近目标地点时，他们又如何确定自己所瞄准的目标是正确的？问题的清单还有很长，如果要取得成功，需要我们最好的地面作战人员、直升机驾驶员和作战指挥中心完美的协调配合，而我们头顶上的情报搜集平台也要给力，不断地根据我们整支部队的情况调整适应、提供情报。

一个典型的任务环是这样运转的：我们在黑夜对目标发动完袭击后，攻击部队会返回基地做任务简报，并且确保情报分析师能够进一步挖掘自己所获得的情报；天亮后，作战人员先吃顿热餐，然后上床睡觉，此时，他们在夜间的工作就算完成了；与此同时，在白天工作的情报团队继续监控目标。过去作战人员和情报分析师之间的互动曾经是滞涩、机械的，如今却是流畅而自然的。他们互相信任，并且清楚与对方合作符合自己的利益，也符合整体的利益。

在我们所进行的一次突击中，那间被瞄准的建筑物曾经是一群敌方战士的安全屋。就在那天临近中午的时候，前一天奋战了一整夜的行动人员还在睡觉，空中的侦察平台发现了一辆汽车冲向了一片院落——那里在几个小时之前还爆发过枪战。这段模糊的黑白视频吸引了白天工作的情报团队的注意。他们看着司机和其他两个人把车停在这片院落外面，自己走了进去，他们看上去对昨天晚上这里发生过什么并不清楚。所有的眼睛都紧盯着行动中心前方大屏幕上这三个模糊的人影。这些人进入院子后动作明显慢了下来，似乎发现了事情不对头。他们停下来四下观望，很可能对这里的万籁寂静感到有些恐慌。他们呼唤自己的朋友，但没有人回应，于是他们开始谨慎地移动着。或者他们看到了地面上的废弹壳，或者看到了新的碎玻璃碴子，三个人立刻停了下来，面面相觑了一会儿，然后冲向自己的车辆。

一个年轻的情报分析师立刻冲到她办公桌上的安全电话前，她 23 岁，第二次被部署到前线参加战斗。没有人指导她的行动，如果她不做任何事，也没有人会斥责她。但她知道要找什么，并且立刻找到了。她意识到此时这个院子在这场战斗中的重要性，并且立刻与支援夜间行动的情报团队取得联系。至关重要的是，她知道具体应该联系谁，她打这个电话不是为了告诉谁，也不是为了请求允许，而是为了开启一次行动，而她也达到了目的。

“在昨天晚上行动的院子里，现在有目标移动。一辆车抵达，三个人下来了，然后他们意识到那里爆发过战斗，于是跳回车上，向东狂驰。”她对电话线那一端的作战人员说道。

“行动！”那名作战人员对伙伴们吼道，他们立刻拿起装备。此时距离那部车开动已经过去了 60 秒。

那名作战人员重新拿起电话说道：“好嘞，我们看着它呢！”如今，他已经能够在自己的作战室内看到同样的视频图像了。他用免提电话与她保持联络，这样她的意见就能指导他的团队成员。她把监控视频中的所有信息都详细解释给行动人员听，他们一边看着电视，一边进行准备，整个作战中心在 60 秒内就从不温不火变得热火朝天，或许在作战中心前的屏幕上，还标出了车辆行进的路线。直升机引擎开始轰鸣，作战人员冲向他们的登机点。此时距离车辆逃离只有 4 分钟。

车辆开始向东疾驰，行动团队也开始沿着敌人可能逃窜的路线布置火力以试图拦截。他们估计自己拥有 40 分钟的时间窗口，如果一切进展顺利，他们很快就会知道这三个人是谁。

在迅速了解了事发区域的最新情况后，这些作战人员小跑着冲向 200 米外正在等候着的直升机。40℃的酷热天气让他们已经汗流浃背，在靠近那些旋转着的螺旋桨叶时，他们低下头走了进去。一些人把自己绑在 MH–6 小鸟直升机外面的长凳上，另一些人则爬到了更大的 UH–60 黑鹰直升机的里面。直升机起飞了，基地的影子也消失在他们背后。此时距离车辆逃离过去了 8 分钟。

就在作战人员还在直升机里时，跟踪目标车辆行踪的现场直播画面已经被传送到了全国多个指挥部。直升机内的作战人员能够实时收到目标车辆及其一切可疑行动的最新报告。就在车辆还在选择自己的逃亡线路时，潜在的、可以作为拦截地点的名单缩小了，而且直升机和突击队领导者也优化了行动计划。最后，只剩下一个可行的拦截地点了，于是直升机划过了地平线，调头向那个方向飞去。侦察平台通知作战人员和情报团队，目标车辆一直在往设定的拦截地点行驶，他们预计还有 3 分钟到达。整支突击队实时听取着信息，并且最后检查他们的武器，准备开启拦截。

“车辆正在减速停下。”一名正在作战中心的分析师通过无线电说道。如今，这个声音是所有作战人员所熟悉并信任的了。“那辆车停在路边了……距离拦截地点 2000 米……另一辆车在旁边停下了。”

作战人员等待着。

“好嘞，第一辆车里的一个人到了第二辆车里了。两辆车分开，朝着截然相反的方向开了。第一辆车距离拦截区域还有 2 分钟车程。”

突击队指挥官知道接下来就要看他的了。如果有任何的犹豫，他们就可能两边都失手。“对第一辆车执行拦截，”他对自己的直升机驾驶员说道，直升机立刻直接冲向拦截区域。然后，突击队指挥官打电话给作战中心，告诉那里的人，“分配一个平台去追踪第二辆车。它可能是我们‘接下来的目标’。”当他将这些指令在通用电台网络中说出来时，整支团队都听到了。直升机上有人点头，从飞行员到突击队员再到作战中心里的情报分析师，此时都对当时的局势和计划了然于胸。

与拦截区域不断接近了，空中侦察平台随时随地指导直升机追踪着第一辆车。他们把直升机降落在一个完美的地方，迫停了目标车辆。螺旋桨所激起的沙尘和引擎的噪声让地面上被截停车辆的两个人有些晕头转向。他们还没来得及继续发动车辆，作战人员就已经打开了机舱门，将两名嫌疑人控制住了。目标车辆里尽管有武器，但两个目标嫌疑人都没有时间去拿。在几分钟内，嫌疑人在现场被盘问，同时他们的车辆也被搜查。两名嫌疑人迅速吐露了实情：他们不过是在当地参战无足轻重的小角色而已，有人让他们在白天开车送一下更高级的作战人员。而我们的作战人员也只需要听到这些。

“老大，抓错人了。”一名作战人员通过突击队内部的无线电台说道。这也是任务展开以来，他第一次说话，但他对过去20分钟的所有变化，以及这些变化的背景信息都了如指掌。突击队指挥官再次毫不犹豫地采取了行动。

“把他们带上2号机。”他通过无线电台说道，“重新回到‘小鸟’上，我们要去抓第二辆车。”

整个任务进行了重新调整。在直升机上，全新的计划被制订出来。作战中心的情报团队追踪第二辆车的方向，确定新的拦截点，并且与直升机驾驶员进行沟通。整个特遣部队的注意力一致转向新的目标。直升机第二次着陆，作战队员们冲向第二辆车，车里的伊拉克“基地”组织高级成员被拘押，这意味着从伊拉克“基地”组织的血管里抽掉了一部分氧气。此时距离第一辆车驶离那个院子不过46分钟。

没有任何上级军官规划过此次行动，甚至没有任何军官实时指导此次行动，所有方案都是在地面上通过密集的互动出现的。我在这种局势下只能充当旁观者。这种行动的成功要诀在于，通过作战情报简报会议，让所有人都了解背景信息，同时为了打破“囚徒困境”所造成的挑战，还要通过“嵌入计划”和“联络官计划”在各团队间建立起牢固的联系。只有深入地互相熟悉才能使这些不同的团队亲密无间地在一起合作——将身家性命交给彼此。表面上时间效率降低了，但其实这正是我们调整适应能力的基石。

整体系统的理解和牢固的互相联系是两块基石，正是这两块基石合在一起，才让我们具备了共享意识。这两块基石与MECE有很大的不同，我们在一生中大部分时间里秉持的是还原论的教条，但在新的环境里、在应对新的威胁时，这两块基石见效了。除了共享意识的两大基石外，还要有另外一些因素配合，而这些因素在一个较低的层次确保我们的小型团队能够在几十年的时间里获得成功。比如“看到整个体系”，这其实是一个放大版的目标分享原则，它使我们的作战人员知道整体背景和自己的责任，从而处变不惊；而团队之间的联系被我们用来打破“囚徒困境”，这也类似于团队成员之间的互信。就如同我们在第六章中所讨论的一样，将团队的一些特征在更大的范围内实现，构建一支由小团队构成的大团队，是我们需要做的事情。

而需要这种方法的人不仅仅是我们。

用共享意识革新“深井”式架构

2014年4月1日，通用汽车首席执行官玛丽·巴拉步入了一间昏暗的、被木板围拢起来的房间，房间里满是摄像机，坐满了国会代表。[4] 来自宾夕法尼亚州的共和党国会代表蒂姆·墨菲开启了听证流程：“现在我召集这次听证会，听证会的主体是国会监督和调查小组委员会，听证会的主题是——通用汽车的点火开关有问题，它为什么要过那么长时间才被召回。”

在两个月前，通用汽车宣布召回80万辆汽车时，这个问题就萦绕在公众心头。[5] 雪佛兰Cobalt和庞蒂亚克G5两款车使用了一款有问题的点火开关——开关里一个薄弱的弹簧使得车主只要给钥匙略一加力，哪怕是膝盖撞了一下，或者钥匙串太重挂了一下，都会导致熄火；而点火关闭也使得气囊无法弹出，从而使这个故障的危险性极大地增加了。

这个问题的代价是高昂的。雪佛兰Cobalt和庞蒂亚克G5因为价格不算很贵，父母经常买给孩子，作为孩子人生中的第一辆车，因此许多因为这一设计错误而丧命的都是十几岁的孩子。然而，让公众最为震惊的还不是这个点火开关问题的存在，甚至也不是受害者的年龄，而是通用汽车宣布这一问题所花费的时间。[6]

国会代表墨菲对通用汽车十分怀疑，他在被挤得满满当当的听证会现场说道：“2004年雪佛兰Cobalt问世，消费者就开始抱怨点火开关的问题。在2004年和2005年，通用汽车的工程师曾经两次考虑过这个问题，甚至琢磨出了或许能够解决这个问题的修理方法。但是通用汽车高层还是觉得‘作业成本和单位价格太高’，而且‘所有这些解决方案都是以往的商业案例里所没有的’……直到2013年12月，公司才最终下定了决心……此时距离消费者首次抱怨雪佛兰Cobalt的点火开关失效已经过了10年。”[7] 在这10年里，至少又有13人因此死亡。①

① 通用汽车正式承认13人的死亡，是雪佛兰Cobalt和庞蒂亚克G5的点火开关问题导致的，但总共有153名死者家属提出他们亲人的死亡是这一问题的后果。[8] 而在通用汽车的官方数据里，只包括那些在正面碰撞的车祸中，因为气囊没有打开而导致的死亡人数。

通用汽车似乎成了终极恶魔公司。戴安娜·德盖特是来自科罗拉多州的民主党国会代表，她感叹“那个导致车祸的小部件，其成本只有几个便士而已”[9]，然而通用汽车就是没有更换它。在4个小时的时间里，义愤填膺的政治家们轮番质问、斥责巴拉，而媒体的报道也聚焦于通用汽车的贪婪。

然而，事实情况更加错综复杂。这看上去像是一种冰冷的计算——把利润凌驾于年轻的生命之上，但其实这是一种体制上的疏失，与管理有关，当然也同样与价值判断有关。这是一个信息“深井”和内部缺乏互信的典型而悲剧性的案例。

41岁的阿尔弗雷德·P.斯隆是一名经验丰富的执行官，1918年加入通用汽车。通用汽车创立者威廉·C.杜兰特当时收购了联合汽车公司，而这家被收购的公司正是斯隆的前东家。[10]当时正在涌动一股企业兼并浪潮，对于美国商界来说，这是一个令人激动的时期，尤其是对于新兴的汽车行业而言。8岁的通用汽车已经确定了自己市场领导者的地位，并且正在迅速成长着，但杜兰特的兼并浪潮也导致了问题。杜兰特固然具有远见，但他无法将自己旗下的公司捏合成一个有机的整体。阿尔弗雷德·D.钱德勒认为，这家公司缺乏“任何有效的总体行政框架，没有清晰的权责分工和沟通渠道，整个公司的运作也没有准确的信息”[11]。公司不止一次濒临破产的边缘，而这家公司所进行的多次兼并行动似乎也没有什么章法。这导致了重复劳动，并且使各个品牌缺乏明显的区别，而公司的财务状况也是一团糟。

在此之前，斯隆曾一度被比喻为“米德维尔的泰勒”。他看到通用汽车的问题根源于其组织架构，或者说缺乏组织架构，大家做事情过于随意，而且没有分工。杜兰特采取的是老式“会计房”的学徒制方法，而这套方法对于如此庞大、如此复杂的机构而言显然是不适用的。通用汽车固然在车间中拥有高效的生产线，但在管理层面其秩序几乎荡然无存。

斯隆设想出一个MECE式的、自上而下的解决方案。他向杜兰特提交了一个“组织研究”[12]报告，他提议为通用汽车建立这样一个体系——整个体系由几个彼此之间权责分明的条线构成，这些条线之间的互动十分有限，并且由顶层的中心执行官掌控，斯隆将之称为“用协调式控制进行的去中心化行动”，也就是如今我们所说的“深井”。就如同历史学家威廉·佩尔弗雷所指出的那样：“用今天的眼光来看，这些都不是革命性的创新，但在1920年，这些都是未经实践的理论。”[13]

杜兰特没有采用上述计划。[14]然而数年后，这位公司创立者没有章法的管理方法最终使公司脱离了他的掌控，董事会用斯隆代替了他的职位。斯隆接手时，通用汽车在经历了成长的阵痛后，陷入扩张过度的窘态，在财务上也很虚弱，就和2004年我们的特遣部队一样，绝望的情绪使得高层更加愿意采纳一些疯狂的提议，从而赌上一把。

接下来所发生的事情，被描述为“商业历史上最大的反转和最彻底的变革”[15]。混乱消失了，“深井”取而代之，事情变得标准化、理性化以及“MECE化”，这场变革拯救了通用汽车。就如同佩尔弗雷所总结的那样：“阿尔弗雷德·斯隆将一种新的文化制度化了，在此之前，还没有人在一家公司内系统性地采用这种方式……这是一种自上而下、指挥控制式的文化。”[16]

变革的效果是毋庸置疑的。从1921年开始到1956年斯隆离开通用汽车掌舵人的岗位，这家公司经历了空前的增长，这种增长势头即便在“大萧条”时期也没有受到遏制（真正做到这一点的汽车制造商也只有通用汽车了）。[17]1921 年，通用汽车还在破产边缘徘徊，到 1929 年，其净销售额增长了 4 倍，从净亏损 3870 万美元到净盈利 2.483 亿美元[18]，并且成为历史上第一家一年内能够赚 10 亿美元的公司[19]；这家公司的市场份额也从 1915 年的不足 10%，在 1939 年飙升到 40%。[20]到斯隆退休时，全美销售出去的汽车中有一半是通用汽车制造的，这个比例是福特的 2 倍、克莱斯勒的 3 倍；而福特也好，克莱斯特也罢，在斯隆入主通用汽车之前，其销量都领先于通用汽车。

斯隆所设计的“深井”的功效是毫无疑问的。杜兰特所拒绝的计划“最终被大多数公司，乃至政府和非营利组织所采用……永久地改变了大型企业和大型机构的管理方式”[21]。

然而，与其他许多和我们特遣部队一样的大型机构类似，通用汽车发现，在 20 世纪见效的那一套管理方式不可能永远见效。

让我们回到 2013 年，通用汽车的“深井”式结构在那个时候所产生的效果已经完全不同。在斯隆之后的几十年间，这家公司走向没落，在 20 世纪 70 年代，面临日本汽车业的崛起，通用的“深井”无法创造性地予以应对，也无法根据技术和消费者偏好的改变有所作为。它的“深井”坚不可催，于是“通用汽车也无法紧跟潮流”[22]，一个名叫亚历克斯·泰勒的记者写道：“在鼎盛时，这套架构十分有效，但它已经不适应 20 世纪八九十年代的竞争性现实了，在那个时代，速度和敏捷性要重要得多。”[23]

内部互相独立的各部门以及竞争性的文化，使得通用公司出现了内部对抗，这也阻碍了沟通。[24]每个部门都自行设计产品，并且在市场上采取行动，各团队之间彼此互不信任。而这仅仅是这个“深井”体系所要解决的一个问题，斯隆的方案在一个时间点上发挥了良好的功效，但和其他指挥—控制式架构一样，一旦错综复杂的环境来临，它就必然失灵。

在这个公司内部，各“深井”之间很少有信息交流。一名前执行官回忆道，在某次执行会议中，通用汽车20世纪70年代的首席执行官理查德·格斯滕伯格提出组建一个专门任务团队，这个团队要负责提交一份有关执行官们现在都在讨论些什么的报告，然而在一阵让人尴尬的安静后，格斯滕伯格被告知，目前这个会议就是另外一个专门任务团队的产物。几个月前他任命了这个专门任务团队，这个团队的任务也是调查执行官们现在都在讨论些什么。[25]

最终，通用汽车的系统性失灵不单单导致其丧失了利润，还造成了顾客的死亡。2014年，通用汽车终于就点火开关所导致的人员死亡事件展开了内部调查，这次调查暴露了这个公司内部更加深层次的组织性失灵。除了各部门不了解整体的背景信息、互不信任外，通用汽车的各个部门还像克拉斯诺威亚足球队那样自行其是；同时，在面临“囚徒困境”时，它们也统统一败涂地。而付出代价的却是消费者，而且大部分是年轻的司机。

从技术层面上来说，点火开关问题的核心在于一个简单的“接口失灵”。有问题的点火开关有时候在车辆移动时就会关闭引擎，而这也会导致气囊无法充气与弹出。理解并修复这个问题十分简单，与应对飞机上起落架里一个失灵的活塞一样简单——只要工程师们能够发现这个问题。最终导致人员死亡的，和美国联合航空公司173号航班一样，是组织上的问题。因为在通用汽车公司，负责气囊和点火开关的，是两支团队。[26]在经历了整整10年的道路事故和死亡悲剧后，这家公司终于把一个个独立的点连接了起来。

早在2002年秋季，工程师就指出点火开关有时候会不经意间转动到脱离“开动”的位置，但这些人却没有意识到，这种情况会导致气囊失灵。在他们看来，点火开关的这种失灵是一个“与安全性无关的问题”，可以暂且放一放。[27]

当有关事故的报告出现时，各部门开始就此举行会议，但没人采取有意义的行动。后来的一份内部报告总结道：“工程师们……都不知道这些车辆是如何被设计出来的，通用汽车也没有相应的程序，来确保面对问题的人能够全面地了解点火开关的问题对于消费者究竟意味着什么。”[28]

公司内还普遍存在着其他方面的沟通问题。举个例子，点火开关在一些生产前的测试中没能过关，但相关信息却没能被传递给高层，导致管理者签字让这个零件投入生产。[29]后来，连接点火开关和气囊的一个关键内部构件被更换了，这一信息却没能被其他部门知道，甚至都没能输入中央数据库，而这个中央数据库是用来追踪这种改动的，这使得工程师和调查人员花费了数年时间才找到问题的关键所在——接口失灵。[30]而且，当通用汽车终于就气囊无法打开的问题进行调查时，没人告诉调查组负责人通用汽车在此之前就雪佛兰Cobalt问题所做的工作都有哪些。相对容易修复的点火开关问题通过了多个委员会的审核，却让人吃惊地从来没有被提及。[31]就如同巴格达空军基地我们老司令部里那些未被打开的、可能装满了情报的麻袋一样，人们把这些问题标注了出来，然后就放在一边了。

这必然与追求效率和内部竞争的大文化有关。如果“成本就是一切”的理念没有主导决策，或许有些员工会更努力地将这些问题提交给指挥链的更上端，抑或高级管理者会更彻底地去调查那些神秘的车祸。20世纪70年代“更快、更好、更便宜”的信条使得美国航空航天局做出了许多糟糕的决定，这种彼此切割的冲动也同样阻止了人们去了解整个体系。一个受访的工程师说道，对于节约成本的追求“渗透进整个公司文化里的每一个毛孔”[32]，使得通用汽车把生产速度看得比质量更重要，并且对提出问题的做法非常排斥。没有团队希望降低效率，也没有团队会太过谨慎，更没有团队会愿意花费太长的时间去解决一个问题。推卸责任成为“通用汽车的通行证”[33]——要想在公司中生存下去、保住自己的工作，就必须如此。

“深井”式结构和内部竞争文化曾经使通用汽车成为全球最为成功的公司，而现在却让它丢尽颜面。让人不可思议的是，通用汽车的首席执行官和法律总顾问一直到 2014 年 1 月才知道了这个点火开关的安全问题，此时距离这个问题被提出来已经过去了 12 年。[34]

这些车辆背后所隐藏的危险很严重，而技术上修复的难度却很低，通用汽车的不作为又持续了如此长的时间，当这一切被曝光时，公司所受到的严厉责难可想而知。在一次新闻发布会上，参议员埃德·马基说道：“2 美元，只要 2 美元就能修复这个点火开关……然而很明显，对于通用汽车来说，2 美元太多了。”[35] 他把通用汽车的高层斥责为冷酷、精于计算的守财奴，说他们根据数字行事，为了赚取这些利润可以牺牲这么多人命。这种做法只是把问题过于简单化了，就如同当初我们指责麦克布鲁姆是美国联合航空公司 173 号航班坠毁的罪魁祸首一样。通用汽车拜占庭式的组织结构意味着，即便有人出于利益或善意考虑，想要进行这样冷酷的计算，他也没有相应的信息。

内部报告得出的结论是，2006—2010 年，通用汽车表现出“无法采取最基本措施”的迹象。[36] 先前我们说过，自上而下地协调各个“深井”进行工作，这种方式只有在一种情况下能够见效——顶层的管理者确实了解各个因素是如何互动的。然而在通用汽车里，情况不是如此。顶层管理者所面对的产品、市场和物流链条早就跨越了“复杂”的门槛，迈入“错综复杂”的阶段。就如同之前的美国航空航天局，通用汽车所遭遇的是还原论管理模式的瓶颈。

在底特律的另一边是福特汽车公司的“玻璃工厂”，也就是其耸立于迪尔伯恩的总部，一个截然不同的故事发生在这里。在20世纪即将结束时，福特汽车公司面临着和通用汽车公司相类似的问题，即外国汽车制造商的冲击、内部信息闭塞以及竞争文化所导致的失调——工程师与设计师彼此敌对，行政部门和劳动者互相憎恨，最高管理层的成员觉得自己要想获得成功，就必须踩着别人的肩膀爬上去才行，这里充满了所谓“其他人什么都不是”的感觉。

2005年，比尔·福特看到墙壁上有这么一段文字：“我们可以继续削减成本、提升效率，但如果只有效率，我们就无法赢得新一代人的心。”[37]董事会聘请艾伦·穆拉利为公司首席执行官。穆拉利曾经负责波音公司的商业客机部，并且主导了波音777的研发和生产，而波音777是有史以来最安全、最先进，也是在经济上最成功的客机之一。[38]他把这个项目的成功归功于所谓“一起工作”[39]的管理方式，按照这种管理方式，他会强迫以前各自分离的团队以及各尖端技术平台进行互动，来确保持久的、制度性的透明度。波音公司部署了一套顶级的计算机系统来保存一个实时更新的3D模型，从而让工程师们能够立刻看到各个团队给波音777带来的变化。[40]比如，一个设计团队所设计的液压管会不会与另一个设计团队对舱门悬索部件所进行的改动有所冲突。参与项目的1万人都被编入了“设计建造大团队”[41]。过去，沟通问题会拖累整个项目，为公司效力了几十年的执行官们都会感叹：随着公司业务的扩张以及公司产品越来越复杂，这类问题似乎也开始飙升。但是穆拉利“一起工作”的管理方式在1万个人的集体里创建了一种传统的、如同团队一样的一致性。可见，他很清楚打破“囚徒困境”的迫切性。

在福特公司，穆拉利开创了一个叫作“一个福特”的运动。[42]福特的成长和发展都是以斯隆的通用汽车为蓝本的，它也被有机地分裂成成百上千个下属部门和小团队。穆拉利回避了内部竞争机制，而是要求公司内部必须坦诚、透明。他看到公司内部有太多小型会议，以至让公司四分五裂，于是他把这些会议统统取消，代之以每周一次的公司级会议——“业务计划复核”[43]。他不允许单独讨论，不允许对公司内部其他同事保密，不允许使用黑莓手机，也不允许开玩笑贬低公司内的其他人。[44]布赖斯·霍夫曼在《美国偶像：艾伦·穆拉利与拯救福特之战》（*American Icon: Alan Mulally and the Fight to Save Ford Motor Company*）一书中提及，“业务计划复核会议……就如同一道光，照进了公司最黑暗的角落……在福特这样的公司里，以前的氛围是弱者靠边站，强者才能生存，而如今他们被告知所有人都是一个团队里的人，而且穆拉利也要求所有人做事都以此为准则。”[45]

穆拉利还努力让所有非行政雇员也参与上述讨论，很多人“无法在本部门中将管理层的注意力引到一些与效率无关的事情上，或者无法让本部门管理层意识到福特商业战略的短板，或者无法让本部门管理层明白其实产品和流程还有可以改进的地方”[46]，这些人都可以参与讨论。穆拉利愿意倾听，他很快发现自己的“邮箱被邮件塞爆了，但他还是亲自回复每一封邮件”[47]。穆拉利在福特的目标和我们在伊拉克的目标一样，就是把各股力量都整合起来，从而产生自发智能，并且创造出共享意识。

他强迫性地将工程师和设计师整合在一起。在日本汽车制造商内部，这两个部门早就整合起来了，但在当时的福特，它们还是彼此分离的两个团体。[48]这样一来，“一个对热力学一窍不通的设计师就可能设计出中看不中用的汽车——外观很漂亮，但就是没有足够的空气能够涌入发动机舱。而一个对人体工程学一窍不通的工程师可能研发出一种能够完美运转，但就是无法安装的排气系统”[49]。穆拉利将二者整合起来，并且特意强调“共同的目的”[50]。福特公司与工会的关系一直以来都很紧张，穆拉利则把合作的目标拓展向了工会。他还和通用汽车以及克莱斯勒合作，确保三家汽车巨头所共同依靠的供应商能够继续运转，而当时许多供应商正在挣扎求生。[51]穆拉利意识到，市场上各因素的彼此关联意味着让这些供应商活下去将会使福特获益。穆拉利的所作所为与向来讲究割喉式竞争的汽车行业似乎是格格不入的，霍夫曼将之比喻为“新教徒和天主教徒在一起为贝尔法斯特制订城市发展计划”。

就如同在波音公司一样，穆拉利的方案发挥了奇迹般的效用。当通用汽车和克莱斯勒在2009年提请破产之际，此前在底特律三巨头中处境最为悲惨的福特却实现了扭亏为盈。用霍夫曼的话来说：“穆拉利做到的事情，先前在许多福特内部人士看来根本是不可能做到的。他居然找到办法生产出在美国能够赚钱的汽车。”[52]

精神面貌在任何时候都是高涨的。虽然穆拉利在整个公司内部分享了更多的信息，然而却没有任何信息透露给媒体，这在我的记忆中还是第一次。底特律传颂着穆拉利的魔法：他进入了汽车名人堂博物馆“2009年行业领导人”名单；成为《汽车》（*Automobile*）杂志“2010年年度人物”；《财富》（*Fortune*）杂志“年度商业人物”；《底特律新闻》（*Detroit News*）“年度密歇根人”（他来到密歇根州只是为了在福特工作，而他的业余时间还是会回到西雅图和家人度过）。[53]《我为钱狂》（*Mad Money*）里那个夸张的主持人吉姆·克拉默宣称穆拉利导演了“有史以来最伟大的逆袭——不是我们这个时代最伟大的逆袭，是有史以来最伟大的逆袭”[54]。华尔街的银行家说：“现在对于福特汽车公司来说，最大的威胁是艾伦·穆拉利明天一不小心跌下人行道被公共汽车撞死……现在这家公司在其他领域也能游刃有余了。”[55]

穆拉利以自己的方式和斯隆一样成为一段传奇，而他的作为与斯隆截然相反。这种方式在福特和在波音一样奏效，就如同穆拉利所说：“在一起工作总是能够奏效的，它总能见效，每个人都必须在团队中工作，他们必须彼此互相依赖。”[56]

穆拉利拒绝“深井”，主张互相依赖，他的理念受到了麻省理工学院教授桑迪·彭特兰的赞同。彭特兰教授研究的是组织内部信息流通和沟通的效果。[57]在查看了大量的数据后，彭特兰发现，无论是在商业领域还是城市管理，分享信息能够有效促进事务的运作。他的研究表明，一个团体或者一个群体“共同智力”的强弱，与其各个成员的个人智力几乎没有联系，而与各个成员之间的互动有更多的联系。①他写道：“那些最棒的主意往往来自精细、持续的社会探索……构建‘共同智力’并使之大获成功的，是人与人之间的‘理念流’。”[58]

① 事实上，他所分析的表现最差的团体，就是那些由一两个超级强人所统治的团体。

有了“理念流”，新思维就可以在一个群体中扩散开来。彭特兰将之比喻成流感的扩散——易受性和频繁互动所造成的结果。[59]要想增加“感染”的概率和波及面，关键在于增加一个机构中截然分开的各个部分之间的互信和联系。彭特兰发现，“理念流”的决定性因素主要有两个，即“交互”与“探索”。“交互”是指小团体内部，比如一支团队、一个部门或者一个地区内部之间的互动；而“探索”则是指经常性地与小团体外部的其他单位接触。换句话来说，就是“小团队构成的大团队”。[60]

看到了商业网站和社交网络上“理念流”的影响力，彭特兰发现“共同智力”的根源在于“打破‘深井’后所形成的不一致性”，“当‘理念流’不停地吸收外来的理念时，这个群体中的个体所做出的决策，就比这些个体仅仅依靠自己所能够做出的决策更为明智”。[61]使用这样的一个网络，让网络中的使用者能够接触到多元化的声音，所获取的回报就能增加 6%，这就意味着所有社会商业机构的赢利能力都能翻倍。[62]

彭特兰还在一些公司里进行了类似的研究。[63]他给公司雇员们颁发徽章，来对人们的互动情况进行详细的、量化的衡量（声量、是否会面对面地互动、动作的幅度、打断的频率等[64]）。在芝加哥地区的一家 IT（信息技术）咨询公司里，他在一个月里搜集了 10 亿条测量数据——1900 个小时的数据[65]，他发现交互才是生产力的先决条件，其重要性超过个人的智力、性格和技能。[66]在一家德国银行，彭特兰在一个月之内，对这家公司市场部的 5 支团队进行了调查，积累了 2200 多个小时的数据，检阅了 880 封邮件。[67]那些在内部交互和外部探索方面水平最高的团队，也能够产生更多的创意，这一结果与彭特兰在麻省理工学院，对几个实验室所进行的内部研究是一致的。[68]彭特兰在调查了一些研发实验室后，发现依靠衡量“理念流”的方式，他能够以87.5%的准确率预测各个实验室的创造性产出结果。[69]在他所研究的20多个组织中，彭特兰发现一个团体表现得好与坏，几乎50%要看这个团体的互动模式。[70]

即便在一些看上去不需要创新与创造力的工作中也是如此。2008年，彭特兰调研了美国银行的一个呼叫中心。[71]呼叫中心的工作模式应当是标准化的、还原论式的——那里的生产很大程度上取决于事情是如何被先期规定的。员工的成功与否取决于“平均每个电话的处理时间”，这个指标自然是越低越好。[72]彭特兰连续6个星期给员工颁发社交徽章，衡量他们的互动与交互水平。当他把“喝咖啡休息制度”从单个员工独自进行改为以团队为单位进行，互动水平上升了，“平均每个电话的处理时间”也降低了，这表明互动水平与生产水平之间存在强关联。于是，呼叫中心管理层将整个中心的休息制度改为以团队为单位进行，于是节省了1500万美元，生产力却保持原样。[73]

不过在团体内部孕育出这种“交互”说起来容易、做起来难。几乎所有公司都会贴告示、竖标语，督促员工“在一起工作”，然而简单地告诉大家要去沟通，这种做法和泰勒命令其工人“要更快地干活”有什么区别？通用汽车除了“成本是一切”的标语外，公司里到处都贴着“质量胜于一切”的告示，然而所有职员践行的都是前者，而不是后者。

我们发现，必须强行颠覆旧的制度，用全新的管理架构取而代之。我们新的架构就是共享意识，它包含了两个因素。首先，极端的、分享性的透明度，也就是美国航空航天局的“体系管理”，我们也在作战情报简报论坛和物理办公空间布置中模拟过这种做法。这种做法让所有的参与者都能意识到整体的情况，就如同我们在小团队中已经看到的一些特质，包括了解背景信息和追求共同目标。其次，在各个团队之间建立强关联——我们通过“嵌入计划”和“联络官计划”做到了这一点。这里面的关键在于建立一种互信，小团队就是通过这种互信才能运转流畅。

共享意识特别强调“非MECE式”的，而且在较低的层次看来，是低效率的，但它更加有效——不单单对我们而言有效，对于其他我们所调查的组织而言也很有效。如果它能够在军事领域（这个领域许多时候被“你只要知道你需要知道的东西”这样的原则所统治）和汽车工业（最先采用组装线和“深井”式结构的先驱）中见效，那它就能够在其他任何领域里见效。

阿尔弗雷德·斯隆将他的体系称为“用协调式控制进行的去中心化行动”。但我们发现，与其完全相反的做法能够让我们获益。首先，我们需要“协调式行动”，只有这样做我们才能获得自发的、具备调整适应能力的智能。有了共享意识就能进行“协调式行动”，但这只是第一步。我们很快就会发现，与我们所处的环境和所对付的敌人保持速度上的同步还需要另一些东西——“去中心化控制”。而要创建起“去中心化控制”需要艰苦、激进的工作，而且它也和共享意识一样是必不可少的。共享意识在有些地方颠覆了我们对于信息和责任的看法，而接下来的一步，也就是所谓“赋能”将改变我们对权力和领导的看法。

总结

- 各个“深井”间如果不能协作，就无法获得成功，所以系统性理解是宝贵的第一步。但如果我们希望在整支部队中达成如团队内部那样顺畅的协作，就必须建立更多的互信；我们必须克服“囚徒困境”所带来的挑战。
- 为了达到这一目的，我们使用了“嵌入计划”和“联络官计划”，从而在各个单位之间建立强大的横向联系。系统性理解和小团队中的“共同目标”意识相对应，而横向联系对应的是小团队中的第二个构成要素——“互信”。
- 综合起来看，这两大要素构成了共享意识，这是我们获取成功的关键。通用汽车的失败和福特汽车的成功都是明证，任何在这个各要素互相依赖的世界中却依旧采取“深井”式结构的组织，都需要这样的革新。

第四部分

赋 能

如果船长把他的船和敌军的船并排，那么他做的事情错不到哪里去。[1]

——霍雷肖·纳尔逊在特拉法加战役之夜对其麾下船长们的指示

第十章　应对不确定性的关键：赋能

组织领导的能见度与控制力

我的睡眠不好，因此即便早一个小时躺下，还是能够听到我们的驻地外橡皮靴踏在木质走廊地板上的沉闷声响。门会被嘎吱嘎吱地推开，随即是几声敲门声以及一句："长官，你还醒着吗？"

"当然，进来吧。"我一边在金属框的床铺上坐起来，一边回答道。床铺的长度是我整个房间的宽度。门被推开后，光线会迅速铺满整个房间——我们经常通宵达旦地工作，而我通常在破晓后不久才会睡觉。此时会有两个人进来，其中一个是特遣部队下属单位（海豹突击队、陆军特种部队或游骑兵部队等）的司令官，另外一个要么是行动军官，要么是情报军官，要么是一名军士。

我看他们的表情就能知道，他们是不是来通知我本方人员出现了伤亡——同志、朋友阵亡或受了重伤。当然在更多的情况下，他们带来的是喜讯——抓住一个追踪了很长时间的伊拉克“基地”组织领导人，或者确定了我们“高价值目标”的所在地。

如果带来的消息是后者，那么通常他们会要求我下达出击的命令——如果是白天，这种“出击”往往意味着一次精确空中打击。流程上要求作为总司令的我在这种情况下批准发动空中打击：美军还没有卷入一场正在进行的交火，此时如果发动打击有可能会危及平民的生命。

此时我则会说：“告诉我相关情况。”军官们会给我几页文件——打印出来的地图、照片以及打算攻击目标的背景情报。此时我会判断发动这种针对个人的打击的正当性、相关情报的效力以及除了空中打击，是不是还有其他选择。在花上几分钟的时间阅读文件、提出问题后，我会问来访者他们是否希望我批准这次打击。他们通常会说“是”，同时露出一种表情，似乎在说：“那你觉得我们为什么要叫醒你呢？”通常我会批准他们的提议。

被叫醒去做一个事关生死的决定，这证明了我作为一位领导者的角色，并且让我觉得自己是重要的、被需要的——这是大多数管理者所孜孜以求的。然而就在不久之前，我开始质疑我在整个流程中的价值所在。除非我在前一夜追踪过这个目标，否则关于要打击的这个目标，我通常只知道我手下军官在清晨所告诉我的信息。我可以经过思考问一些问题，但我不会幻想我的判断力会明显强于与我一起工作的人。尽管我很想也有一些突破性的视野，但实际情况却恰恰相反。在大多数时间里，我只能相信那些来找我的人的建议，因为对于要解决的问题，他们知道的最多。我的“一锤定音”只不过是延缓整个流程的橡皮图章而已，有时候甚至会让我们丧失转瞬即逝的机会。

我们与伊拉克“基地”组织的战场是一种各个因素互相依赖的战场，而共享意识帮助我们了解这种互相依赖性，并且对此做出反应。但所谓的互相依赖性只是问题的一半，另外一半则是速度，而且那依旧是个问题。我们已经变得更加深思熟虑、更加团结一致、更加富有远见卓识，但特遣部队依然还不够迅速。

我们之所以没有伊拉克“基地”组织快，一个重要因素是我们的决策要在指挥链中传递。在几十年前，我们军队的高级领导者对一些决策是没有能力知道其后果的，但现在却需要他们批准。从大厅走过来找到我可能只要花费几分钟的时间，但在一个快速变动的环境里，这几分钟的时间可能就是行动成功与失败的分水岭。行动成功，我们就能抓住伊拉克“基地”组织的行动人员，行动失败，他们就会从我们的指缝间溜走；行动成功，则可以避免我们的行动人员和伊拉克平民枉死，行动失败，则行动人员和伊拉克平民都会殒命于恐怖分子之手。要咨询过我才能发动打击，这是官僚主义的表现。随着时间的推移，周围的世界运转得越来越快，我们的流程也会变得越来越慢、越来越纠结。

矛盾的是，在指挥层级中能够进行即时的沟通，这非但没有加快决策过程，反而延缓了决策过程。一线人员能够在较短时间里联系到领导者，于是，这些领导者发现他们必须拒绝履行权威、拒绝批准一些极端重要的决策，否则他们就会最终为这些决策负责。一次又一次，我们走批准流程，上报给五角大楼或白宫，为的是他们能够同意我们对已经定位好的恐怖分子领导人发动打击，同意我们部署部队，同意我们执行信息战。通信手段或许可以是即时的，但决策却永远不可能即时做出。综合起来的效果是让整个体系陷入瘫痪。

在特遣部队内部，由于信息被完全分享，我们在德鲁克所谓“做正确的事”的道路上已经走得很远，而没有去试图“把事情做对”：在这个组织里每一个层级的人都有相关的信息和联系，来实时地正确判断出什么才是“正确的事”。然而，受累于我们的内部流程，他们却无法根据这种判断来采取行动。我们正在试图让克拉斯诺威亚足球队变得更棒，可事情做到一半却停止了：我们已经建立了一支很出色的球队，整个团队都是依靠互信和追求共同目标的意识融合在一起的，能够实时地、自发地设计出方案来处理错综复杂的问题，但我们仍旧要求每个球员在每一次传球前，都必须获得教练的书面授权。与此同时，从伊拉克到华盛顿，高级领导者的信箱里堆满了下属请求批准的信件。可怕的是，与那些在一线处理问题的人相比，这些高级领导者对于寻求批准的事情所知不多，也无从进行有效的判断。

这种组织流程上的障碍，和其他许多我们已经克服的障碍一样，根源在于用太过古老的办法来解决实际问题。具体到这个案例，则又是一个老生常谈的问题——能见度和控制力之间的关系。

赋能已经不可避免

1852 年 11 月，马修 · 卡尔布雷思 · 佩里从弗吉尼亚州诺福克的海滩出发，向日本扬帆远航。在他身后，是美国有史以来向海外所派遣的最庞大的海军力量。[1] 佩里海军准将正试图敲开一个岛国的大门，这个岛国在长达两个世纪的时间里维系着“锁国令”：不允许任何外国人进入日本，也不允许任何本国人离开日本，违者处以死刑。[2]

佩里终身都是一名军人。1812 年的战争英雄奥利弗 · 哈泽德 · 佩里是他的哥哥。他 14 岁就加入了海军，在长达 45 年的时间里，他打过海盗，干过缉私，还代表美国履行过外交使命。[3] 在墨西哥战争中，他指挥过海湾中队，在西非他帮助过当地殖民者[4]，他还曾前往地中海将美国人的良好意愿传递给奥斯曼帝国。[5] 但正是这次日本之行使得他家喻户晓。

1837 年，佩里被提升为上校，这也是当时海军中最高的一级军衔。[6] 也就在这个时候，佩里开始对日本产生了兴趣。佩里是一个高瞻远瞩的人，他正努力在海军中推广蒸汽船，并且相信美国具备成为海军强国的潜质。但蒸汽船和帆船不同，需要补充燃料。[7] 佩里于是意识到了日本的战略重要性：要想前往中国，日本是一个中继站。1851 年，他正式提议远征日本。[8]

碰巧，米勒德·菲尔莫尔也看到了机会。打开日本的国门将使美国能够在太平洋上建立一条蒸汽船航线，美国与亚洲之间的信息沟通将更快，商贸规模将更大。[9] 加利福尼亚在 1850 年成为美国的一个州，太平洋贸易额正在上升，而要想增加太平洋上的美国商船数量就需要补给点和武装保护力量的配套支撑。1852 年，佩里得到了菲尔莫尔总统的授权，从弗吉尼亚出发了。佩里所获得的授权在今天看来简直不可思议。

简单地说，只要佩里愿意，他可以做的事情相当多。他在上船后不久在自己的日记中写道：

> 我有责任，也很乐意在这里说，总统及其内阁中的每一名成员对于这次远征都表达出最浓厚的兴趣，也因此对我考虑周到、照顾有加。总统授权给我，让我为战舰配备最好的装备，给了我许多特别的权力，除了海军指挥权，还有外交决定权。[10]

他丝毫都没有夸张。国务卿丹尼尔·韦伯斯特告诉佩里，他可以“自行其是”[11]；一个同行的外交官也证实，国务卿希望他不仅仅能够拥有“你所需要的所有力量，而且能够拥有完全的、自由裁量的权力”。

国务院和海军方面拟定了一份清单，上面都是美国希望在日本达到的一些重要目的，包括美国水手能够得到保护，在日本海岸毁损的所有财产也能得到日方的照看，允许美国船只在日本码头停泊和补给，允许美国商人与日本从事贸易。[12]但如何才能最好地达到这些目的，则完全由佩里说了算。一份指导性的信件这样说道：

> 海军部长将……很高兴地指示舰队指挥官全力前进抵达日本海岸，他认为这样做才是明智的：在那里试图与日本政府展开沟通，而且如果可能，最好能够面见天皇，并向他提交总统的介绍信，信中明确了他的授权范围。[13]

由于他所获得的授权，佩里的确递交了信件。他提出只会面见最高级别的官员，并且揭穿了日方的花招和拖延战术，还威胁要开炮。据说佩里给了日本官员一面白旗，说如果日方选择了战争而不是谈判，那么在战争过程中如果他们又想要停战媾和了，则可以举起这面白旗，因为“胜利将自然而然地属于美国人”[14]。他的大胆举动改变了日本、亚洲乃至全世界的历史走向。

兰德公司①的军事专家卡尔·彼尔德总结了佩里所获得的全面授权，写道：“佩里此时在地球的另一端，距离华盛顿有几个月的路程，但他的行为有如总统特使、大使、三军总司令、国务卿和贸易专员的综合体，而他

① 兰德公司（RAND），美国最重要的以军事为主的综合性战略研究机构。——编者注

行使这些权力所依靠的就是他的坚船利炮。仗着这些，他向日本发出了战争威胁，并与日本进行媾和谈判。”[15]

而佩里在陆军中同僚的境况，就与他形成了鲜明的对比。1852 年，佩里正在准备自己的远征，并且仔细考虑如何最好地利用他“全面的自由裁量权”，而此时的尤利西斯·辛普森·格兰特还是个中尉，在驻扎于旧金山的第 4 步兵团担任军需官。太平洋师师长伊桑·艾伦·希契科克准将被授予一个涉及面颇为广泛的任务——重新组织驻扎在加利福尼亚州的联邦军队，并且保护当地的淘金者和定居者免遭印第安人的袭击，为此他还获得了全面授权。当然，这里的“全面授权”只是按照陆军的标准来看。

这一任务其实有如远征，但即便如此，陆军部还是没有给出具体指示来让希契科克准将清楚，陆军部到底要把事情做成什么样子。战争部长告诉希契科克该如何节省资金，并且告诉希契科克要让士兵们自己耕种，而不是采购物资。[16] 陆军部还在 1852 年 7 月派出一名总监来监督新堡垒的建设，并且让低级军官对堡垒建设的成本负责。[17]

到了 1864 年，格兰特已经是统帅联邦军的一名中将。他在与手下波多马克军军长乔治·米德少将所进行的日常沟通中所展现出的指挥与控制方式，与菲尔莫尔总统给予佩里的指示可谓天壤之别。

美国各军司令部、波多马克军军长米德少将：

在白天做好一切准备，夜间开始行军，用一个军团占领斯波特瑟尔韦尼亚法庭大楼的阵地，用一个军团占领托德酒馆的阵地，另外一个军团则占领托德客栈的阵地，还有一个军团去占领派尼·布兰奇—斯波特瑟尔韦尼亚公路与从奥尔索普旧法院大楼延伸过来的公路的交汇点。

一旦采取了这样的行动，则一大早开出来的火车会被投入纽约河。

我觉得还是先放着汉考克不动，等到沃伦的部队经过。沃伦的部队来到后，汉考克的部队可以跟着他们并且在右侧形成新的战线。伯恩赛德将移动到派尼·布兰奇法院大楼。塞奇威克可以沿着道路抵达塞勒维尔，然后到达自己的目的地。伯恩赛德则沿着木板道抵达这条路与奥林奇—弗雷德里克森木板道的交汇点，然后跟着塞奇威克来到自己的目的地。

在部队机动之前，所有的车辆都要避免与敌人接触，并且悄悄地出发。

敌人很有可能会在今天下午集中力量对汉考克发动一次猛攻。为此我们必须早做准备，并且全力追击获取胜利。而如果出现这种结果，则上述指示有必要重新修订。

所有战地医院今天应当转移到塞勒维尔。[18]

美国中将　格兰特

1864 年 5 月 7 日上午 6 点 30 分

佩里可以自行其是，而针对米德的指示则十分具体，这种差别并不是两人的军衔造成的。作为波多马克军军长，米德的军衔要高于佩里①，他所统领的兵力也超过佩里的 200 倍。

为什么海军将领能够自行其是，而陆军将领则要受到如此严密的指挥与控制？能力原因？执行纪律的方式不同？其实原因远比这个更加现实：

① 很难进行直接的比较，因为在那之后美国海军的军衔等级增加了，有了海军上将军衔。佩里当时担任准将，已经处于海军指挥系统的顶层，但他麾下的人员和资源仍然难以与米德相提并论。

陆军之所以会去控制它的军官，因为陆军能够控制。陆军的作战行动都发生在陆地上，而且由于邮政服务的发达，尤利西斯·辛普森·格兰特能够随时知道详细的战场最新消息，并据此做出反应。他能够给出指示，所以他就做出了指示——透明度和沟通结合在一起，使得他能够控制。而海军则够不着它的上校。约瑟夫·康拉德解释道："海上的一艘船就是船员们的整个世界，再考虑到舰队所要执行任务的期限长、距离远，海军高层就必须赋予指挥官更大的权力、更多的责任以及更强的信任。"[19]

我们可以看到，佩里海军准将与格兰特之间的区别，在于获取信息的便捷性和沟通的便捷性上。由于高层无法与远在天边的舰队进行沟通，这使佩里所获得的自主权之大，是一个陆军将领根本无法想象的。[20]

可以预见的是，实时通信技术的进步大大削减了海军将领的权力和责任。尽管陆军和海军之间在文化上的差异仍然存在①，但现在与佩里级别相当的陆军军官必须受到"格兰特式"的约束与限制。这似乎有着充分的理由：如果总统拿起电话就能和全世界任何一个领导人取得联系，那为什么还要一个海军上将来代表他行使外交权力呢？如果可以让一个船长的上级（这个上级应该比船长年纪更大、更睿智，经验更丰富）来监督船长的行为并给予指示[21]，那么为什么还要允许这名船长自行其是呢？②

简单说来，只要领导者能够看到事态的发展情况，他们总是会试图对

---

① "否定式命令"是海军指挥控制系统中一个独特的概念，它允许一个下级军官按照自己认为最合适的方式行事，与此同时让上级知道他所做的决策，直到上级推翻他的决策，他才会停下来。海军是唯一一个采用"除非另有指示"概念的军种，根据这个概念，指挥军官会通知上级他所设想的行动方式，除非上级推翻他的提议，否则这名军官就会按照该提议行事。在这里要注意的是，下属只是通知上级自己要做的事情，而不是请求获得批准。

② 与此类似的是，19 世纪晚期电报的兴起，使得西部陆军军官最后残存的一丁点儿自主权也被剥夺了。

其进行控制，这一点也是很好理解的，下放权力总是迫不得已的选择。我们可以说，“佩里原则”是否适用，要看领导者视野的受限程度。

与泰勒生活在同一时代的亨利·法约尔列举了“管理的五个功能”，分别是“规划、组织、指挥、协调和控制”。只要你有更多的信息，后三个功能就很容易操作，这样就形成了一个循环：设法搜集、集中更多的信息，从而能够越来越有效地对组织下达指令。而工人们的功能就是让这个循环运转得更流畅，以及等待下一个命令。

今天的管理者能够接触到各种关于其雇员的信息，而就在几年前，他们还没有这些信息。我们在伊拉克所使用的通信和监控技术，或者说桑迪·彭特兰在“理念流”试验中所使用的相关技术使得高层能够分析出其市场的宏观趋势，从而明确单个雇员用来休息的时间比用来工作的时间多多少。餐厅里的自动化系统监控服务生的行动，追踪每张点餐单、每道菜、每杯酒水，从而寻找最具效率的工作模式，并且追踪那些有偷窃嫌疑的行为。这些都使得权力能够集中，而权力集中是符合高层领导者习惯的。

在伊拉克，像我这样的高级领导者能够前所未有地看到我们特遣部队每一秒钟、在每一个平方英尺内的动态。我能够观看作战行动，并与正在和敌人交火的作战人员对话（不过我从来没有这样做过，我会在后面的章节中予以说明）。在许多情况下，我们几乎立刻就能把各个单位及总部连线在一起进行对话，包括驻巴林的各海军司令部、在非洲之角外行动的战舰、佛罗里达坦帕中央司令部以及其他协调敏感行动的支援团队。这使我们能够进一步牢牢抓紧决策权。但在观察、学习伊拉克“基地”组织的过程中，我们也在问自己：是不是有些东西需要改变了？我们能够看到的实时信息比战争史上的任何一支部队都多，但这又到底是为了什么呢？

一个世纪前，军队统帅渴望能够看到战场上更多的信息，并且更多地控制战场，而今天的军队统帅则被淹没在太多的战场信息之中。在我们的司令部里，我同时能够看到全球各军队机构办公室和作战现场的实时视频信息，并且能够看到每一个决策所造成的后果。这让我对整体局势洞若观火，但同时也产生了一个噩梦：我被淹没在文书的海洋中，大量申请批准的文件堆到了我的案头，而处理这些文书的时间，我本来可以用来解决一些真正的问题。

和其他管理思维的要义一样，“佩里原则”所能够适用的世界已经不复存在，如今所要做出决定的数量和速度已非一个领导者所能胜任，哪怕这个领导者天赋再高、能力再强也是如此，向下层赋能已经不可避免。

在伊拉克，我们能够看到分享信息的做法十分有效。但随着各级军官都能够看到战术数据，控制权也开始集中，这就造成了全新的问题。几个世纪以来，技术和管理的发展都在表明，“佩里原则”，也就是以集中权力为原则、下放权力为迫不得已的最后选择，是一个很好的规则，但如今游戏的规则早就改变了。

我开始重新考虑自己作为领导者的角色。下属等待我批准才能行事，这种做法不会使最终的决策更好，而我们的要务在于，在一定的时间框架内做出最好的决策。我开始意识到，在日常情况下，我的批准并不能带来巨大的价值，因此我更改了流程。我告诉整个司令部里的所有人，在做出类似空袭这样的决策时，我的思维过程是怎样的，然后告诉他们可以按照我的思维过程做出决定。任何人做出决定，我都是最终的负责人。在更多的情况下，我的手下所得出的结论与我一致，但通过这种方式，我们的团队就获得了“自行其是”的授权。

将决策过程在指挥链上下传递的做法，其根源在于认为整个组织有时间这么做，或者更确切地说，传递的时间成本较低，而不顾上级意见造成失误的成本较高。但在2004年，这种看法已经站不住脚。行动速度太慢所可能造成的危害更大，相对而言，让有能力胜任的人自己决断所可能造成的风险要小一些。

我们得出的结论是，宁可在今天寻求有70%把握的问题解决方案，也不能为了有90%的把握而把事情拖到明天（在军队里，你会明白绝对不会有100%的方案）。

我觉得这样做不会产生太坏的结果，不过我想看看我们具体是怎样做的。

赋能＝做正确的事情

丽思–卡尔顿连锁酒店花了一个世纪的时间，才打造起高端、奢华和可靠的商业形象。这个品牌起先只是大型游轮上的一家餐馆，然后其创办者恺撒·丽思依靠这个品牌获得了“酒店经营者之王、为王服务的酒店经营者”的称号，如今仍然在行业食物链中处于最顶端。今天，这家公司在30个国家开设了85家酒店[22]，在萨加特①公司公布的排名中，经常排在第一位。尤其值得一提的是，这家连锁酒店以提供优质的服务闻名。恺撒·丽思定下了一个闻名遐迩的标准，如今已被酒店行业奉为金科玉律——“顾客永远是对的”[23]。将近5万名来自其他公司的行政人员来到丽思–卡尔顿学院以及丽思–卡尔顿领导中心，学习如何达到丽思–卡尔顿

① 美国一家对餐饮酒店业进行打分排名的权威咨询公司。——译者注

的服务质量。[24]

有人或许会想，丽思–卡尔顿之所以能够实现这样的服务质量，一定源于对一线员工进行严密的监督、提出精准的要求，因为出色的服务质量一定来自对流程细节的精益求精。事实上，公司在人力资源方面的管理办法以自由度大而闻名。员工可能花费2000多美元来让客人满意或者解决出现的问题，哈佛商学院的一次案例研究详细叙述了一些丽思–卡尔顿酒店的特殊政策，比如丽思–卡尔顿在培训中会要求学员，如果客人需要一些特殊的东西，则可以“脱离自己的岗位”去设法获取到，并且鼓励员工“使用公司赋予的权力”。[25]员工们被告知的基本准则之一就是“立刻让客人满意是每个员工的责任。任何人只要听到客人抱怨，就有责任去平息客人的不满，直到客人满意为止，并且将事情记录在案”[26]。

诺德斯特龙是美国著名的百货连锁店，它的方法也与之相似：为顾客“提供近乎神话般的服务”[27]。新员工会拿到一张卡片，上面写着：

> 很高兴你能加入我们的公司。我们的头号目标是为顾客提供优质的服务。把你的个人目标和职业目标设定得高一些，我们对你的能力有信心，相信你能达到这些目标，因此我们的员工手册十分简单。我们也只有一个规定。[28]

把卡片翻过来，就能看到公司的唯一规定：

> 我们的唯一规定：任何情况下，请做出最合适的判断。
>
> 在任何时候，你都尽可以向你的部门经理、分店经理或者人力资源管理人员询问任何问题。

从20世纪80年代开始，当一些公司开始试行赋能的方法（当时的流行术语称之为“决策权力的去中心化”）时，社科领域所进行的多种研究表明，赋能的方式在心理层面会造成切实的影响。[29]杰伊·康格和拉宾德拉·卡农戈在1988年撰写的文章《赋能的过程：理论与实践的结合》（*The Empower Process: Integrating Theory and Practice*）中指出，赋能能够提升员工的工作满意度。肯尼思·W.托马斯和贝蒂·A.韦尔特豪斯认为，“权力的去中心化”会创造“内在任务动机”。[30]研究也显示，从中国的护理行业[31]到土耳其的五星级酒店[32]，赋能都具有这种效果。

与之形成对比的是所谓“科学管理模式”，一个泰勒的信徒认为，“科学管理模式”主要依靠两个重要的因素：

> 第一，在整个机构里建立起绝对刚性、不可松动的标准；
>
> 第二，机构中的每一个员工每天都应该收到明确无误的、确定的指示，从而知道他要做什么、怎么去做，而这些指示哪怕是错的也要得到不折不扣的执行。[33]

今天，即便是最按部就班的工作，比如工厂车间里的劳动，也能从创新和创造性思维中获得一定程度的好处，就如同丰田公司所发现的那样。需要人工操作的工作越多，你就越需要员工们采取独创性、革新性的行动，并且能够进行创造性的思维。尽管有如此多的研究证明了这一点，但还是很少有管理者愿意迈出赋能的第一步：今天，只有20%的工人觉得自己获得了一定的权力，并且能够游刃有余地行事；大多数人感到权力被剥夺，并且受到束缚。[34]

随着环境中各个因素的互相依赖性增强，整个环境的可预见度降低，宏观管理的成本正在升高。哈佛商学院的罗莎贝斯·莫斯·坎特在工作领域的分权研究方面走在前沿，她认为将权力向下进行延伸是十分必要的，因为世界上许多事情的干扰性越来越强，"'意外'的事情越来越多，变革的需求也越来越强烈，各家公司必须越来越依赖于他们的员工去做出决定，因为很多事情出现后我们会发现，并不存在针对这些事情的常规应答方法"。[35] 她总结道："故步自封的公司与创新发展的公司，两者的区别在于，会不会赋予公司中的个体有效使用权力的机会。"

换句话说，我们所处的环境会出现太多的可能性，已经无法进行有效的事前规划，于是我们必须习惯于赋能。乔希·贝诺夫和特德·谢德勒在《哈佛商业评论》上发表的一篇文章认为："在当今世界，一条充满愤怒的推特信息就能颠覆一个品牌，各家公司必须让员工放手去反击。"[36] 戴夫·卡罗尔吉他被毁后在网上发布视频，引发轰动，美国联合航空公司在事前事后都反应迟钝，乔希·贝诺夫和特德·谢德勒引用这一案例宣称，必须要有一种新的方法了——一种球员在射门前不必请求主教练允许的方法。[37] 和其他许多公司一样，美国联合航空公司只是丑闻病毒式传播的受害者之一：博主希瑟·阿姆斯特朗在推特上表达她对美泰克公司的不满[38]；绿色和平组织攻击雀巢的脸谱网页面，因为前者对后者的环境政策不满[39]；康卡斯特公司的一名订户想取消订阅，却遭到客服代表的拒绝，订户将对话发布在网上，让康卡斯特受到了广泛关注。[40] 互联网已经让个体消费者拥有了更大的能量，乔希·贝诺夫和特德·谢德勒就说："任何人只要有一部智能手机和一台电脑，就能够对一个品牌形成持续性的损害。"[41] 但在大多数情况下，负责处理用户投诉的职员比"佩里原则"中的主角更受限制，而这个组织也没有演化到能够应对易变环境的程度。造成这种灾难的因素就在于信息的不对称性。

如果卡罗尔所接触的第一个美国联合航空公司客服代表有权处理他的问题，这家公司就可以避免尴尬，并且获得一次赞誉。电子产品连锁商店百思买就在试图做到这一点。百思买有一个名为Twelpforce的系统，员工可以通过这个系统在推特上代表百思买回应相关的问题。比如，顾客从百思买购买了一台iPhone并不小心摔坏，他会在推特上抱怨自己遭受到店员的不公平对待，他希望换一台新的iPhone，但店员只肯给他一部黑莓。[42]此时如果一个客服代表看到这个推特，他可以登录进行回应，并且安排这名顾客在第二天来百思买拿一台新的iPhone。

在乔希·贝诺夫和特德·谢德勒的笔下，百思买是这样被描述的：

> 和其他公司一样，百思买也很容易被网上用户抱怨，但由于它运转方式不同，它的回应方式也有所不同……它没有去试图不让用户在网上发抱怨，而是赋予自己的员工以技术能力……拥有了这样的技术能力后，员工就可以迅速给出解决方案，其速度不亚于网上的顾客。[43]

坎特预计，各种干扰越来越多，不确定性越来越强，于是我们就必须加强敏捷度和调整适应能力，而要加强敏捷度和调整适应能力，就必须放松控制。伊拉克“基地”组织向其行动人员授权，它的行动人员不但具有技术能力，也有决策权力，而我们的作战人员却不得不去遵从与“佩里原则”相适应的规矩，这也是我们希望在特遣部队中达到的目标。我们接受一个事实，即必然会有偏离计划的事情出现，但我们要提升自己的能力来应对这些事情。我们必须将权力赋予我们的各支团队，允许他们“自行其是”。

找到赋能的平衡点

我是一个天生的完美主义者，因此当我将权力向指挥链的下端释放时，觉得非常难受。赋能并不意味着要派出公开的代表来代行职责，更多的时候，我那些自信满满的下属会自己做出决定，有时候甚至大大越级了，然后仅仅是通知我一声。我经常在作战情报简报会议上公开对这种事情做出回应，通常是为他们的这种行为背书，这样一来就起到了示范效应，于是越来越多的人看到同僚们取得了成功，也开始在更多的事情上自己决断。

就像丽思–卡尔顿和诺德斯特龙的主管一样，我发现，如果我能够拒绝按照“佩里原则”行事，并且遏制我进行宏观管理的欲望，就等于在我的部下当中打开了一个开关——他们做事情的态度总是很认真的，但现在他们在做事时却更多了一份前所未有的慎重。观察局势，然后向高级领导者建议是否授权进行一次打击固然不是件好干的活，但自己做决定从心理上讲就完全是另外一件事情了。低级军官如今不必再等待我的决定，并且等我提供指导性意见，他们现在肩负起自行做出生死抉择的重任。

于是这里出现了一条经验法则：“只要不是邪恶的，只要不是违法的，只要这件事对实现我们的目标有利”，那你就去做吧！很快，我发现我最经常询问我麾下部队的一句话就是“你们需要什么”，我们不断地“去中心化”，直到“去中心化”到了让我们不舒服的地步，也就是在我们即将陷入不稳定边缘时，最佳平衡点也就找到了。

当然，也会有一些成长中的阵痛。有一些我的下级领导者试图在自己的层面上抓住权力，为此在多个场合中我不得不向兄弟单位确认，特遣部队中某人做出的决定是我批准的。很多时候，我其实也是第一次听说有人做出了这个决定，但在我的记忆里，每次我都是支持这样的决定的。

总体来说，我们的初衷——所谓“赋能”[①]获得了巨大的成功。决策的速度更快，对于抓获敌人、避免遭到袭击这方面而言十分关键。更重要也更让人惊奇的是，虽然决策速度提升了、权力下放了，但决策质量反而提高了。

我们之所以要进行“去中心化”，是因为我们相信，在今天寻求有70%把握的问题解决方案的效果更佳，而为了有90%的把握，把事情拖到明天，这样做的效果更差。事实上，把问题在今天解决，你有90%的胜算；把事情拖到明天解决，你就只有70%的胜算了。

这让我们吃惊地发现，先前有关顶层人物智慧必然超群的观念，不但是有争议的，而且完全就是错的。我们有必要去了解是什么因素造成了这种出人意料的结果，只有这样才能维系并强化这种正确的新观念。

其中一个因素在于决策心理。一个人对某件事做出决策时，他也会对这件事的结果更为关注。另一个因素是，尽管有了那么多技术，我们的领导层在对现场所发生事情的了解程度上，还是不如一线人员彻底。固然能够看到视频影像、听到来自行动现场的枪声是一个巨大的优势，但和一线指挥官相比还是有所欠缺，一线指挥官能够在现场领略局势的错综复杂，气温、人员疲劳度等都是视频和音频信息所无法告诉后方高级领导者的。我年轻时曾经是一名棒球投手，我知道只有站在投球区的土墩上，你才能知道用怎样的姿势去投球是最棒的。

不过，赋能之所以能够获得成功，关键原因在于执行之前发生的事

---

① 和共享意识一样，“赋能”这个词不是我在特遣部队那几年中发明的，而是我之后在麦克里斯特尔集团做研究工作时发明的。

情，也就是共享意识这一基石。对整体背景的了解和获得决策权，这两者之间一直就存在着必然的关系。

共享意识是赋能的基础

海军素来有赋能的传统，在这段时间里，我一直在仔细思考这方面一个杰出的例子，并且自问究竟是什么使得赋能的做法在海军中能够奏效。我每天会沿着巴拉德长长的机场跑道跑步，一边跑一边听有声读物——亚当·尼科尔森所写的《抓住火焰》(*Seize the Fire*)，这是一本有关海军上将纳尔逊的书。纳尔逊的领导天赋体现在他会着重培养手下独立的决策能力——纳尔逊将之称作“战场上的承包人”。我们在第一章就讨论过，纳尔逊在特拉法加战役中聪明地发动了垂直打击，并且制造了混乱，而在这种混乱的局势中，纳尔逊麾下的舰队如鱼得水，而他的对手在平常的训练中只知道唯旗舰马首是瞻，而对于总体战略几乎一无所知，最终只能失败。纳尔逊曾经告诉他手下的指挥官：“把战舰贴上去，和敌人并排。”在这种情况下，船长通常做出的事情大体总是正确的，但他能这样做有一个前提：在此之前，纳尔逊已经花了几十年时间培养麾下舰队军官的个人素质，让他们有自行决断的能力，如果这些人没有对于整支舰队和战场局势的整体理解能力，那么纳尔逊在特拉法加的做法可能会导致灾难。这就是纳尔逊舰队中的共享意识。也正是因为这个因素，纳尔逊麾下的舰长们在一片混乱中，能够很好地进行赋能，最终大获全胜。

在陆军服役的大部分时间里，我那脏兮兮的制服上有着淡蓝色的标签，这表明我是一名步兵；炮兵制服的标签是红色的，特种部队是绿色的，坦克兵则是黄色的。我们制服上的条纹、徽章、标签和肩章表明了我们的军衔、资历和经验，也就是我们在组织架构图中处于什么位置，它们也加强了我们的身份认同感。当然，我相信所有的兵种都很重要，但从西点军校毕业24年半后我意识到，步兵较之其他陆军兵种略微更重要一些。

然而当我在2001年1月被提拔为准将时，我制服上的标签却变成了黑色，而那些从医疗部队、工程部队以及航空部队晋升上来的将军，标签也是黑色。一个将军需要对于军队整体有所了解，无论是蓝色标签、红色标签、绿色标签，还是几个标签所代表的兵种之间的区别，作为将军都要了解。正是因为高级军官对于整支陆军有比较全面的认识，高层才能放手让他们去做出重要的决定。

2004年，我们要求每一个作战人员都像佩戴黑色标签的将军那样思考，换句话说，要向纳尔逊手下的那些船长一样思考。我们努力将将领所掌握的信息和将领的意识灌输到各个层级。许多人以前习惯于服从严谨的命令，视野也局限于自己分内之事，如今我们力图让他们具有顶层人物才具有的思考问题的角度。在旧的模式里，下属提供信息，领导者下达命令；如今我们颠倒过来：我们让我们的领导者们向下属提供信息，让下属们在了解背景信息并且互相沟通后，能够主动做出决策。共享意识意味着，在我们组织架构表中任何一个层级的人现在都能够看到以前只有高级领导者才能看到的东西。

赋能的概念现在在管理学领域很时兴，但实际情况是，简单地放松控制是危险的举动。要想进行赋能，获得权力的人则必须能够拥有相应的视野和知识，并在此基础上采取明智的行动。

在特拉法加，纳尔逊重新分配权力的办法迎来了终极考验：在战役爆发后不久，敌舰“可畏”号的桅杆与纳尔逊座舰“胜利”号的桅杆绞在了一起。“可畏”号上一名狙击手射出的子弹击中了纳尔逊的肩膀，并且一直贯穿到他的后背。纳尔逊立刻重伤倒地，而且这一枪显然是致命的。当纳尔逊麾下的水兵们七手八脚把他们垂死的海军上将抬下甲板时，特拉法加战役也进入了最高潮。[44]喧嚣扰攘，喊杀震天，但几乎没人注意到纳尔逊已经不在了。三小时后，纳尔逊停止了呼吸，临死前他得知，自己的舰队已经在战场上获胜。

法国海军中将维尔纳夫在特拉法加战役结束后说：“对于其他任何一个国家而言，失去纳尔逊这样的高级将领都是无法弥补的损失，但在英国的卡迪兹舰队，每名舰长都是纳尔逊。”[45]

我们希望我们的部队能够展现出这位英国舰长的素质，所以我们在部队中培养大局观，并且让每个人都能在战斗中施展自己的决策才能。当我们放手让他们去干时，当我们让他们将船与敌舰并排时，他们将会取得最后的胜利。

领导者在快速决策中发挥的作用

“他”只有 15 英尺（约 4.6 米）高，并且由塑料制成，但却给我留下了持久的印象。它是马塞尔 · 约维内脑力活动的产物。马塞尔 · 约维内曾经是一名意大利士兵，在“二战”中成为盟军战俘来到了美国。而虚拟人是一个塑料解剖玩具，由重生产品公司在 1958 年秋季推出。花 4.98 美元就能购买这样一个虚拟人，而它干净的塑料身体内还有可以拆卸与替换的骨骼和内脏。

我哥哥斯科特曾经拥有一个虚拟人，我记得当时我们能够透过它身体上透明的皮肤，大概知道它体内是怎样的情况。我当时就想，如果真人也是如此，那么医生的工作岂不是简单很多？能够这样看到病人的内脏，医生就不必那么频繁地切开病人的身体，来看看里面到底哪里出了问题。

我相信，当我在特遣部队的电话会议中一而再、再而三地提及虚拟人时，我手下人的眼珠肯定在不以为然地转动，虽然我没有抓到任何一个人有这种表现。我告诉我的部下，如果他们能够给我即将进行的作战行动提供充足、清晰的信息，那么我就会乖乖地待在远方充当看客，否则，我只能进行“侵入式检查”，也就是切开整个计划的胸腹，来了解我所需要的信息。只要他们能够在共享意识的作用下提供标准化的信息，他们就可以自行做出任何决定。

到 2006 年，我们在行动中进行观察、评估、行动和互动的方法已经彻底改变。

在巴拉德，“捕食者”无人机和其他有人侦察机所拍摄的全运动视频，会将伊拉克、阿富汗或该地区其他地方的实时影像传送到我们的屏幕上。有时候，这些屏幕上还会显示一些行动记录或聊天室，来让我们知道特遣部队在各地的行动情况。我们能够看到直升机在一片烟尘中着陆，作战人员敏捷地冲向他们的目标。爆炸发生时，屏幕上瞬间一片雪白，小型武器射出的子弹有如萤火虫一般将黑夜短暂地照亮。行动记录能告诉你我们看到了些什么：“飞机着陆”“目标被控制住了”（投降了），还有一句充满希望的话“中头彩了”，意思是行动目标人物被活捉或被击毙。

在我的笔记本电脑上有一款特殊的软件，使我能够通过内部无线电网监控我们特遣部队的任何一个部分，并与之对话。我能够实时看到正在发生的事情、听到作战人员的内部讨论，并且阅读他们正在进行的汇报。对于一名幕后宏观管理者而言，这提供了一个新的机会，让我能够在远距离遥控一批“木偶”在战场上行动。

但我并没有这么做，我从来没有告诉正在进行突击的作战人员该怎么做，那样做我会犯下一个错误。我意识到，看到现场的情况、听到无线电里的声音和内容，能够让我明白现场正在发生什么事情，这些事情又为什么会发生，从而让我能够更好地做好我的本职工作，而不是越级去做他们的本职工作。其实我的本能冲动正好与之相反，但现在我的这种做法，正是我们特遣部队所需要的决策方式——“双眼紧盯—双手放开”。

作为领导者，我发现自己最能起到作用的时候，并不是去一个一个地做出行动决策，而是监控各种流程。从情报行动流程到资源分配流程，我通过监控这些流程，来避免“深井”弊端或者官僚主义损害我们的敏捷性。

在旧体系的束缚下，我们试图把事情做得更紧凑、更快速，但也只能将每个月所能执行的突击数量从 10 次提升至 18 次；到了 2006 年，在新的体系下，这个数字飙升到每月 300 次。我们人员和资源的新增量极小，但我们的效率提升了 17 倍，而且这些突击行动也更为成功。在我们所瞄准的目标中，有更多的目标被我们发现，这在很大程度上要归功于我们的行动速度已经和伊拉克“基地”组织一样快，而且我们的决策质量也提升了。

“双眼紧盯—双手放开”是对“佩里原则”的完全颠覆，即不一定要去控制视线所及之物。事实证明，这也需要我们重新思考个人领导的方式。

总结

- 从传统意义上讲，只要技术允许，上级总是试图对下级施加更多控制。
- 新技术让今天的领导者能够获得前所未有的能力去搜集信息、指导行动，但为了能够在竞争中获胜，速度仍然是必不可缺的，这样权力的集中必然会付出沉重的代价。共享意识让我们能够在各因素互相交织缠绕的环境中获得胜利，而在错综复杂的环境下如何达成快速，依然对我们提出了挑战。
- 为了有效地调整、应对正在出现的挑战和机遇，我们需要实施在纪律约束下的赋能。在第一线冲杀的个人和团队，也必须对整个组织的情况具备前所未有的洞察力，只有这样才能具备果断决策、果断行动的能力。

第十一章　像园丁一样去领导

苏联新型隐形核潜艇“红十月”号窄窄的舰桥上一片紧张，一颗鱼雷正利刃般划开海水直向它冲来。

与鱼雷相撞意味着死亡。

海军大副瓦西里·博罗金：鱼雷撞击，20 秒。[1]

他的上级——马尔科·拉米乌斯艇长——很紧张，但也非常镇定。扮演这个角色的是肖恩·康纳利，一副漂亮的胡须以及裁剪得体的黑色海军服令人印象深刻。马尔科·拉米乌斯没有理会博罗金的警告。他把头转向中情局分析师杰克·瑞安（亚历克·鲍德温扮演）。

拉米乌斯（对瑞安）：什么书？

瑞安：你说什么？

此时如果有人还在探讨书，那他似乎是疯了。

拉米乌斯： 你写过什么书？

瑞安： 我写过哈尔希海军上将的传记，名字是《飞行的水手》，主要是关于海军作战战术的。

拉米乌斯： 我知道这本书！

拉米乌斯的注意力似乎完全被这本书吸引了过去。

博罗金： 鱼雷撞击……

让人吃惊的是，拉米乌斯继续着关于书的讨论。

拉米乌斯： 你的结论全是错的，瑞安……

博罗金： ……10 秒。

拉米乌斯： 哈尔希的行为是愚蠢的。

可以预见的是，尽管舰桥上的其他人都觉得他们难逃厄运，但在最后一秒钟拉米乌斯非常聪明地驾驶潜艇直接冲向正在逼近的鱼雷，准备在其弹头撞上之前就迫使其爆炸，从而避免了“红十月”号的毁灭。这是英雄式领导力的顶峰——无所不知，无所畏惧，气魄逼人并且把握十足。同时，这几乎也是完全不现实的。一些领导者的确拥有非同寻常的天赋，并且展现出超常的魅力，但要知道，在我的职业生涯中，曾与许多成就非凡的领导者共处，却从来没有碰到过马尔科·拉米乌斯这样的人，哪怕是与这个角色接近的人我也不曾碰到过。汤姆·克兰西在《猎杀红色十月》（*The Hunt for Red October*）电影中所创造的这个角色，只能存在于虚构的小说和影视作品中。

“英雄式领袖”已经成为新时代的“濒危物种”

“英雄式领袖”对我们拥有很大的吸引力，他们拥有许多我们所期待的领导特质，比如智慧和勇气。阿瑟·韦尔斯利，也就是我们所熟悉的威灵顿公爵，在1815年的滑铁卢战役中击败了拿破仑，自此之后他成为整整一代人眼中的“英雄式领袖”。他坐在马背上，熟练指挥军队的形象给我们这样一种印象：领导者就是无所不知的木偶操控者，他能够制定天才的战略，并且下达精准的命令。

现在，那些严格按照还原论建立起来的、如同机械巨兽般运转的组织已经是濒危物种了。新世界的特征在于速度快，且各种因素互相交织缠绕，在这种环境中运转，如果还抱持着“泰勒式”理论不放，我们就很难逃脱捕猎者的屠戮。在某些情况下，这样的组织会慢慢落入满是焦油的坑洞，在黏稠的焦油中挣扎，却无力逃脱，最终慢慢死去。传统的“英雄式领袖”或许并未远去。即便在新的环境中，我们还是对领导者有着过高的、不现实的期待。我们公开要求高水准的战略眼光，以及对于市场大势毫无差错的预判，同时，我们还希望首席执行官们如同百科全书一样，对他们所在行业的每个方面都知道得一清二楚。我们通常会问政府高级官员，他们是否清楚一个问题里最最细小的细节，如果得到的回答是“不知道”，那么我们就会质问“为什么不知道”。我们期待领导者无所不知，但同时我们也很清楚，由于技术和人脑的限制，我们的这种期待完全是不现实的。

从佩里准将和格兰特中将的身上，我们就能看到因为物理空间的不同，总会导致领导方式的差别。在近距离，如果事物都以一种合理的慢速运转，则一个称职的领导者就能够控制军队阵型或者一条生产组装线。然而随着距离的拉大，即便精力无穷的领导者也发现无法对自己看不到的东西进行宏观管理。铁路、电报、汽车以及无线电使得领导者能够更容易地在远方影响事态的发展，但真正的控制仍不可能。即便有了马匹和蒸汽船，决策者对一件事进行监控、评估、决定并且最终采取行动的同时，当地事态早已发展成另一副模样。

新技术的发展似乎填平了领导者及其下属之间原本存在的鸿沟。首席执行官、政治家以及官僚们如今都拥有前所未有的海量数据，任何事情只要一发生，他们就能窥探到个中的全部奥秘。先前我们说过，在这种情况下，这些信息会形成一种诱惑，让领导者觉得他们能够在错综复杂的情况下预测到接下来会发生什么。但现在我们所处的环境是瞬息万变的，各种因素互相纠缠，我们所不知道的事情的演化速度远超我们所知道的事情。

乍一看，“赋能”的教义似乎意味着领导者已经无足轻重。许多人也把伊拉克“基地”组织网络描绘成“无领导者”的网络，这是错误的。没有扎卡维，伊拉克“基地”组织就完全是另外一个样子。事实上，优秀的领导人能够采取技术和管理手段（比如共享意识和赋能）来驾驭整个组织，因此高级领导人的作用比以往任何时候都更为重要，只不过他们的作用与传统的“英雄式领袖”相比已经是天差地别。

在特遣部队中，除了新的管理方式外，我们发现还必须建立起一种新的个人领导模式。高级领导者的作用不再是提线木偶的操纵者，而是组织文化的缔造者。

在如此错综复杂的环境下，领导者自身只是一个作用有限的因素。人类的思维和行动能力之强是让人震惊的，但也是永远不够的。如果我们仅仅是干得更多、做得更努力，并且想着可以成功地处理所有信息、满足一切“紧急”需求，那很明显，我们是做不到的。作家丹·列维京对此解释道：

> 2011年，美国人每天所接收的信息与1986年相比增长了5倍之多——已经相当于175张报纸了。在空闲的时间里，不算工作，我们每个人每天要读取340亿个字节，也就是10万字；全球21274家电视台每天生产出8.5万个小时的原创节目；我们每天平均要收看5个小时的电视节目，这相当于200亿个字节的视频图像。[2]

受过教育的人或许会觉得自己曾经至少能够对某个特定研究领域的相关知识十分精通，但如今的信息爆炸使得任何人如果有这种看法都显得十分可笑。

面对这种信息超载的情况，一种解决方案就是让领导者能够接触到更多的信息，给他配备两台智能手机、多个电脑屏幕，让他不分昼夜地接收最新的信息。但其实领导者所能够接收的信息并非问题所在。我们可以更努力地工作，但面对如此海量的信息我们又能够接收多少？对于人类注意力的研究表明，大多数人在同一时间里只能仔细地思考一个问题。让人同时处理多个任务，只会使得这个人完成任务的能力有所下降。[3]由于这些限制，我们如果现实些就不应该有这样的指望——一个“英雄式领袖”坐镇网络中心，通过网络上的各个连接线在各个阶段同时控制数千个提线木偶。

领导者应是组织环境的缔造者

国际象棋这种游戏在16世纪发轫于东印度，被许多人视为对弈者之间的终极战略竞赛。它曾经被视为一种贵族游戏，并被认为能够有效地锻炼战略思维、培养未来领袖。

各种各样的棋子，无论是王、后、马、象还是兵，在棋盘上走动的方式各异。兵是数量最多的棋子，也是行动方式最有限的棋子。后是行动方式最灵活、行动范围最大，也是最厉害的棋子。王虽然相对较弱，但这颗棋子是绝对不能放弃的。没有一颗棋子在行动时会自己思考，也没有一颗棋子会从自己独特的角度来看待整个棋盘，并且提出行动建议，更没有一颗棋子会大叫着提出警告，说本方或它自己正面临危险。棋手必须完全依靠自己去观察、决定并且行动。

2004年的特遣部队就好像一盘棋子，区别在于这里的“棋盘”上子弹横飞、变化莫测，而“棋手们”在采取每一步行动时都要面临时间上的限制。我能够观察整个棋盘，并且具备一系列独特的能力手段，这使我能够像下棋一样指挥部队与伊拉克“基地”组织作战。我能够像博比·费希和加里·卡斯帕罗夫那样，向我的对手发起无情的攻势。

但很快我就发现，把这个战场当作棋盘是很不靠谱的。即便以最快的速度进行，国际象棋仍然是一种回合制游戏，两个对手之间每人走一步，轮替着把游戏玩下去。而2004年的战争完全不会遵守这种约定，敌人可能同时动用几个棋子，或者在很短的时间内接二连三地痛揍我们，他们不可能像棋手那样走了一步后，满怀敬意地等待我们走一步，然后再采取下一步行动。

他们做事的速度如此之快，以至我们很快就发现他们的变化并非其高层精心决策的后果，而是一线力量的适时反应。他们的行动可能并不存在故意的战略安排，但他们在新的环境中明显游刃有余。

我们的队伍则被锻造成训练有素、能力可期的“棋子”；我们的领导者，包括我在内，则被训练成国际象棋大师，而且我们也希望能够展现出国际象棋大师的才干和技能。我们觉得有责任也有必要去实施控制，但就像我们前面所说的，事实上我们必须要放手了。

在这里我要提及我先前所学到的一些东西，这既不是我在西点军校里学到的，也不是在本宁堡的射击场上学到的，这件事发生的时间比那些都要早得多。

1966 年夏季，也就是我的父亲第一次从越南战场回来后不久，我的父母买了一栋新房子。这是一栋 20 世纪早期的砖房，面积很大，它让我的父母、6 个孩子、一条名叫诺奇的狗以及络绎不绝的来宾有了舒展的空间。我的母亲名叫玛丽，勤劳得如同一台不知疲倦的机器，她把一部分院子作为菜园。她没有在那里种花，而是希望能够有看得到的收成。她在那里种植水果和蔬菜。各种豆类排列得有如军队般整齐，土豆在右侧，莴笋在后面。拿破仑看到这个菜园也会赞赏，泰勒或许会把肥堆挪到无花果树附近，稍微更加接近一些南瓜的阵列，这样能够节省几秒钟的劳动力。不过肥堆不合泰勒的心意，都是我的错。

问题出现了。第一年妈妈错估了我们家对于南瓜的需求量，于是无数用南瓜做出来的菜让我们叫苦不迭，只有南瓜做出来的冰激凌还算一直受欢迎。不过总体上，这个菜园是一次激动人心的成功。我的贡献只是零星的，但我的确在观察、在学习。

如果菜园得到良好的打理和充分的维护，并且蔬菜一旦成熟就能够被收割，则菜园的产出将十分可观。园丁搭建了一个环境，在这个环境里作物能够茁壮成长。先前所做的工作以及日夜悉心的打理，使得各株作物能够同时各自成长起来。

多年后当上了特遣部队司令官，我开始觉得在新环境下要做好领导人，要做的事情更像菜园里的园丁，而不是棋盘边的棋手。对于军事行动来说，实施一步步的控制似乎很自然，但事实上更有效的做法是培育整个组织，构建它的架构、流程和文化，使得麾下的各个组成部分能够自主地运转起来。这并非完全的为所欲为，因为团队里每一部分的努力都与对整体战局的洞悉密不可分，各支部队都能不停地获取整体的共享意识，这样它们就可以根据总体战略，采取自认为最合适的行动。

在我们特遣部队内部，就和在一座菜园里一样，最终能否取得良好的结果要看后续的维护，而非一开始的耕种。要想获得成功，就必须浇水、除草以及防止作物受到兔子和病虫害的影响。园丁不可能真正地让番茄、南瓜和豆类“生长”起来，她能做的只是构建一个良好的环境，让作物茁长成长。

维系组织氛围是领导者的首要职责

我固然认识到上述做法的必要性，但从“英雄式领袖”变成谦卑的园丁，在精神上对我而言也并非容易过去的一关。从在西点军校的第一天开始，我所受到的训练就告诉我要培养起自己个人的品行，使自己称职、果敢、自信。如果有足够的信息，我也期望自己能够想出正确的答案，并且信心满满地告诉我麾下的部队。如果不能做到这些，就意味着软弱，别人也会对我的能力提出质疑。我花费了一生的时间准备去做一名“象棋大师”，而为了能够做好一名“象棋大师”，我感受到了极大的压力。

但我还是做出了选择。我必须调整以适应新的现实，我要重新塑造自己，就好像客观环境逼迫我们重新塑造我们的部队一样，于是我停止下棋，开始做一名园丁。但如何才能做好一名园丁呢？

首先，我得把注意力从棋盘上移动棋子转移到构建生态系统上去。看上去有些矛盾的是，正当我拥有更多的手段和方法能够做出更多的决策时，我的直觉却告诉我，我做出的决定应该更少一些。一开始有些尴尬，因为明明在技术上我能够做出的决定，如今却要委托我的部下去做出。如果能够做出一个决定，我为什么不做？难道那不是我的工作吗？这看上去是在推卸责任，这对任何一个领导者而言都是严厉的指责。我的角色已经改变了，但领导者依旧是重要的，比以往任何时候都重要。

照料菜园，也就是创造、维系团队工作的氛围，是我的首要责任。我要持续不断地修剪、塑造我们的组织网络，信息共享和赋能是让我们作战行动取得成功的法宝，但随着时间的推移，这些法宝会蒙上灰尘，而我们获胜的前途也会因此蒙上阴影。我发现，只有在高层领导者的推动下，才能保持我们所需要的行动节奏、信息透明度和各部队之间的良好协作。我能够塑造一种文化，并命令保持经常性对话，从而使得共享意识不会丧失。

以“园丁”的方式去领导，这意味着我必须采取毫不含糊的方式与他们对话，从而让整个特遣部队聚焦于明晰的首要任务上，此外我还要以身作则。我的言行必须一致，因为我的部下很自然地会倾听我说的话，然后观察我的举动来度量我所说的话的重要性。如果我言行不一，则我的话就会被视为无意义的训话。

我们由小团队构成的大团队分布在多块大陆上，如何让他们明白沟通的重要性，并建立起相应的组织文化，这是一个挑战。书面指导是必要的，但我们每天都被备忘录和海量的文本吞没，单靠这些书面指导显然无法引起足够的重视。为了将最新情况随时公之于众，我启用了每个人都能使用的安全互联网接口，并且认真地编纂每一份备忘录来确保这些备忘录不单单反映了我的想法，还反映了我的“声音”。我试图去记住，“越少就是越多”，并且仅仅抓住几个关键的议题。经验告诉我，要想让别人记住这些东西，你就必须多次反复强调。只有当下属们能够重复或概述我所说的话，并且视之为必要的“事实”，我才能确信这些话已经被他们完全接受了。

然而，作为一名领导者，我最强有力的沟通工具就是我自己的行为。在还是一名年轻军官时，我就被教导，领导的榜样总是会成为众人审视的对象，坏榜样的力量甚至要强于好榜样。或许在某些情况下高级领导者可以把自己隐藏在高墙和一群助手的身后，只有当助手们的关系紧张时才会出现，他们头发整洁，说话小心，控制着信息。但在一个推特横行的世界里，在一个新闻全天候覆盖轰炸的世界里，高级领导者想要这么做绝无可能，我甚至都没有尝试去躲在幕后。

相反，我一直试图扮演一个楷模，持续地输出一种信息。而我们每天进行的作战情报简报电视电话会议成为我总体沟通工作中的重要一环。固然，作战情报简报会议的主要功能在于信息交流，但同时它也是最有效的领导工具，因为它给我提供了一个平台，在这个平台上我可以展现我所寻求的文化。

在参与战斗的早期，尽管当时在理论上我可以在任何地方发号施令，我依旧可以穿着我的作战制服在胶合板的背景前说出我的关切和责任，但我更意识到，作战情报简报才是我最有效的领导工具。相比于其他人，我可以更理直气壮地要求我的部队付出努力，要求华盛顿给予支持。

同时，我也让整支部队在作战情报简报会议上自由交谈，来展现这种新的领导方式。电视电话会议参与的人数分布在 70 个地点，因此技术上的障碍是巨大的，但该会议的进行过程必须做到流畅。在早期，我发现技术连接有时候会中断，还有一些其他问题，这其实是削弱了这个论坛在别人眼中的重要性，让我不能容忍。因为同样的原因，我从来不会取消哪怕一次作战情报简报会议，而且强制所有人参加。我觉得，如果作战情报简报会议被视为偶尔进行的，并且重要领导人不会总是参与，那它最终会归于瓦解。

任何会议的规则更多的是靠先例和与会者的行为制定出来的，书面指导起到的作用相对较小。在我的期望中，作战情报简报应当是关键信息汇报和积极互动的结合。要想达到我的期望，就必须付出努力，尤其是这样一个以数码为媒介的会议。与会者远隔千里，组织文化背景各不相同，也素未谋面，在这些条件的限制下，彼此间的坦诚是不容易做到的事情，但我们还是做到了。在必要的时候，我会事先准备问题或评论，然后让我信任的伙伴来读，从而向每个人展现出我希望作战情报简报会议是个什么样子。

虽然作战情报简报会议应该成为整支部队的简报会，我作为司令官仍然处于中心位置。在我们的系统中，做简报的人会在屏幕中处于中心位置——无论他或者她身在何处。但如果简报结束，系统会把屏幕中心位置默认切换回我。这样一来，等于我每天要在电视上向整支部队以及无数其他兄弟单位的伙伴“晒”上一个半小时。如果看上去心不在焉，或者别人看到我在发电子邮件、说话，他们会觉得我对这种会议没有兴趣；如果我显得很愤怒，则聊天室里就会不时地闪过“是什么让老大这么恼火”之类的语句，而视频电话会议也会受到类似的影响。批评之语的影响会成倍放大，最终压垮部队中的年轻成员。我知道，仅仅摘掉眼镜、按摩太阳穴这样的一个动作，就会在分布于几个大陆的同僚间引发各种解读。

我一直有机会施展我的领导权力。每天好几个情报分析师（通常都是年轻人，并且与我素未谋面）被要求在自己所在地给出简短的最新情况汇报，他们的所在地包括美国驻也门萨那的大使馆、米德堡国家安全局总部或者是阿富汗、巴基斯坦边境线上的一座小型基地。这些人往往一个人坐在一间小房间里，对他们来说，在电视上向一个 50 多岁的将军，向一群看上去蛮吓人的、经验丰富的战士和情报专家做自我介绍，并不是什么愉快的经历。而且他们在前一个晚上几乎没怎么睡觉，我用不着多想，就能体会到他们当时可怕的体验。

当轮到他们做简报时，他们的脸会迅速塞满整个屏幕，此时我都会停顿一下，呼唤他们的名字打个招呼。对此，他们经常吃惊地报以微笑。在指挥链上，他们比我低 8 个层级，地理上也与我相隔万里——这位高级将领是如何知道他们名字的呢？答案很简单，我让我的团队准备了一份名单，上面是今天打算做简报者的资料，这样我就能用一个小小的举动来让他们放松下来。

他们做简报时，我一般都会全神贯注地倾听。最后，我会问一个问题。答案通常并不是非常重要的，这一点我其实早就知道，但我想让所有人知道我刚才在听，而且他们的工作也是很重要的。有些人会被问得局促不安，他们会叹一口气，放松下来，然后在接下来的简报中做出回答。但这也给了他们一次机会，让他们能够在整个司令部面前展现自己的知识和能力。

对一个指挥部里的年轻成员而言，即便他的简报十分糟糕，我也会表扬他的报告。接下来其他人会给出建议，看看他如何能够改进，而我没有必要在成千上万人面前给他建议。如果我们做得得体，则这位分析师在作战情报简报会议结束后会更有信心，对于我们的事业也更具责任心、更加投入。

“谢谢”是我使用的最重要的一个词——关注和热情是我最有力的行动。和一些受到信任的顾问一起待在一个小房间里，挫败感和愤怒可以被抛到九霄云外慢慢消化，但作战情报简报会议规模庞大，任何的气话和讥讽都可能导致灾难性的后果。作战情报简报比其他任何东西都更需要自律，而我发现它让人筋疲力尽，但这也是以身作则的绝佳机会。

我采用了一个被我称为“大声想出来”的做法。在做这件事时，我会对我所听到的事情做一个概括，描述一下我是如何获取信息的，并且大概说一下当碰到这些事情时，我的第一反应是怎样的。这种做法会让整个指挥部追随我的逻辑轨迹，理解我是怎样想的，在合适时，他们还可以修正我的思维轨迹。在我做了这些事情后，为了能够顺利实施赋能，我经常会问手下，怎样的行动才是合适的，并且让他们告诉我他们打算怎样做。

对一个高级领导者而言，“大声想出来”可能会产生令人恐惧的前景。在某一个议题上的无知会被很多人看到，而不懂装懂非但无效而且让人尴尬。然而，我发现问一些看似愚蠢的问题，或公开承认“我不知道”可以被他人接受，甚至被他人赞赏。寻求别人的看法和建议显示出对对方的尊重。通过作战情报简报会议，我们总体上强化了一个信息：我们面临着一个只有我们能够理解、解决的问题。

园丁播种、收获，但更重要的是，他们为作物浇水，为土地施肥，并去除杂草。他们成天走在潮湿的泥路中，跪在纤嫩的幼苗边。优秀园丁日常的到访并非一种形式化的、表达关心的姿态，这种到访能够使作物更加茁壮；对领导者而言，也是如此。

有一个军事术语叫“战场巡视”，它是指高级领导者探访部队驻地和部队。我发现和其他几乎所有事情一样，要想做好“战场巡视”，还得仔细规划、认真执行。这样的探访大部分有着多重目的：增加领导者对于局势的理解，将指导意见向部队传达，鼓舞激发士气。一次成功的探访能够达到上述所有目的，一次糟糕的探访则会让部队迷茫、士气低落。

探访部队能够让你看到在正式报告中看不到的东西，那些正式报告都是在官僚体系中被筛了好几层的。我觉得，在探访部队之前，最好能够就我所要问的主要问题进行一下沟通，而且我还会试图在抵达目的地前先了解一些背景信息。在探访的现场，当然有必要让当地的领导者做一下简报，但同时还必须与更底层的人进行互动。把下级军人带到大会堂中，和他们的长官一起开会，这种做法虽然毫无意义，但我觉得创造理想的沟通场合还是比较容易的。

提问题是有技巧的。简报是有价值的，但简报的内容主要是下属希望你知道的东西，而他们所提供的信息往往是不完全的，有意识地提问能够弥补这些空白。在 2005 年早期，我的情报官，当时还是上校、后来升任中将的麦克·弗林教了我非常管用的一招。当时我们在探访一个吹嘘拥有250个情报来源的情报单位（这里的“情报来源”是指被我们招募的、向美军传递情报的伊拉克平民），他们的描述给我留下了深刻印象。麦克当时问了一个简单的问题：“能仔细谈谈你所说的最好的情报来源吗？我会觉得其他情报来源都是没用的。”这个单位只承认他们所说的最好的情报来源是新搜集到的，并且还没有证明其价值，于是我们立刻就明白了，它的情报网络没有多少实际价值。

后来我在阿富汗的一些小型基地与低级军官以及军士对话时，会提一个同样的问题：“如果我告诉你，在我们赢得战争前你不能回家，你的表现会有所不同吗？”一开始他们会干笑，觉得我在开玩笑，但他们很快就意识到我并不是在开玩笑，于是大多数人开始认真思考起来。如果他们不能看着手表等待着回家的那一刻，而是被迫工作到任务完成，那么这个问题就严重了。这些人几乎都是优秀的士兵和领导者，但他们的思维只会去考虑自己在战场上执行任务时的事情，而很少去展望整个任务胜利完成的那一刻。

一旦重新考虑“如果要待到战争胜利结束才能回家，他们要做什么”这样的问题，他们给出的答案就能给人以深刻的印象。大多数人会调整他们的策略，处理问题的方式也会考虑得更长远。或许在读者看来，他们会试图尽快解决问题，然后好早点回家。但他们都是经验足够丰富的人，知道真正能够解决问题的方案，都需要长远的眼光——一锤定音的买卖只存在于幻想中。虽然我无法改变军队轮替上战场的政策，但在离开时，我都会要求每个士兵在执行自己的任务时秉持刚才他们所提及的心态。

在探访期间，沟通不会有丝毫停顿。从与军官们的小规模会议，到在礼堂里的大规模谈话，我发现有必要让指挥部中的所有人直接从我这里接收信息。我的讲话通常是这样开始的：站在所有人面前，要求他们看着我的眼睛，然后在接下来的一个小时里决定他们是否信任我；我会告诉他们，我也会在接下来的一个小时内决定是否信任他们。

“你们有权对代表你的领导人做出自己的判断，而我也有权对你们做出评价。”

我不会居高临下地和他们谈话，我会试着去理解、尊重他们的视角。在很多情况下，这是很困难的。那些在恶劣条件下苦战了一天的士兵会觉得他们的领导者与他们生活的世界远隔万里。对于这种挑战，没有什么办法能够一举解决。如果只有漂亮的语言，而没有实际行动，只会招致部下的讥讽。如果在听取了他们的问题和关切后，我无法为他们做些事情，我觉得还不如直言相告，这比假装我能够为他们改变些什么更好。坦诚展现出我对他们的尊重，也能为我赢得他们的尊重。

实事求是是很重要的。每次探访都经过精心的规划，精力充沛的参谋人员总是会打算进行很多的活动，但实际完成的却并没有那么多。匆匆而过、浅尝辄止的互动反而会让部下感到灰心丧气，所以如果你提出问题，那么请留出足够的时间倾听答案。而且请记住，即便是高级领导人也是人。国会代表经常不远万里乘坐飞机来到伊拉克，他们筋疲力尽，行程满满，因此就在我们试图解释我们在做些什么事情时，他们往往就会打瞌睡。如果你在睡觉，又怎能表现出自己对军队的支持？

在我的军旅生涯中，我曾经看到高级领导者来探访军队，却无意间引发了消极的后果。通常情况下，这些领导人的行程表都是满满当当的，因为根本不可能完全照做，于是只能调整，只能在探访中取消部分计划中原本要做的事情。从表面上来看，这是必要的抉择，但我们还是要看到，士兵们花了几天时间来准备向一个到访的“大人物”做简报或展示，却在最后一刻被告知他们的工作统统没有意义，这可不是什么提升士气的好办法。

我会告诉我的手下有关“恐龙尾巴”的故事：一个领导者的级别越来越高，也就是说他的块头和尾巴也变大了，但和雷龙一样，他们的大脑还相对较小。当计划有所改变，这头庞然大物开始转身时，它的尾巴经常会无意识地扫到别人或其他东西。即便这种破坏是无意间造成的，但其所造成的损失也无法挽回。

领导者的使命

领导一支由小团队构成的大团队是一项令人生畏的任务，因为领导人的作用和行为方式都必须有根本性的改变。长期以来，在战场和会议室内占据统治地位的是那些“英雄式”的领导人，他们个人能力突出，意志力强大，双手牢牢控制一切。但面对不断加快的速度、不断膨胀的错综复杂度以及各种因素的互相交织，这样的领导人会被时代所粉碎。今日，即便那些最为成功的“英雄式领袖”在自己的宝座上也显得惴惴不安，他们都非常清楚，他们看上去几乎无敌的理解能力以及控制能力，只不过是一种幻影，我们必须改变领导策略。

为了让麾下的组织变得具有调整适应能力，我们必须建立、引导并且维系一种敏捷而持久的文化。新型领导人的主要责任在于维系一种全局观、大局观，避免还原论式的方法，不管宏观管理的做法多么具有诱惑性，都要这么做。或许对于一个卖装饰品的组织来说，它的领导者发现自己喜欢与装饰品有关的一切——设计、打造、营销，但其实，这还不是这个组织领导人最应该发挥作用的方面。领导人的首要责任，是对组织整体负责。

一个领导人所说的话固然重要，但他的行为对于能否形成小团队构成的大团队而言更为重要。利用新技术监控各个层级员工的表现，这固然符合弗雷德里克·泰勒的心意，但同时领导者还必须允许团队成员来监控他。除了指导以外，领导者也必须展现出个人透明度。这是一个新的概念。

随着这个世界变得越来越错综复杂，领导人的重要性只会增加。即便人工智能里跳动的量子也无法表达个人意愿、精神鼓励和热情嘉奖，这一切都需要领导人来做到。说服各支小团队彼此结成网络总是困难的，但这种文化可以被孕育出来，如果得到维系，就能茁壮成长。这里所需要的就是一名园丁——一个人，有时候完全就是一个人。要想让一个生态系统良好地运转，领导者就要展现出愿意承担巨大责任的态度。

总结

- 虽然我们本能地意识到世界已经改变，大多数领导人的行为模式和培养过程已经过时，但我们经常要求领导人具备高得不现实的知识素养，并且强迫他们去进行宏观管理，哪怕他们并不具备这样的能力。
- 我们不应该去试图做一名国际象棋大师，去控制组织里的一举一动，而应该做一名园丁，更多地培养，而不是指导。
- 园丁的领导方式绝对不是被动的。领导者要采取“双眼紧盯—双手放开”的行为策略，建立和维系一个良好的生态系统，并让整个组织在其中运转。

第五部分

走在时代前面

对于现在领导社会的人来说，首要的责任是教育：如果可能，在民众的信仰中注入新的生命，纯化民众的道德观念，控制民众的行为；现在的民众大多被盲目的本能所支配，不知其真正的利益何在，因此要将治国的道理教给他们，破除他们那些盲目的本能；此外，领导人还要调整政府，使政府符合时代和环境的需要，符合人民和客观条件的需要。[1]

——亚历克西斯·德·托克维尔

第十二章　新的时代需要新的组织架构

新的组织蜕变带来的辉煌战果

伊拉克“基地”组织高级领导人阿布·扎尔的葬礼是按照熟悉的模式进行的：先在夜间于户外围绕着尸体进行聚会，然后将尸体埋葬。2005 年夏末，我们通过“捕食者”无人机的监控系统观察了整个过程，他的死亡让我们百感交集。除掉这样一个活跃的武装分子，大大降低了巴格达汽车临时爆炸装置的威胁，但同时我们也失去了审讯他，以获取巴格达伊拉克“基地”组织网络和行动情报的机会。然而无论如何，他死了。

或者说这只是我们的想法而已。2006 年 1 月 6 日，我们的一名联络官报告说，伊拉克军队抓获了一个人，据说就是阿布·扎尔，他还好端端地活着，当初的葬礼是精心策划的、用来摆脱我们的诡计。如今活着的阿布·扎尔就在我们的手掌心里，他也开始配合我们捉拿扎卡维。

有关扎卡维的报道在2005年秋季大量涌现，真假难辨。有传言说他身受重伤在叙利亚养伤，我们对此进行过监控；他还对伊拉克境内各种叛乱集团进行广播，我们也仔细倾听过；我们甚至还追踪过一个年轻的伊拉克妇女，据说这是他最新娶到的妻子，我们希望能从中获得线索。但在2006年春季，这名来自扎卡尔的暴徒是自由的，而且比以往任何时候都能给我们造成实际的危害。

然而，我的信心越来越足：他的日子已经屈指可数。我们对于扎卡维本人以及他所统领的组织的理解程度日益加深，特遣部队行动的有效性也急剧上升。2003年的可悲的情报能力已经大大改进，如今我们已经成为一个高精尖的组织。2006年，萨迈拉什叶派黄金清真寺遭到伊拉克“基地”组织的爆炸袭击，结果在整个伊拉克导致了教派大冲突，尽管出现了这样的事情，但特遣部队的作战效能已经不是当初所能比拟的，他们具备前所未有的能力可以瞄准扎卡维，并且摧毁他的网络。

一件有趣的事情加强了我的信心。通过一些比较诡秘的技术工作，我们截取到伊拉克“基地”组织正在制作的宣传片的电子版本。在宣传片中，扎卡维穿着他标志性的黑色衣服，在一片没有什么特征的沙土坡附近开枪射击。整个视频中，扎卡维都是“有种来抓我”的嘲笑表情，试图强化他的领袖形象。然而，就在伊拉克“基地”组织能够将剪辑版发布出去之前，我们却率先发布了分析结果：扎卡维摆弄自动武器完全是外行——为了在画面中达到预期的效果，他手下的一个打手用火焰筒帮助他达成预想的效果。更重要的是，通过一些让人目瞪口呆的办法，特区的分析师们定位到了影片拍摄的地点。如今我们由小团队构成的大团队能够将各自的专业技能迅速、有效地以网络的方式融成一体。

在 4 月初，由于对阿布·扎尔的死而复生感到迷惑不解，一个名叫沃尔特的情报军士长开始观察巴格达西部地区的一间农舍。在进行了为时数星期的侦察后，他发现伊拉克“基地”组织有在这里开会的迹象。他把这块地区标为“第 152 号关切命名区域”，没有人命令他关注这里，也没有计划让他关注此处，但这名情报人员在伊拉克待了几年，本能地把一些点连成了线。

在观察了几分钟后，沃尔特立刻将“伊拉克‘基地’组织可能在这里聚会”的信息传递给特遣部队，并建议立刻进行一次打击。

在白天发动突袭并不是一个容易做出的决定。在敌对空域飞行，并且在距离目标极近的地方着陆，这些都让我们的部队处于危险之中。

不过作战人员相信沃尔特的专业素质，也相信他的本能，同时他们自己也比较熟悉情报工作的流程，在评估了风险后他们几乎是立刻就做出了决定。

作战人员在下午 1 点 56 分发动攻击。为此而爆发的交火导致 5 名叛乱分子被击毙，还让我们查获了一个军火库，里面有许多武器、自杀式背心以及其他军火。行动还在进行之际，侦察系统又发现在不远处的另一间农舍中也有人员活动痕迹。沃尔特和其他分析师立刻断定那里也应当被行动人员瞄准。

“第 152 号关切命名区域”的交火刚一结束，作战人员就接到呼叫，并且进入“夜间潜行者”直升机，对附近那间农舍里正在进行的可疑聚会发动突击，这间农舍如今被命名为“目标迈尔斯”。没有时间获得特遣部队司令部的批准，没有时间进行预演，也没有任何书面的行动命令。经验老到的各团队只是站在直升机旁，通过无线电聆听情报军士长的评估，制订计划，然后在几分钟内向目标飞去。在“第 152 号关切命名区域”的交火开始后 2 小时 15 分钟，这些作战人员就降落在目标区域。2003 年那台瘫痪的军事机器似乎早已不复存在。

在第二次突击中，部队不放一枪就抓住了 12 名伊拉克人。但危险信号很快变得明显起来。这些伊拉克人显然都不是农民，在一个几乎每个人都拿着手机的国家里，我们发现这些人当中只有两个人拿着手机。这里面有两种可能性：要么他们开会时故意不带手机，要么他们在听到直升机接近的声音时，就把手机扔到附近的阴沟里了。这些人都被拘留，并且被带回审讯。

在第二天下午的作战情报简报电视电话会议上，一份声明立刻引起了我的注意："这些人不是一群简单的武装分子，他们与众不同。"

就如同我们的祖先在开拓西部时报告中所写的："这里太安静了。"上述这份报告的重要性也非同小可。做简报的人是我们经验最丰富的一名情报官，是与菲律宾阿布沙耶夫武装长期交锋的老手，而阿布沙耶夫武装与伊拉克"基地"组织有联系。此外，他还在伊拉克和阿富汗执行了数年的任务。这个人知道哪些情况是正常的，哪些情况是不正常的。

在几天之内，我们的分析师确定这些人中的好几个是伊拉克"基地"组织的中层人物。我们的大团队还试图确认这里面有没有伊拉克"基地"组织的高层人物，或者与高层人物有关联的人。他们对比了这些人口供之中的矛盾之处，并且要求这些人中的每一个都去指认，他们这群人中哪一个最为重要。[①]在这场战争爆发的早期，如此直白的方式在我们看来

① 有意思的是，这几个人都指认了同一个人，包括那名被指认的人，而那名重要的伊拉克"基地"组织的重要人物并非我们要找的扎卡维。

是简单而愚蠢的，但我们知道："如果愚蠢的办法奏效了，那么这个办法就不愚蠢。"

一开始我们怀疑找不到真正可疑的人，后来我们把注意力集中在一个名叫阿拉维的中年人身上，这个人看上去很有自信。几天前，就在针对伊拉克"基地"组织的战斗在伊拉克全境如火如荼之际，我们还试图去弄明白阿拉维是谁。

把注意力集中在阿拉维身上的，还不止审讯他的团队和在附近胶合板屋的房间里夜以继日工作的情报分析师们。我们的整张网络包括：遍布在伊拉克的各个团队，美国和英国的情报机构，地区内各处的司令部以及特遣部队向各司令部、办公室和其他重要地方派遣的70多个联络团队，都加入了这项工作。在这整张网络中，各团队协调该问什么问题，得到的答案也被分享，大家还群策群力、交换意见。这是一场指挥的比拼，而现在我们驾驭着成千上万个头脑——所有人的大脑都从箱子里被拿出来用了。

到了5月中旬，在经历了几十次的连续耐心审讯后，阿拉维决定把我们想知道而他又知道的东西说出来——一条有关扎卡维的线索。阿拉维告诉我们，他知道扎卡维精神导师的身份，这个人名叫谢赫·阿布德·拉赫曼，会定期与我们的目标人物面对面地互动。这是拼图中的关键一块：如今我们所要做的就是找到拉赫曼，然后顺藤摸瓜找到扎卡维。

说易行难。拉赫曼居住在巴格达，而在2006年5月，巴格达已经有如《启示录》中世界末日的场景。伊拉克"基地"组织挑动暴力冲突，尤其喜欢用汽车炸弹的办法，当黄金清真寺爆炸案所引发的什叶派愤怒浪潮喷发出来时，这个国家的首都陷入一片血海之中。我们很难在街头执行任务，也很难进行侦察。逊尼派如果驾车来到什叶派控制的检查站，人会立刻被从车内拖出，然后当场处决。我们突袭了一些伊拉克“基地”组织的安全屋，并在里面看到了一些中世纪才有的酷刑室，里面的照片和视频记录了一些虐待狂的残酷行为。

我们定位到一个据称是拉赫曼的人，他和他的家人就居住在巴格达附近，我们调动了地面和空中的部队对他的住处进行了无间隙侦察，还对嫌疑人进行“积极辨认”。但是长时间跟踪一个不想被找到的人是一件充满挑战性的事情，即便我们的技术有了重大的进步也是如此。

于是一个传统的、经常出现的困局再次出现了：是发动攻击还是引而不发。我们感到我们的眼睛都盯在拉赫曼身上，并且希望能够耐心地观察他，直到他引导着我们去找到扎卡维，但我们知道我们的精力和注意力总有消退的那一天。如果我们立刻发动攻击，我们很可能可以抓住拉赫曼，但除非他立刻与我们乖乖合作，否则拉赫曼的被捕就会引起扎卡维的警觉，后者会立刻消失。如果我们只是看着、等着，则有很大的可能性会惊扰到拉赫曼，扎卡维或许会因为其他原因离开，或者会出现一些“黑天鹅”事件来干扰我们的计划。

让我们的决定更为紧迫的是，调集足够的侦察资源，使我们能够对拉赫曼展开无缝隙的侦察，这使我们没有精力去着手其他可能采取的行动，而此时整个巴格达的局势正在恶化。信息大量涌入，各种选项被摆在桌面上争论不休。当不停地有人死去之际，耐心是难以维系的。在我们整支部队建立起共享意识之前的那一段时间里，部队中的帮派意识肯定会分散我们的注意力，那些没有参与追踪扎卡维的团队会为了拿到情报监视与侦察系统发出更加刺耳的吵嚷声。正是拜共享意识所赐，我们的特遣部队成为一个整体，大家都能理解，于是我们能够继续推进工作。

最终，在连续 17 天不间断的侦察后，我们看到这位精神导师把家搬到了巴格达的另一处房子里。[1] 这是一个迹象——阿拉维告诉我们，这一举动意味着拉赫曼即将离开这座城市去与扎卡维会面。于是，我们盯得更紧了。

拉赫曼离开巴格达去见扎卡维，一路上充满了戏剧性。我们的眼睛通过许多指挥控制节点，死死盯住拉赫曼，生怕漏过哪怕最小的细节，我们的有人和无人侦察机观察和记录着拉赫曼的每一个动作。我在巴格达看着这一切；8 个时区之外的美国，许多人也在看着这一切。

我们看到拉赫曼在巴格达郊外道路的一侧下车，并且几乎是立刻就被一辆蓝色的bongo卡车①给接走了。这几乎就是教科书上的“换车”行动——用来迷惑任何试图跟踪他的人。如果是心里没鬼的普通百姓，他不会试图甩掉背后可能跟着的“尾巴”。而在迪亚拉省省会巴古拜的一家餐馆里，拉赫曼又开始耍花招了。他从一扇边门进去，几分钟后又从另一扇边门出来，然后上了一辆白色的敞篷小型载货卡车，并迅速驶离。让人吃惊的是，这辆小型卡车看上去十分眼熟，据说扎卡维使用多辆外形看上去差不多的轿车来迷惑我们的空中侦察系统。当跟踪着这辆小型卡车时，我们同时还紧盯着拉赫曼从巴格达开出来的第一辆轿车以及那家餐馆，以防那个钻上小型卡车的家伙其实并不是拉赫曼。如果是在 2003 年或 2004 年，我们能够使用的只有单一的空中侦察系统，面对这种情况时只能进行选择性监视，同时祈祷我们的观察技巧优良，并且运

① 所谓的bongo卡车就是一种可以装卸平台的小型载货卡车，是由韩国起亚汽车集团在 1980 年开始生产的，在伊拉克非常流行。

气很棒。

现在，多亏我们的各支团队已经愿意分享资源，我们才能够让各种不同的航空器持续地对每一个目标进行紧盯。在整个过程当中，我们将各个联系人和密谋地点都画了出来——这些都是我们在全力以赴捉到扎卡维后要进行打击的目标。

拉赫曼开车前往的房屋位于一个名叫西比布（Hibhib）的地方。他开车从主路拐到一条马路上，经过一条运河岸边，然后在路的尽头一座混凝土石房前停下。这栋房子在大多数美国人看来都是体面的建筑，被绿树点缀的道路上几乎没有往来车辆。

当拉赫曼的车驶向这栋房子时，有个男人从房子里走出来向他打招呼，并且陪伴拉赫曼走了进去。这个人随后又走了出来，沿着马路走到了主路上。他全身被罩在黑色长袍下，看上去却威风凛凛。在马路的尽头，他左顾右盼，然后又回到屋子。这个人就是阿布·穆萨布·扎卡维。

在长达两年的时间里，我们都在谈论这一刻，但当决定性的时刻到来时，我们发现实际情况要比预想的混乱。我们曾经假设进行追踪的情况，但问题在于如何追踪。控制伊拉克境内作战行动的部队，就在距离我 30 英尺（约 9 米）的巴拉德的司令部工作，他们的司令和我简单地交谈了几句，并且自信满满地确信这个人就是扎卡维，还说他打算发动打击了。

他从巴拉德调动了一支突击部队，但还是让一些 F–16 战机做好空袭准备。他没有要求我批准这次行动，我也放手让他去做，因为我知道信任是最重要的。我们花了很大力气才建立起这样的标准做法，偏离这种做法将会是个错误，哪怕风险较大也要坚持。

和往常一样，实际情况开始偏离计划了。

从巴格达出发的打击部队因为直升机故障被耽搁了。我们发动打击的时间窗口是十分有限的。在那栋房子后面，有一片棕榈树林。如果有人成功地进入其中，如果还正逢黑夜临近，则要多用几百名士兵以及更多的运气才能抓住他，这是我们无法承受的。

指挥官于是转而打算采取B计划——F-16，但此时一架飞机离开站点补充燃料去了。宝贵的时间一分一秒地过去。

最后，另一架F-16冲向目标。在咬紧牙关的几分钟后，这架战机投下了它的弹药。

我们看到那栋混凝土石房和那个伊拉克“基地”组织的幕后首脑一同消失在一阵烟雾之中。

投弹后的28分钟，当突击部队着陆时，他们发现现场有伊拉克的警察和一辆救护车。扎卡维躺在担架上，依然还活着。一个美国医生在旁边对他进行抢救，这个医生清楚，一个活着的扎卡维具有何等重大的价值。但24分钟后，扎卡维还是由于内伤去世。[2]

他们将扎卡维的尸体直接运回巴拉德。他躺在水泥地板上，身子下垫着一张席子，看上去没有任何外伤，外貌也和我们在照片上看到的扎卡维一模一样。但以防万一，我们还是将这个人的指纹信息传回了美国国内的联邦调查局，焦躁不安地等待着他们确认尸体的身份。只有确认这个人是扎卡维，领导层才能够宣布有关这次行动的消息。

就在等待的当口，我们同时还搜集着在追踪时我们所确认的目标的信息。我们还按照计划举行了告别派对，送别了比尔·麦克瑞文少将，他是一名海豹突击队队员，在司令部的三年里起到了关键作用，他后来成为特遣部队的司令，又成为美国特种行动司令部的司令。参加这场派对的人来自各个大陆。在那个夜晚，许多喜欢他的人都拿他开一些善意的玩笑。这场告别派对是通过网络进行的，比尔和他的妻子乔治安在布拉格堡与那里的参谋人员以及家属们聚在一起，而我们指挥部团队则在巴拉德参加派对，另一个副司令在阿富汗通过视频电话会议系统参加了派对，还有司令部的其他一些成员也在各处通过视频电话会议系统参加了派对。我们讲笑话、说故事，并且向比尔传递礼物。对于那些外人来说，这似乎是一场奇怪的聚会，但在 2006 年 6 月，我们分布在各地的网络中的成员却觉得这再正常不过。我们已经成为新时代中的一个新司令部了。

就在我们狂欢之际，一个参谋人员走了进来，并且在我耳边低声说了几句。我的妻子安妮后来告诉我，尽管她当时还不知道那次行动，但看到我在屏幕上的表情，就知道肯定有什么重要的事情发生了，她祈祷但愿不是又有人伤亡。的确不是有人伤亡，因为我们刚刚得到确认信息：阿布·穆萨布·扎卡维死了。

于是，全伊拉克境内的特遣部队都投入了行动。在那个夜里，他们以最快的速度对目标展开打击，仅仅在巴格达就有 14 处。我们的目标是：在扎卡维的死讯传开，并引发伊拉克“基地”组织成员报复前，先下手为强。之前我们引而不发，是怕一旦发动这些袭击就可能促使扎卡维逃之夭夭。这种同时进行的大规模打击有可能对伊拉克“基地”组织形成巨大震撼，而且在每个遭到打击的目标地点，我们都能搜集到更多情报，确认更多的连接人物和地点，从而对敌人保持高压。

在当时，针对扎卡维的行动似乎是我们生命中最重要的事情，或许在当时也的确如此。让这次错综复杂的行动获得成功的流程、关系以及信任，如今看来都是理所应当的。我们每个白天、每个夜晚都使用这些流程、关系以及信任，似乎它们是自然而然应运而生的。然而，我们心里清楚，为了获得这些“理所应当”的东西，我们付出了多少。

重新定义组织的要素

那个胜利完成任务的组织，与2004年9月无法阻止污水厂爆炸案的组织相比可谓天壤之别。由于必须跟上灵活的敌人以及错综复杂局势的脚步，我们也变得具有调整适应能力。我们拼命地在组织内部分享信息，同时推行决策权的极端去中心化。

在做了这些事情以后，我们的结构与历史上美国军队中的任何一支部队都有所不同。传统MECE式组织架构表里，那些笔直的线条和直角都消失了；如今的我们看似没有固定形态，其实是有机的整体，支撑我们的是纵横交错的信任和沟通网络，而几十年来的管理者们都认为这种信任和沟通是低效、多余和混乱的。

到了2007年，特遣部队在与伊拉克“基地”组织的交锋中占尽上风。[①]我们的思维更加睿智，我们的执行更加敏捷。相较于我们的敌人，我们学习得更快，调整得也更快，这样一来，我们给他们造成的损失太快，而他们自我重生的能力就相对显得较慢了。我们每个夜晚都对不止一个目标发动打击，而早上也会发动打击——如果没有高超的情报能力以及

① 当然，这只是总体战争中的一个局部。固然我们在与伊拉克“基地”组织的斗争中占据了上风，固然为了获取这个目标联军值得付出艰苦的努力，但这并不代表着战争的全局或者战争将走向全面结束。同样让人悲哀的是，镇压伊拉克“基地”组织的努力，在我们离开伊拉克后仍未结束。

作战人员和分析人员之间的互信，我们是做不到这一点的。而高超的情报能力也好，作战人员和分析人员之间的互信也罢，都是我们的网络所培育出来的。

几年前，那些被我们抓获的敌人还会沾沾自喜，因为他们发现我们对他们组织的了解十分有限；现在他们开始对我们所掌握的情报感到惊奇了。他们询问审讯者：“你们怎么做到的？你们怎么知道的？”答案当然不是我们偶然发现了一座宝库，里面全是伊拉克“基地”组织的资料，也不是我们的侦察技术出现了突破；答案正是伊拉克“基地”组织教会我们的诀窍——日常管理办法上的革命。

我们的部队成为互相连接的一张神经网络，之后我们的表现自然而然就优异起来。走进战情沟通室，这里曾经是一个纪律森严、层级分明的地方，现在你却能看到这里聚集了许多专家，这些专家有的来自特遣部队，有的来自情报机构。一个专家的身旁，坐的或许就是一名作战人员，而作战人员的旁边，坐的就是来自兄弟单位的成员，有时候是这个机构的代表，有时候则是另一个机构的代表，他们带来了从巴格达、喀布尔以及哥伦比亚特区收集的情报。最终我们将战情沟通室称作“星战吧”，这个名字来自乔治·卢卡斯的电影中那个宇宙中的酒馆，里面全都是各种各样的外星人。

扎卡维被消灭固然是我们在与伊拉克“基地”组织的作战中取得的重要胜利，但这只是大拼图中的一小块。事实上，伊拉克“基地”组织的权力去中心化动作，使我们所采取的“斩首”战术不再是具有决定性驱魔效力的银弹①。我们的主要战略是掏空伊拉克“基地”组织的中层，而这个组织的中层彼此之间的联系是最为密切的。伊拉克“基地”组织再生能力强、流动性高，这样的一个组织不会因为单一一个点的失败而崩溃，这也是为什么我们要对其展开无情而精准的打击。

伊拉克“基地”组织的调整适应力是很强的，但扎卡维之死于我们的士气而言无疑是个巨大的激励。从长期来看，我们进步了。我们不仅仅是一台运转良好的机器，更是一个调整适应能力强、错综复杂的机体，不停地转动、变化，并且学习如何去压倒我们多变的敌人。

1835 年，亚历克西·德·托克维尔出版了第一卷《论美国的民主》（*Democracy in American*），这套两卷的巨著成为政治学的开创之作。当时，他刚刚结束了 9 个月的美国之旅，回到自己的故乡法国。当时的美国是一个懒惰、闭塞的地方，经济规模很小，与欧洲主要的关联仅限于其一个半世纪前的独立战争。然而，托克维尔还是看到了美国的未来。随着革命在欧洲蔓延，随着君主制被推翻，随着共和与民主的制度被开创，他觉得在美国能够找到如何正确地进行革命，并开创民主和共和。托克维尔拜访了东部喧嚣的城市，也探索了荒凉的西部原野，他对美国“几乎完全平等的各方面条件”[3]印象深刻。美国人参与自治组织的热情之高让托克维尔大吃一惊，他写道：“在世界上，还没有一个国家，能够像美国这样成功地让自治原则在如此多的对象间得到使用和运用。”[4]

托克维尔还写了一些他所看到的、他认为是美国缺点的东西。固然，

---

① 在欧洲民间传说及 19 世纪以来哥特小说风潮的影响下，银色子弹往往被描绘成具有驱魔功效的武器，是针对狼人等超自然怪物的特效武器。——译者注

当时和现在的人都认为，民主的要义在于向人民分享政治权利。但仅仅是分权还不会产生成功的民主，要想让人们有效地行使民主权利，前提是他们要拥有足够的背景信息。托克维尔就强调这一点，指出“在美国，对于人民的指导有力地促进了民主共和”[5]。托克维尔声称：

> 对于现在领导社会的人来说，首要的责任是教育：如果可能，在民众的信仰中注入新的生命，纯化民众的道德观念，控制民众的行为；现在的民众大多被盲目的本能所支配，不知其真正的利益何在，因此要将治国的道理教给他们，破除他们那些盲目的本能；此外，领导人还要调整政府，使政府符合时代和环境的需要，符合人民和客观条件的需要。[6]

政治学教授布赖恩·戴诺福声称，托克维尔认为，领导者就是“有责任教育民主国家的公民，有意识地让他们理解自由是何物，并且知道自由的真正意义”[7]。简而言之，托克维尔认为类似于美国这样的民主国家，若想保持自身的自由，只有通过“适当的教育”，或者换句话来说，让民众拥有足够的共享意识，从而有效地实施赋能。[8]

托克维尔意识到，没有让民众了解背景信息就随意实施赋能，会导致混乱。在传统的、集权式的组织里简单地推翻权威，而不做其他方面的改动，是危险的行为（可以想一想2008年的金融危机，那个年轻的、一无所知的金融职员手上被赋予了太多的杠杆，却几乎没人给予他指导）。一个组织应当向其成员赋能，但这里有个前提：赋能之前必须通过艰苦的努力在组织内建立起共享意识。当你试图做成功一些建设性的事情时，这更加困难。伊拉克“基地”组织在几乎没有什么共享意识的情况下就实施赋能，因为它的主要目标就是摧毁，这并不一定需要什么精确度和互相协作。但对大多数人来说，他们要完成自己的任务就必须在错综复杂的环境下做一些建设性的事情——从供应链管理到援助分配再到市场营销，最后到国家管理。在缺乏共享意识的情况下就实施赋能是很危险的。

同样，共享意识本身虽然强大，但只有它肯定是不够的。建立整体意识，并且迫使大家进行互动，这些做法能够统一所有人的目标，并且建立一支更为团结的力量，但却无法释放组织的全部潜能。长期维系这套体系，却不进行权力的去中心化，则本来有所提升的士气会受到打击，因为人们无法按照自己新的视角去实施行动，这无疑令其很有受挫感。就好像只赋能没有共享意识必然会失败，只有共享意识却拒绝赋能也会失败。

为了维系共享意识，就必须悉心维系一套集中化的讨论区，把大家聚拢在一起。赋能是一种激进的去中心化系统，将权力外推到组织的边缘。这些其实是我们组织蜕变的核心所在，有了它们，我们就能成为一支单一的、团结的力量，规模固然庞大，但敏捷性却依旧惊人。在MECE式的核查名单中有许多项目，这些项目都可以单独实施，但上面共享意识和赋能这一套方法里的各个项目则无法单独实施。只有一起实施，它们才能赋予一个组织以力量。在本书的前面，我们讨论过团队成员与团队整体间的关系，讨论过错综复杂体系与其各构成部分之间的关系，还讨论过其他几个动态关系，如同这些关系一样，共享意识和赋能之间的关系也是一加一大于二。

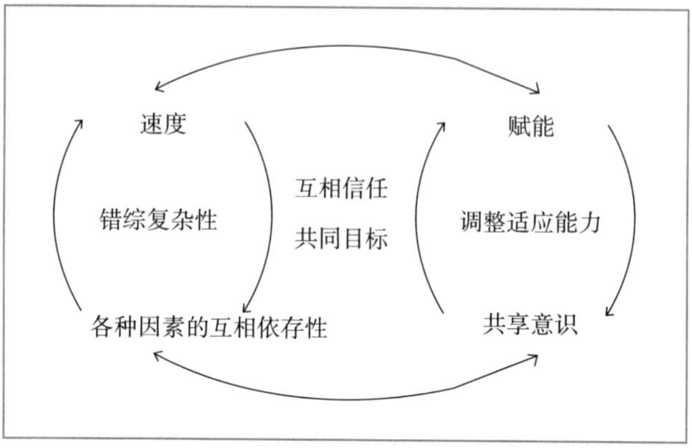

图 12　现代的环境变化速度快，各因素之间互相依存度高，这导致整个环境变得错综复杂。共享意识和赋能一起作用，就能创造出一个具备调整适应能力的组织，从而能够应对各种错综复杂的问题

在许多人看来，行使权力的前提是对背景信息有通盘的了解，这两者间的关系十分古老，有如本能一般。但通常情况下，这种看法导致了高级领导者被赋予越来越多的信息，为的是让他们在决策时能够有相应的视野（托克维尔运用这一原则时，却是让民主国家把统治权分散，这是一个历史性的突破）。

然而我们却颠倒了上述的进程。我们根据共享意识原则输出信息，并且向各个层级的人赋能，我们还重新定义了领导者的角色（也就是“园丁”）。我们所做的一切，或许在 20 年、10 年甚至于 5 年之前都是不可能做到的，因为那时我们所能驾驭的技术还不足以支撑起我们的做法，而且在那个时候，这些事情也没有必要去做。今天，这些事情不但能够做，而且必须去做。

沟通基础上的网状关系

这个新的世界——我的孙女埃米卢生活的世界，充满了意想不到的旋涡，同时也是刺激的和叫人害怕的。人与人之间的互动，包括管理的大背景在内，都正在发生着极为重大的变化。

得克萨斯大学奥斯汀分校曾经用电脑模拟过一次未来的汽车交通，这次电脑模拟完美地呈现了上述变化。[9] 在程序中，一个十字路口完全被自动驾驶的车辆所主宰，而且这些车辆都是实时互相沟通的。看着这道城市景观，你总会觉得哪里有些不对头。这个十字路口的面积巨大，是两条十车道高速公路的交汇点，但这里没有红绿灯，没有停车信号，而且看上去没有任何秩序感。车辆没有在自己所属的方向上排队等候，然后一窝蜂地开到十字路口的另一边。相反，向四个方向行驶的车辆都是互相交错着全速行驶，而且总是惊险地在一英尺（约 0.3 米）的距离之间擦身而过。[10] 整个十字路口没有一秒钟会是空的，甚至没有一辆车会停住，看上去这些车甚至都不曾减速。事实上，在到达十字路口之前，这些车辆就规划好了自己的轨迹，并且与其他车辆协调好，因此没有必要在十字路口停车后再启动。“停车—启动”是人类在类似情况下的行为模式。这看上去像个死亡陷阱，但无人驾驶车辆肯定能极大地减少交通事故的死亡率。得克萨斯大学教授彼得 · 斯通是该项目的领导者之一，他指出，美国每年发生的车祸中，有 25% 是发生在十字路口的[11]；美国每年因车祸死亡的人数达到 3.3 万，其中 33% 的人是在十字路口遭遇横祸而丧命的；而在“十字路口车祸”中，有 95% 可以归结为“人为错误”。[12] 前期试验表明，自动驾驶车辆每年能挽救 1 万人的生命，而且车辆速度更快，交通情况更让人感到舒服。然而，尽管有这些统计数据和先期试验，得克萨斯大学的模拟程序看上去仍然有问题。

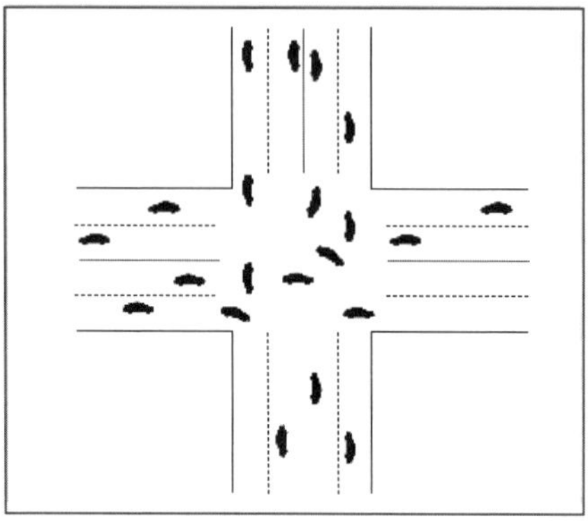

图 13 电脑模拟显示，未来由于自动驾驶车辆被发明，十字路口的交通情况会发生变化

之所以看上去会觉得不自然，是因为我们对于交通状况有一个根深蒂固的概念。在我们看来，交通状况就是停车、启动和拐弯所构成的机械式的交响曲。与这种让我们感到熟悉的、机械化的动作形成强烈对比的是，模拟程序里那流动着的、一团乱糟糟的东西，看上去是危险的、没有秩序的。心理学家和组织理论学家将这种用来研究世界如何运转的启发法[①]称作“心智模型”[②]。心智模型可能会十分有用，它们可以提供捷径，避免我们再去试图发明已经存在的东西。就如同洋葱新闻网那句充满趣味的话：“形成刻板的印象，于是做起事来时间被大大

① 心理学上的“启发法”（heuristics），指用于解释人们如何进行决策、调整和解决问题的简单有效的概测规则，通常用以处理复合的问题和不完全的信息。——译者注

② 简单来说，所谓心智模型（Mental model）是指人通过传感器，也就是眼睛、耳朵等，接受外界信息以后会在脑中形成一个思维的模型来描述或者刻画外部世界。例如，上街看见从身边不断超过的四个轮子的封闭式铁壳子，我们知道这玩意儿叫汽车，这类东西在意识里有一个映射，形成了一类概念。——译者注

节省了。”[13]

不过心智模型有时候与现实之间存在偏差，并且阻碍了创造性思维，于是问题产生了。我们必须承认心智模型并非事实，这只是现实的一个映射，而类似有效的现实映射有无数个，几乎所有的这些映射都出于简化的目的而将现实中的某些东西给过滤掉了。一张华盛顿特区的地铁图和一张华盛顿特区的地形图相比，两者都无所谓对错，但前者不能用来远足，后者不能用来赶地铁。但无论如何，我们要避免将这两种地图搞混，不能认为地铁图就是华盛顿这座城市的真正映射，也不能认为红绿灯和停车标志是管理交通的唯一办法。用阿尔伯特·爱因斯坦的话来说就是，“我们的理论会决定我们要去测量什么东西”[14]。当我们督促人们“在盒子外”思考时，通常就是在要求他们丢弃心智模型。

再来说交通，我们对于交通的心智模型就是一大堆有关身边世界如何运转的心智模型之一，这其中很多是机械式的，有着清晰的规则和明确的边界，还有肉眼就能看到的分类。交互的标准、规范以及规则让我们觉得心里踏实，这是有效的，这是高效的。事物不应该看上去是混沌的、自己形成的、看上去一团乱糟糟的东西。在过去的一个世纪里，这些模式让我们受益良多。

但在接下来的 10 年里，我们可能会看到越来越多这种看上去“乱糟糟”的解决问题的方案。我们在面对错综复杂的问题时，解决之道也必须是有洞察力的、实时的、反应迅速的以及能够根据变化调整适应的。我们所需要做事情的体系，已经不是单个的设计师能够预见、掌控的了，无论这个设计师有多么雄才大略。事物的发展早已远远超出单个规划者的理解和控制能力，就好比蚁穴精巧的结构是一只蚂蚁 25 万个脑细胞所无法承载的一样。

安妮·默里·艾伦是惠普公司最赚钱部门之一的IT及战略部前负责人，丹尼斯·桑多是俄勒冈大学社会网络研究者，这两个人携手就社会网络分析问题进行了一系列的研究。[15]根据自己的研究结论，他们写道："在工业时代，物理学的哲学统治了这个世界；而如今，生物学哲学开始统治这个信息时代的世界。这种哲学将信息、人和组织视为有生命的体系……（这其实是一种转变）我们不再聚焦于局部，而是聚焦于整体；我们不再聚焦于分拆，而是聚焦于整合。"[16]

迄今为止，要解决我们所面临的最大的问题，还必须依靠集体组织的力量——军队、学校、政府、公司，而这些组织的运转情况决定了它们是否能够达到预想的效果，它们的管理情况决定了我们所在的这个世界是否会足够美好。正确的管理方式让工业的力量更为强悍，它把人类送上了月球，它救死扶伤，它决定了战争的胜负。而现在我们需要一些体系，来应对一些错综复杂的系统性问题，比如气候变化、脆弱的扶贫制度以及网络化的恐怖主义，这也使管理方式成为人类进步最根本的限制性因素之一。随着我们所要解决的问题越来越大，我们需要的管理制度就和得克萨斯大学所展现的交通体系一样，能够实时地进行调整和适应，而不被已成明日黄花的、过期的心智模式所限制。

随着我们这个世界越来越错综复杂，现在即便是在最寻常的工作中，流程与目标也变得难以预测。在本书的前面，我们就能领略到这一点。在20世纪60年代，美国航空航天局是一个例外，但今天，当初的例外已经成了通行的规则；只有一小撮机构发现自己还没有被错综复杂的环境所萦绕。供应量、曾经可靠的生产线，这些东西如今横跨整个地球，并且要持续遭受非线性因素的干扰——从赞比亚的食品短缺到中国的疾病暴发，再到太平洋上的一场风暴，都能够影响到在美国本土已经打好包装的货物的运送。一家美国的草地养护公司找到麦克里斯特尔集团寻求帮助，因为它们由条条框框所构成的组织架构图，在全球化经济面前已经不堪重负，让它们感到崩溃的，包括错综复杂的供应链，以及密集重叠的与供应商、销售商和消费者之间的关系。麦克里斯特尔集团另外一个客户——一家大型技术公司，则因为泰国的一场风暴而无法生产它们的旗舰产品，它们只能挣扎着整合散布在各个大陆上的力量，试图恢复生产。

在这个新的环境中，伊拉克“基地”组织为了更有效地实施行动，也不得不发明了新的解决问题的方案，我们也随之跟进。或迟或早，所有的人都要跟进。在组织架构方面，没有什么灵丹妙药——一群人和另一群人之间，一个地方和另一个地方之间，一个对象和另一个对象之间，总会存在一些细节上的差异——但我们相信，我们的模式提供了一个良好的蓝图。

最终，我们所有人都不得不去放手一搏跳入那个旋涡。未来我们所要寻求的目的地或许并不是一个世外桃源，但它同样美丽，同样潜力十足，就如同过去的那个世纪里还原论管理方式图表里的那些直线和直角一样。在我们所要迎来的未来中，组织都是以有机的网络状形式存在，它们被设计得韧性十足，并且在受控的前提下如同洪水般奔涌向前——这是一个没有停车标志的世界。

19 世纪 80 年代，泰勒看到了技术新时代所孕育的机会，他认为人类组织的行为模式将成为一个限制性因素。不协调、被割裂的劳动限制了工业化所能带来的产量提升，解决这个问题能够使生产力获得飞跃。

于是，他抛弃了在几个世纪内行之有效的学徒制模式，代之以还原论式的教条以及对于效率的追求。泰勒主义的幽灵至今仍然在各类组织里飘荡着。

在 2003 年，我们也认识到一个现实：技术的进步已经走在了我们管理模式的前头，后者拖了前者的后腿。我们所使用的还原论式的管理模式在泰勒时代十分见效，但如今我们面对的世界，正处于一个新技术潮流喷涌的时代，因特网、手机以及社交媒体的普及使得这个世界的互相关联性大大增强，由此连接成的一张张网络的力量在于其自发的、非线性的行为，而不在于其节点的多寡。这种技术产生了一些错综复杂的问题——这些问题所构成的挑战，还原论分析法根本对其无法奏效，这一点沃伦·韦弗在 70 年前就已经发现了。

如同泰勒一样，我们发现制造这些挑战的技术同时也带来了解决的方案。对于泰勒来说，机械化的普及使大范围内实施简便化、各环节可以替换的流程变得更有可能；对于我们来说，数据的自由流动意味着一个新世界的到来，这是一个团队配合、互相协作的世界。2003 年，我们组织内涉及信息和决策权力的规范，都是基于过去的技术现实。在人类历史的大部分时间里，复制和传递信息都是成本高昂的行为；而在过去的 20 年时间里，复制、分享、传输、操纵信息的成本跌到近乎为零，这使我们能够按照新的方式分享信息，并且赋予人们更多的权力。

从美学角度来看，我们的组织在历史上甚至也能找到映像：我们的组织和泰勒的组织一样，都呈现出各自时代的技术情况。泰勒发明出秩序感十足的、如同机器一样的组织模式在自己的工厂里制造出有条不紊运转的机器；我们的组织网络则模仿曲折的、互相重叠的、架构持续变动的互联网。泰勒的管理架构聚焦于投入和产出，如同实体的生产线；我们管理架构的基石则是信息分享的生态系统，类似于“众包”[①]的方式。就如同维基百科那种调整适应力强并且不断演化的结构，这个网站在所有用户中分享信息，并且赋予个人改变这个体系的权力。

科学管理法将人们的思维聚焦于对于效率的追求上，等于是以新时代的技术为基础建立一种新的组织；而我们发现，我们的教条通过驾驭民主协作的理念，产生了一支全新的部队——信息时代的特遣部队。

特遣部队依然有等级之分，每个成员也都依然会被分配到一个特定的团队中，以及指挥链中一个特定的位置，但我们都知道，现在的我们是一张网络的一部分：当我们将特遣部队画在白色写字板上时，它如今的结构是由网络和节点构成的，而不是层级和“深井”构成的。几年前，这样的结构被我们画在写字板上，并且清楚地告诉我们，正是采取这样结构的一个组织在阿梅尔污水处理厂用汽车炸弹杀害了大量的男女老少，却让我们奈何不得。如今我们也采取了这样的组织结构，就像我们用萨达姆曾经的地堡作为我们的司令部一样。

为了击败一张网络，我们自己也变成了一张网络——我们已经成为由小团队构成的大团队。

---

① 众包（crowdsoucre），这一概念是由美国《连线》杂志的记者杰夫·霍威在2006年6月提出的。他给出的定义为：一个公司或机构把过去由员工执行的工作任务，以自由自愿的形式外包给非特定的大众网络的做法。——译者注

总结

- 我们的特遣部队在进行变革，速度和精确度都获得了极大的提升。特遣部队之所以能够成为现在这样效率超高的机器，绝不是微调的结果。它如今成了一个更具透明度、更有机的整体。
- 技术构成了我们所要面对的挑战，却也成为我们获取成功的工具。但特遣部队之所以能够恰当地使用技术，要拜文化变革所赐。
- 特遣部队成为调整适应能力较强的组织，其核心在于共享意识的阴阳对称。要达到这一点，就需要严格的、去中心化的论坛，让各方交流，在组织内部提升透明度，从而能够实施赋能，而赋能也意味着管理权力的去中心化。这些因素综合起来才能使特遣部队的实力大增，任何一个单一因素都是不够的。
- 我们的变革正是新一代心智模型的反映，我们必须采用新一代的心智模型才能在 21 世纪游刃有余。如果我们能够真正地迎合好这种变化，我们就能释放出人类进步的巨大潜能。

致　谢

写一本书需要大量的组织、自律和耐心，4位作者写一本书则还需要更多的协调、控制和编辑工作，不过4个人写一本书的好处是让更多的头脑和视角能够参与进来，从而形成独特的产品。这本书就是真正的“小团队构成的大团队”在一起工作的结晶，我们一起勾画过去的经验，分析和研究其他人的故事，并且一起憧憬未来。

为了使本书在叙事上能够连贯统一，我们征求、借鉴了专业人士、同事和朋友的建议与智慧。麦克里斯特尔集团的同僚在本书的形成过程中扮演了不可或缺的角色。在过去4年中，他们让我们的业务从无到有，并且不断精进，而在这本书中，他们也分享了自己的观点。布鲁克·纽曼帮助我们协调出书过程中的各种后勤工作，使本书能够顺利问世。企鹅出版社的团队在安德里安·扎克西姆的带领下，在布里亚·桑福德的指导下，在本书出版的漫长过程中向我们提供了支持，给予了耐心和鼓励。

能够出版此书，全要仰仗许多领域大量作者的研究和伟大的工作成果。波士顿布里格姆女子医院的马修·卡蒂博士以及E. J. 凯茨博士、美国大学的霍华德·麦柯迪以及宾夕法尼亚大学的普雷斯顿·克莱因也提供了宝贵的反馈和信息，并形成了本书中的关键内容。

在本书早期的草拟阶段和后期的集中编辑阶段，无数人反复阅读了草稿，并且提出了宝贵的反馈意见。就本书的结构和内容，菲尔·卡普兰提供了有价值的深度研究结果，而迈克尔·伊斯门也给出了有益的意见。直接或间接参与本书撰写工作的人有很多，在此无法一一致谢，但我们还是想特意向以下人士致谢。

在本书最初的草拟阶段，他们给出了有帮助的评论，并协助进行了编辑工作，他们是：麦克·霍尔、麦克·菲林、科尔曼·鲁伊斯、巴里·桑德斯、史蒂文·斯皮尔、乔尔·彼得森、汤姆·弗里德曼、利·卡彭特、路易斯·金、迪克·舒尔茨以及乔纳森·塞夫。

注 释

第一部分 应对不确定性

1. Homer, *The Odyssey*, trans. by Robert Fagels（NewYork: Penguin, 1996）, 135.
2. Homer, *The Odyssey*, 136.
3. Homer, *The Odyssey*, 138.
4. Homer, *The Odyssey*, 138–139.

第一章 不确定性已经显现

1. 上面这段叙述基于 2004 年 9 月 30 日在巴格达阿梅尔郊区所发生的一起真实的恐怖袭击。这起恐怖袭击行动的一些细节我们是不可能知道的，书中所描绘的这些细节是在整场战争中伊拉克“基地”组织通常的一些做法。这个故事中的一些真实元素源自波尔祖·达拉扎西所写的一篇报道——《35 具小孩的尸体被添加到恐怖的坟墓中：汽车炸弹袭击震撼葬礼》，原文在 2004 年 10 月 1 日刊载于《旧金山记录报》，电子版网址：http://www.sfgate.com/news/article/35-small-bodies-add-up-to-horror-Car-bomb-2690397.php。

2. Associated Press, “Major Attacks Claimed by Zarqawi,” *The Guardian*, June 8, 2006, http://www.theguardian.com/world/2006/jun/09/iraq.mainsection.

3. Jean-Claude Brisard, *Zarqawi: The New Face of Al-Qaeda*（Cambridge, UK: Polity Press, 2005）, 58–59.

4. Hala Jaber, “A Twisted Love,” *Sunday Times*, July 31, 2005.

5. Megan K. Stack, “Zarqawi Took Familiar Route into Terrorism,” *Los Angeles Times*, July 2, 2004.

6. Stack, “Zarqawi Took Familiar Route.”

7. Kim Ghattas, “Mixed Feelings over UN Iraq Role,” *BBC News*, August 11, 2007, http://news.bbc.co.uk/2/hi/middle_ east/6941560.stm.

8. Dexter Filkins and Alex Berenson, “Thc Struggle for Iraq: Insurgency; Suicide Bombers in Baghdad Kill at Least 34,” *New York Times*, October 28, 2003, http:// www.nytimes.com/2003/10/28/world/the-struggle - for- iraq- insurgency- suicide-bombers-in-baghdad-kill-at-least-34.html.

9. According to the U.S. State Department, there were 198 “significant” terrorist incidents in Iraq in 2004, compared with the worldwide total of 175 in 2003, 22 of which occurred in Iraq.

10. Susan Glasser, “US Figures Show Sharp Global Rise in Terrorism,” *Washington Post*, April 26, 2005, http://www.washingtonpost.com/wp-dyn/content/article/2005/ 04/ 26/AR2005042601623.html.

11. 全球范围内恐怖袭击事件的统计数据一直是个备受争议的话题，美国国务院曾经在 2003 年被迫撤回了其《全球恐怖袭击模式》年度报告，承认初始报告中极大地低估了恐怖袭击的数量。这个问题迅速地被政治化了，民主党指责布什政府操控相关数字，以夸大自己在遏制全球恐怖方面的功绩。因此，911 独立调查委员会于 2004 年 7 月建议，成立一个国家反恐中心，该机构的成立初衷之一就是对全球恐怖主义问题进行标准化的分析。2005 年，国务院的《全球恐怖袭击模式》被更名为《恐怖主义国家报告》，这份报告里没有提及全球恐怖袭击的统计数据，而接下来国家反恐中心所公布的报告中有相关统计数据，我们引用的就是国家反恐中心的统计数据。

12. Mark Mazzetti, “Insurgent Attacks on Iraqis Soared, Report Says,” *New York Times*, April 29, 2006, http://www.nytimes.com/2006/04/29/world/middleeast/29terror. html?_ r= 0.

13. Mark Mazzetti, “Insurgent Attacks on Iraqis Soared, Report Says,” New York Times, April 29, 2006, http://www.nytimes .com/2006/04/29/world/middleeast/29terror. html?_ r= 0.

14. 全球范围内有 2 万人死于恐怖袭击，其中 65% 在伊拉克（即 1.3 万人），数据源于国家反恐中心《恐怖主义国家报告（2006 年）》，发布于 2007 年 4 月 30 日，电子版网址：http://www.fbi.gov/stats-services/publications/terror _06.pdf。

15. International Monetary Fund（IMF）, *Iraq: Macroeconomic Assessment*（Washington, D.C.: International Monetary Fund, 2003）, 3.https:// www.imf.org/ external/ np/ oth/ 102103.pdf.

16. 国际货币基金组织发布的报告《伊拉克：宏观经济评估》经过测算认为，伊拉克 2003 年的人均 GDP 为 449 美元。而世界银行经过测算认为，美国的人均 GDP 为 39682 美元（在上述时间段里，世界银行没有伊拉克的相关数据）。详见世界银行发布的《世界发展指标——人均 GDP》(华盛顿特区：世界银行，2013 年)，电子版网址：http://data.worldbank.org/indicator/NY.GDP.PCAP.CD?page=2.

17. United Nations, “Daily Living Conditions in Iraq Dismal, UN Report Finds,” U.N. New Centre, May 12, 2005, http://www.un.org/apps/news/story.asp? NewsID=4255#.UieEumRxtX9.

18. 在巴格达，伊拉克人在战争前每天能够享受 16 ~ 24 小时的电力，而到了 2003 年 5 月，他们每天只能够享受 4 ~ 6 个小时的电力。数据源于 Michael O'Hanlon and Jason Campbell, “Iraq Index: Tracking Variables of Reconstruction & Security in Post-Saddam Iraq,” The Brookings Institution, October 13, 2009, http:// www.brookings.edu/~/media/centers/saban/iraq% 20index/ index20091013.pdf.

19. United Nations, “Daily Living.”

20. 扎卡维的战略中，最有争议的一点是把什叶派穆斯林也无差别地纳入了袭击目标。资料来自劳伦斯·赖特的《总体规划》一文，2006 年 9 月 11 日刊登于

《纽约客》。

21. The message was posted on October 17, 2004. Jeffery Pool, "Zarqawi's Pledge of Allegiance to Al-Qaeda," *Terrorism Mon-itor*, December 16, 2004.

22. John Arquilla quoted in Andrew Zoli, *Resilience: Why Things Bounce Back*（New York: Simon & Schuster, 2012）, 66.

23. Zack Greenburg, "Justin Bieber, Venture Capitalist," *Forbes*, May 16, 2012, http:// www.forbes.com/ sites/ zackomalleygreenburg/2012/05/16/justin-bieber-venture-capitalist-the-forbes-cover-story/.

24. "Justin Bieber Net Worth," Celebrity Net Worth, accessed July 28, 2014, http:// www.celebritynetworth.com/richest-celebrities/singers/justin-bieber-net-worth/.

25. Adam Nicolson, *Seize the Fire: Heroism, Duty, and the Battle of Trafalgar*（New York: HarperCollins, 2005）, 5.

26. Roy Adkins, *Nelson's Trafalgar: The Battle That Changed the World*（New York: Penguin, 2006）, 5.

27. Nicolson, *Seize the Fire*, 8.

28. Adkins, *Nelson's Trafalgar*, 58.

29. Adkins, *Nelson's Trafalgar*, 66.

30. Nicolson, *Seize the Fire*, 27.

31. Adkins, *Nelson's Trafalgar*, 126.

32. Nicolson, *Seize the Fire*, 3.

33. 法西联合舰队在特拉法加战役后还剩余多少战舰，这一点仍有争议。尼科尔森在《抓住火焰》一书中说，英军俘虏了 19 艘法西联合舰队的战舰；阿德金斯则说是 23 艘，其中 4 艘是战役结束后几个星期才被俘虏的。不过有一点是所有人都同意的：英军并没能长久地保留他们的战利品。战役结束后不久，发生了一场猛烈的风暴，英军俘虏的战舰中只有 4 艘幸存，其余全部被摧毁。

34. 1759 年，海军上将爱德华·霍克在七年战争中就使用过这种战术，阻止了一次法国对英国的入侵。而在 1794 年"光荣的六月一日"战争中，海军上将理查德·霍也曾使用过这种战术对付法国。1797 年，海军上将亚当·邓肯凭借这种战术取得了针对荷兰的伟大胜利。而纳尔逊本人在 1797 年也曾经在尼罗河战役中使用过这种战术。尼科尔森写道，这些人已经"敢于重新创造一种混战的局面，而这种混战是 150 年前发明一字长蛇阵的人所努力避免的"。

35. Nicolson, *Seize the Fire*, 26.

第二章　还原论的时代与全新的时代

1. This quote is attributed to Flavius Josephus in his work *Bellum Judaicum*（*The Jewish War*）. Quoted in Nic Fields, *The Roman Army of the Principate 27 BC–AD 117*（Oxford, UK: Osprey Publishing, 2009）, 44.

2. Robert Kanigel, *The One Best Way: Frederick Winslow Taylor and the Enigma of Efficiency*（New York: Viking, 1997）, 342–343.

3. Kanigel, *The One Best Way*, 314

4. Kanigel, *The One Best Way*, 343–344.

5. Kanigel, *The One Best Way*, 345.

6. Kanigel, *The One Best Way*, 344.
7. Kanigel, *The One Best Way*, 405.
8. Kanigel, *The One Best Way*, 326–327.
9. Kanigel, *The One Best Way*, 104.
10. Kanigel, *The One Best Way*, 107–109.
11. Kanigel, *The One Best Way*, 88–90.
12. Kanigel, *The One Best Way*, 97.
13. Kanigel, *The One Best Way*, 122.
14. Kanigel, *The One Best Way*, 136.
15. Kanigel, *The One Best Way*, 100.
16. Kanigel, *The One Best Way*, 137.
17. Kanigel, *The One Best Way*, 117.
18. Kanigel, *The One Best Way*, 147.
19. Kanigel, *The One Best Way*, 166–167.
20. Kanigel, *The One Best Way*, 170.
21. Kanigel, *The One Best Way*, 171.
22. Kanigel, *The One Best Way*, 175–176.
23. Kanigel, *The One Best Way*, 203–204.
24. Kanigel, *The One Best Way*, 207.
25. Kanigel, *The One Best Way*, 206.
26. Kanigel, *The One Best Way*, 207.
27. Kanigel, *The One Best Way*, 452–453.
28. Kanigel, *The One Best Way*, 206–207.
29. Kanigel, *The One Best Way*, 229.
30. Kanigel, *The One Best Way*, 222.
31. Kanigel, *The One Best Way*, 224.
32. Kanigel, *The One Best Way*, 171.
33. Kanigel, *The One Best Way*, 229.
34. Kanigel, *The One Best Way*, 229.
35. Kanigel, *The One Best Way*, 216.
36. Kanigel, *The One Best Way*, 254, 260.
37. Kanigel, *The One Best Way*, 260.
38. Kanigel, *The One Best Way*, 304.
39. Frederick *Winslow Taylor, The Principles of Scientific Management*（1911; reprint, New York: Dover Publications, 1998）, 21, 35.
40. Kanigel, *The One Best Way*, 225.
41. Kanigel, *The One Best Way*, 226–227.
42. Kanigel, *The One Best Way*, 253.
43. Kanigel, *The One Best Way*, 253.
44. Kanigel, *The One Best Way*, 227.
45. Taylor, *Principles*, 26.
46. Taylor, *Principles*, 28.
47. Kanigel, *The One Best Way*, 415.

48. Ford, "Heritage," Ford Motor Company, "The Moving Assembly Line." Accessed July 2, 2014. http://corporate.ford.com/our -company/heritage/historic-sites-news-detail/663-highland-park.

49. See A. J. P. Taylor, *War by Timetable*（S.l city TK.: Macdonald, 1969）.

50. Kanigel, *The One Best Way*, 487.

51. Kanigel, *The One Best Way*, 502.

52. "By the Numbers: Wartime Production," The National WWII Museum, http://www.nationalww2museum.org/learn/education/for-students/ww2-history/ww2-by-the-numbers/wartime-production.html（accessed July 3,2014）.

53. Kanigel, *The One Best Way*, 501–502.

54. Kanigel, *The One Best Way*, 472.

55. Kanigel, *The One Best Way*, 221.

56. Kanigel, *The One Best Way*, 187.

57. Kanigel, *The One Best Way*, 12.

58. Kanigel, *The One Best Way*, 429, 433.

59. Kanigel, *The One Best Way*, 412.

60. Kanigel, *The One Best Way*, 412.

61. Fayol, Henri. *General and Industrial Management*（1949; reprint, Mansfield Center, CT: Martino Publishing, 2013）, 43–107.

62. Lawrence C. Howard and Jerome McKinney, *Public Administration Balancing Power and Accountability*（Santa Barbara, CA: ABC-CLIO, 1998）, 152.

63. Kanigel, *The One Best Way*, 479.

64. Kanigel, *The One Best Way*, 473.

65. Kanigel, *The One Best Way*, 490.

66. Kanigel, *The One Best Way*, 505.

67. Kanigel, *The One Best Way*, 501.

68. Kanigel, *The One Best Way*, 432.

69. Kanigel, *The One Best Way*, 502–503.

70. Kanigel, *The One Best Way*, 8.

第三章　从复杂到错综复杂

1. Kareem Fahim, "Slap to a Man's Pride Sets Off Tumult in Tunisia," *New York Times*, January 21, 2011, http://www.nytimes.com/2011/01/22/world/africa/22sidi.html?pagewanted= 1&_r= 1& src= twrhp.

2. James Gleick, *Chaos: Making a New Science*（New York: Penguin, 2008）, rev. ed., 15. Footnote: "there was a thing to the air" . . . Excerpt from Ray Bradbury, "A Sound of Thunder," *in R Is for Rocket*（New York: Doubleday, 1952）. Found online at http://www.lasalle.edu/~didio/courses/hon462/hon462_ assets/sound_ of_ thunder.htm.

3. Gleick, *Chaos*, 16.

4. Gleick, *Chaos*, 16.

5. Gleick, *Chaos*, 16.

6. Lorenz later turned this talk, delivered to the American Association for the

Advancement of Science on December 29, 1972, into a book. See Edward Lorenz, *The Essence of Chaos*（Seattle: University of Washington Press, 1995）.

7. Excerpt from Ray Bradbury, "A Sound of Thunder," in *R Is for Rocket*（New York: Doubleday, 1952）. Found online at http://www.lasalle.edu/~didio/courses/hon462/hon462_ assets/sound_ of_ thunder.htm.

8. Natalie Wolchover, "How Many Different Ways Can Chess Unfold?" *Popular Science*, December, 15, 2010, http://www.popsci.com/science/article/2010-12/fyi-how-many-different-ways-can-chess-game-unfold.

9. Lorenz, *Essence of Chaos*, 14.

10. Dominic Gates, "Boeing 787: Parts from Around World Will Be Swiftly Integrated," *Seattle Times*, September 11, 2005, http://seattletimes.com/html/businesstechnology/2002486348_ 787global11.html.

11. "Robot Writes LA Times Earthquake Breaking News Article," *BBC*, March 14, 2014, http://www.bbc.com/news/technology- 26614051.

12. Graham Bowley, "The New Speed of Money, Reshaping Markets," *New York Times*, January 2, 2011, http://www.nytimes.com/2011/01/02/business/02speed.html?pagewanted= all.

13. Matthew Phillips, "Stock Trading Is About to Get 5.2 Milliseconds Faster," *Bloomberg Businessweek*, March 29, 2012, http://www.businessweek.com/articles/2012-03-29/trading-at-the-speed-of-light.

14. Bowley, "New Speed of Money."

15. U.S. Department of Defense, "Historian Describes Stonewall Jackson's Rise to Prominence," by John Valcenau, American Forces Press Service, Washington June 17, 2012, http://www.defense.gov/news/newsarticle.aspx? id= 116777.

16. Heidi Moore and Dan Roberts, "AP Twitter Hack Causes Panic on Wall Street and Sends Dow Jones Plummeting," *The Guardian*, April 23, 2013, http://www.theguardian.com/business/2013/apr/23/ap-tweet-hack-wall-street-freefall.

17. "Singer Gets His Revenge on United Airlines and Soars to Fame," *The Guardian*, July 23, 2009, http://www.theguardian.com/news/blog/2009/jul/23/youtube-united-breaks-guitars-video.

18. Richard Wilson, "How Saving $1200 Cost United Airlines 10,772,839 Negative Views on YouTube," Sentium Strategic Communications, 2011, http://sentium.com/a-public-relations-disaster-how-saving-1200- cost-united-airlines-10772839-negative-views-on-youtube/.

19. Jesse McLean, "United Loses Luggage of United Breaks Guitars Guy," *Toronto Star*, October, 29, 2009, http://www.thestar.com/entertainment/2009/ 10/29/united_ loses_ luggage_ of_ united_ breaks_ guitars_ guy.html.

20. "Singer Gets His Revenge," *The Guardian*.

21. 全球化的错综复杂性导致发展行业和服务行业面临彻底的重构和阵痛，阅读下面这本书可以让你更彻底地了解这一点：Ramalingam, *Aid on the Edge of Chaos: Rethinking International Cooperation in a Complex World*（Oxford: Oxford University Press, 2014）.

22. Ramalingham, 18.

23. Warren Weaver, "Science and Complexity," *American Science* 36 (1948) : 536–544.

24. Weaver, "Science," 536.

25. Western Australia Department of Education and University of Western Australia, "Cane Toads: Background Sheet," Spice Science Program, February 2013, http://spice.duit.uwa.edu.au/samples/ast0896/Cane% 20toads.pdf.

26. *Cane Toads: An Unnatural History*, film, directed by Mark Lewis (1988; Film Australia) .

27. Richard Shine, "The Ecological Impact of Invasive Cane Toads (*Bufo Marinus*) in Australia," *The Quarterly Review of Biology* 85, no. 3 (2010) : 253–291.

28. *Cane* Toads: *An Unnatural History*.

29. Megan Friedman, "Top 10 Invasive Species," *Time*, February, 2, 2010, http://content.time.com/time/specials/packages/article/0,28804,1958657_ 1958656_ 1958305,00.html.

30. Friedman, "Top 10 Invasive Species."

31. F. A. Hayek, "The Theory of Complex Phenomena," in *Readings in the Philosophy of Social Science*, ed. Michael Martin and Lee C. McIntyre (Cambridge, MA: MIT Press, 1994) , 56.

32. John Urry, *Global Complexity* (Cambridge: Blackwell Publishing, 2003) . Quoted in Ben Ramalingam, Harry Jones, Toussaint Reba, and John Young, *Exploring the Science of Complexity: Ideas and Implications for Development and Humanitarian Efforts*, vol. 285 (London: Overseas Development Institute, 2008) , 10.

33. Jonathan Davis, "Folly of Forecasting and Useless Data," *Financial Times*, January 17, 2010, http://www.ft.com/intl/cms/s/0/b8c4adfe-0202-11df-8b56-00144feabdc0.html#axzz36R3YiZLR.

34. Nate Silver, "The Weatherman Is Not a Moron," *New York Times*, September 7, 2012, http://www.nytimes.com/2012/09/09/magazine/the-weatherman-is-not-a-moron.html? pagewanted= all.

35. http://www.forbes.com/sites/stevedenning/2011/11/19/peggy-noonan-on-steve-jobs-and-why-big-companies-die/.

36. http://www.aei.org/publication/fortune-500-firms-in-1955-vs-2011-87-are-gone/.

37. Robert M. Grant, "Strategic Planning in a Turbulent Environment: Evidence from the Oil Majors," *Strategic Management Journal* 24, no. 6 (2003) : 493.

38. Gary Hamel, "Strategy as Revolution," *Harvard Business Review* 74, no.4 (1996) : 70.

39. Harry Mintzberg, "The Strategy Concept II: Another Look at Why Organizations Need Strategies," *California Management Review* 30, no.1 (1987) : 26.

第四章　建立有效组织

1. Brian Walker and David Salt, *Resilience Thinking*, (Washington DC: Island Press) , 2006, xiii.

2. http://www.nytimes.com/2008/09/03/news/03iht-03dutch.15877468.html?_ r= 0.

3. American Society of Civil Engineers, "Netherlands North Sea Protection Works," http://www.asce.org/People-and-Projects/Projects/Seven-Wonders/Netherlands-North-Sea-Protection-Works/.

4. Tracy Metz, "Designing for Water: The Sweet & the Salt of It," *Landscape Institute*, Summer 2012, 40.

5. Renee Cho, "Making Room for Rivers: A Different Approach to Flood Control," Earth Institute—Water Center Blog, Columbia University, June 7, 2011, http://blogs.ei.columbia .edu/2011/06/07/making-room-for-rivers-a-different-approach-to-flood-control/.

6. T. C. Hein, Antonius Van Stokkom, J. M.Smits, and Rob S.E.W. Leuven, "Flood Defense in the Netherlands." *Water International* 30, no. 1（2005）: 76.

7. Metz, "Designing for Water," 40.

8. Jeff Chu, "Against the Tide," *Fast Company*, October 14, 2013, http:// www.fastcompany.com/3018621/against-the-tide.

9. John McQuaid, "Dutch System of Flood Control an Engineering Marvel," *The Times-Picayune*（*New Orleans*）, November 13, 2005, http://www.nola.com/frontpage/t-p/index.ssf?/speced/ruinandrecovery/t-p/index.ssf?/speced/ruinandrecovery/articles/dutch13.html.

10. Kuster, "From Control to Management," 72.

11. Walker and Salt, 25.

12. Nassim Nicholas Taleb, *Antifragile: Things That Gain from Disorder*（New York: Random House, 2012）, 5.

13. Walker and Salt, 38.

14. Andrew Zolli and Ann Marie Healy, *Resilience: Why Things Bounce Back*（New York: Simon & Schuster, 2012）, 27.

15. Zolli and Healy, *Resilience*, 13.

16. Walker and Salt, 67.

17. Zolli and Healy, *Resilience*, 5.

18. See Peter F. Drucker, *The Effective Executive: The Definitive Guide to Getting the Right Things Done*（New York: Harper-Collins, 2002）, rev. ed.

19 J. Arquilla and D.Ronfeldt, *The Advent of Netwar*（Santa Monica, CA: RAND Corporation Publishing, 1996）, 82.

第二部分　化繁为简

1. National Basketball Association, "The NBA's 50 Greatest Players," http:// www.nba.com/ history/ 50greatest.html.

2. 这支篮球队被称作"梦之队"。20 年后，帕特里克·尤因在*GQ*杂志上发表了一篇《梦幻团队》，上述说法就引述自该文，该文中还包括了一些对运动员的采访。资料来源：Lang Whitaker, "The Dream Team Will Never Die: An Oral History of the Dream Team," *GQ* Magazine, July 2012, http://www.gq.com/sports/profiles/201207/dream-team-20th-anniversary-1992-olympics-usa-basketball.

3. William Rohden, "Competitors Without a Competition," *New York Times*, July 23, 1996, http://www.nytimes.com/1996/07/23/sports/ sports-of-the-times-competitors-without-a-competition.html? pagewanted= all& src= pm.

4. US Men's National Team, "Games of the XXVIIIth Olympiad—2004," USA Basketball, http://archive.usab.com/mens/national/moly_ 2004.html.

5. "Dream Team Beaten by Puerto Rico," *CNN*, August 18, 2004, http://www.cnn.com/2004/SPORT/08/15/olympics .basketball/.

6. US Men's National Team, "Games of the XXVIIIth Olympiad—2004," USA Basketball, http://archive.usab.com/mens/national/moly_ 2004.html.

第五章　建立互信和目标共享的团队

1. National Transportation Safety Board, *Aircraft Accident Report: United Airlines, Inc., McDonnell-Douglas, DC-8-61, N8082U*; Portland, Oregon, December 28, 1978. NTSB Number AAR-79-07.（Washington, D.C., 1979）, 32. http://libraryonline.erau.edu/online-full-text/ntsb/aircraft-accident-reports/AAR79-07.pdf.

2. National Transportation Safety Board, AAR 1978, 2.

3. National Transportation Safety Board, AAR 1978, 10.

4. National Transportation Safety Board, AAR 1978, 2.

5. National Transportation Safety Board, AAR 1978, 3.

6. National Transportation Safety Board, AAR 1978, 37–38.

7. National Transportation Safety Board, AAR 1978, 37.

8. National Transportation Safety Board, AAR 1978, 38.

9. National Transportation Safety Board, AAR 1978, 46.

10. National Transportation Safety Board, AAR 1978, 45.

11. National Transportation Safety Board, AAR 1978, 47.

12. National Transportation Safety Board, AAR 1978, 48.

13. National Transportation Safety Board, AAR 1978, 6.

14. National Transportation Safety Board, AAR 1978, 7.

15. National Transportation Safety Board, AAR 1978, 53.

16. National Transportation Safety Board, AAR 1978, 59.

17. National Transportation Safety Board, AAR 1978, 8.

18. National Transportation Safety Board, AAR 1978, 9.

19. National Transportation Safety Board, AAR 1978, 9.

20. National Transportation Safety Board, *Aircraft Accident Report: Loss of Thrust in Both Engines, US Airways Flight 1549 Airbus Industrie A320-214,N106US*; Weehawken, New Jersey, January15, 2009. NTSB Number AAR-10-03.（Washington, D.C., 2010）, 87.

21. "More Pirates Searching for Lifeboat, Official Says," *CNN*, http://www.cnn.com/2009/WORLD/africa/04/10/somalia.u.s .ship（accessed July 8, 2014）.

22. Robert McFadden, "Navy Rescues Captain, Killing 3 Pirate Captors," *New York Times*, http://www.nytimes.com/2009/04/13/world/africa/13pirates.html? pagewanted= all（accessed June 30, 2014）.

23. Elisabeth Bumiller, “To Rescue Captain, U.S. Snipers Held Steady Despite Many Moving Parts,” *New York Times*, http://www.nytimes.com/ 2009/04/14/world/africa/14sniper.html（accessed July 8, 2014）.

24. “Three Perfect Strikes: Inside the Rescue of Captain Phillips,” *Fox News*, http://www.foxnews.com/story/2009/04/14/three-perfect-strikes-inside-rescue-captain-phillips/（accessed July 8, 2014）.

25. Rachel Maddow, “April 13, 2009,” *The Rachel Maddow Show*, MSNBC, aired April 13, 2009. Transcript.http://www.nbcnews.com/id/30210708/ns/msnbc-rachel_ maddow_ show/#.UzCDrRZNLlc.

26. Jim Spencer, “A Quiet Man Uniquely Qualified to Stalk And Kill,” *Chicago Tribune*, http://articles.chicagotribune.com/1986-09-07/features/8603060789_1_ winchester- viet-cong-north -vietnamese-army/2（accessed July 8, 2014）.

27. Ian Drury, “The Super Sniper; Hero Picks Off Two Taliban from a Mile and a Half Away,” *Daily Mail,* May 3, 2010, http://www.dailymail.co.uk/ news/article-1270414/British-sniper-sets-new-sharpshooting-record-1-54-mile-double-Taliban-kill.html（accessed July 8,2014）.

28. “Navy SEALs,” U.S. Navy, http://www.navy.com/careers/special-operations/seals.html（accessed July 8, 2014）.

29. Interview with Coleman Ruiz, former Navy SEAL.

30. “2013 State of the Sport—Part III: U.S. Race Trends,” RunningUSA.com. http://www.runningusa.org/state-of-sport-2013-part-III?return To=annual-reports（accessed July 7, 2014）.

31. Nancy Hart, “Typical 10K Times of a Runner or Jogger,” Livestrong.com, http://www.livestrong.com/article/536048-typical-10k-times-of-a-runner-or-jogger/（accessed July 8, 2014）.

32. “How Much Time Does It Take to Finish an Ironman Triathlon? Average Ironman Finish Times,” RunTri.com,http://www.runtri.com/2011/06/how-long-does-it-take-to-finish-ironman.html（accessed July 8, 2014）.

33. Lizette Alvarez, “Sharks Absent, Swimmer, 64, Strokes from Cuba to Florida,” *New York Times*, September 2, 2013, http://www.nytimes.com/2013/09/03/sports/nyad-completes-cuba-to-florida-swim.html?_ r= 1&（accessed July 8, 2014）.

34. Interview with Coleman Ruiz, former Navy SEAL.

35. Edmondson, Amy C.. *Teaming: How organizations learn, innovate, and compete in the knowledge economy.* San Francisco: Jossey- Bass, 2012, 11.

36. Interview with Dr. Matthew Carty and Dr. E. J.Caterson; footnote: “Energy Expenditure of Amputees,” The War Amps,http://www.waramps.ca/nac/health/energy.html（accessed July 8, 2014）.

37. Robert Johnson, “Detailed Account of Bin Laden Raid Reveals How It Nearly Ended in Disaster,” *Business Insider*, May 17, 2011, http://www.businessinsider.com/detailed-account-abbottabad-2011-5（accessed July 8, 2014）.

38. Steven Johnson, *Emergence: The Connected Lives of Ants, Brains, Cities, and Software*（New York: Scribner, 2001）,30–32.

39. Johnson, *Emergence*, 31.

40. Maryland Department of Natural Resources, Project Wild, "All About Ants," http://dnr.maryland.gov/wildlife/education/projectwild/pdfs/allaboutants.pdf.

41. Johnson, *Emergence*, 52.

42. Johnson, *Emergence*, 15.

43. Johnson, *Emergence*, 117.

44. National Transportation Safety Board, AAR 1978, 24.

45. National Transportation Safety Board, AAR 1978, 29.

46. National Transportation Safety Board, AAR 1978, 26.

47. 美国航空航天局研究分析了 1968—1976 年发生的所有事故。

48. J. Bryan Sexton and Robert L. Helmreich, "Analyzing Cockpit Communications: The Links Between Language, Performance,Error, and Workload," *Journal of Human Performance in Extreme Environments* 5, no. 1（2000）: 63.（Study referenced is Murphy, Miles（1980）, *Review of Aircraft Accidents.* In G. E. Cooper, M. D. White, and J. K.Lauber,（eds.）（1980）, *Resource Management on the Flightdeck: Proceedings of a NASA/ Industry Workshop*（NASA CP-2120）（Moffett Field. CA: NASA-Ames Research Center）.

49. National Transportation Safety Board, AAR 1978, 39.

50. National Transportation Safety Board, AAR 1978, 40.

51. Robert L. Helmreich, "On Error Management: Lessons from Aviation," *British Medical Journal*, 320, no. 7237（2000）: 782.

52. http://www.apa.org/research/action/crew.aspx.

53. Robert L. Helmreich, Ashleigh C. Merritt, and John A. Wilhelm, "The Evolution of Crew Resource Management Training in Commercial Aviation," *The International Journal of Aviation Psychology* 9, no. 1（1999）: 20.

54. Helmreich, et al., "Evolution of Crew Resource Management Training," 20.

55. Helmreich, et al., "Evolution of Crew Resource Management Training," 21.

56. National Transportation Safety Board, *Aircraft Accident Report: United Airlines Flight 232 McDonnell Douglas DC-10-10 Sioux Gateway Airport*; Sioux City, Iowa, July 17, 1989. NTSB Number AAR-90-06.（Washington, D.C., 1991), 75.

57. American Psychological Association, *Making Air Travel Safer.*

58. http://clear-prop.org/aviation/haynes.html.

59. American Psychological Association, *Making Air Travel Safer.*

60. http://clear-prop.org/aviation/haynes.html.

61. National Transportation Safety Board, AAR 1989, 76.

62. Barbara G. Kanki, Robert L. Helmreich,and Jose M. Anca, "Why CRM? Empirical and Theoretical Bases of Human Factors Training," in *Crew Resource Management*, 2nd ed.（Amsterdam:Academic Press/ Elsevier, 2010）, 35. See original study: R. L. Helmreich and J. A. Wilhelm, "Outcomes of Crew Resource Management Training," *International Journal of Aviation Psychology* 1（1991）: 287–300.

63. 2012 年的坠毁事故较少，而 2013 年的伤亡人数较少（265 人）。相比于过去十年的平均死亡人数为 720 人，这个数字已经很少了。资料源于："Airliner Accident Fatalities at Record Low," Aviation Safety Network, January 1, 2014, http://news.aviation - safety.net / 2014/ 01/ 01/aviation-safety-network-airliner-accident-

fatalities-at-record-low/.

64. 1947 年，1230 万名乘客总共飞行了 62 亿英里（约 100 亿千米）；到了 2012 年，6.42 亿名乘客飞行了 5680 亿英里（约 9100 亿千米）。资料源于：Bart Jansen, "Safety Expert Urges Against Complacency with Few Crashes," USA Today, August 3, 2013, http://www.usatoday.com/story/travel/news/2013/08/08/flight-safety-airline-crash-ntsb/2632307/.

65. *New York Times*, "Longer Spans Without Serious Airline Accidents," February 11, 2013, http://www.nytimes.com/interactive/2013/02/11/business/Longer-Spans-Without-Serious-Airline-Accidents.html? ref= business&_ r= 0.

66. Boeing Co., 2012 Statistical Summary of Commercial Jet Plan Accidents 1959–2012,August, http:// www.boeing.com/ news/ techissues/ pdf/ statsum.pdf.

67. 不幸的是，在这个发展中的世界里乘坐飞机安全性的确降低了，但仍然比之前的情况要好。巴尼特指出，同样在 2000–2007 年这个时间段，在这个发展中的世界，一个乘客乘坐飞机所要面临的事故死亡概率是 200 万分之一。

68. See Barnett Arnold, "Is it Really Safe to Fly?" Table 1, in *Tutorials in Operations Research: State-of-the-ArtDecision-Making Tools in the Information-Intensive Age*, ed. Zhi Chen（Hanover, MD: INFORMS, 2008）, 20.

69. American Psychological Association, *Making Air Travel Safer Through Crew Resource Management*, February 2014, http://www.apa.org/research/action/crew.aspx.

70. National Transportation Safety Board, AAR 2009, 88.

71. National Transportation Safety Board, AAR 2009, 91.

72. National Transportation Safety Board, AAR 2009, 91.

73. See National Academy of Sciences and National Research Council, *Accidental Death and Disability: The Neglected Disease of Modern Society*（Washington, D.C.: The National Academies Press, 1966）.

74. Mary Mosquera , "One Surgeon' s Take on Need for Culture Change in Medicine," *Healthcare IT News*, http://www.healthcareitnews.com/ news/one-surgeons-take-need-culture- change-medicine?single-page=true（accessed July 8, 2014）.

75. Preston Cline, "A Mission Centric Professional Development Model for U.S. Army Special Operations Command"（working paper, Center for Leadership and Change Management, Wharton School, University of Pennsylvania, Philadelphia, PA, 2014: 8）.

76. Yun Seokhwa, Faraj Samer, and Henry P. Sims Jr., "Contingent Leadership and Effectiveness of Trauma Resuscitation Teams," *Journal of Applied Psychology* 90, no. 6（2005）: 1288.

77. P. A. Driscoll and C. A. Vincent, "Organizing an Efficient Trauma Team," *Injury* 23, no. 2（1992）: 107–110.

78. Interview with Dr. Matthew Carty and Dr. E. J. Caterson; Deborah Kotz, "Injury Toll from Marathon Bombings Rises," *Boston Globe*, April 23, 2013, http:// www.bostonglobe.com/metro/massachusetts/2013/04/22/just-bombing-victims-still-critically-ill-but-count-injured-rises/7mUGAu5tJgKsxc634NCAJJ/story.html（accessed July 8, 2014）.

79. Interview with Preston Cline.

第六章 突破“深井”，建立关系

1. Interview with Dr. Carty and Dr.Caterson.

2. Alison Diana, “Marathon Bombing Lessons: Boston Hospital Revamps Information Systems,” Information Week, April 26, 2014.

3. See Kohn, Linda-T., Janet M. Corrigan, and Molla S.Donaldson, eds., *To Err Is Human: Building a Safer Health System.* vol. 627. (National Academies Press, 2000) .

4. Centers for Disease Control and Prevention (National Center for Health Statistics) . Births and Deaths: Preliminary Data for 1998. National Vital Statistics Reports, 47 no. 25 (1999) : 6. In To Err is Human.

5. John T. James, “A New, Evidence-based Estimate of Patient Harms Associated with Hospital Care” *Journal of Patient Safety*, 9 no. 3 (2013) : 122.

6. Centers for Disease Control and Prevention (National Center for Health Statistics) . Deaths: Preliminary Data for 2011. National Vital Statistics Reports 61 no.6, (2012) :4.http://www.cdc.gov/nchs/data/nvsr/nvsr61/nvsr61_ 06.pdf.

7. Charles R. Denham et al., “An NTSB for Health Care—Learning from Innovation: Debate and Innovate or Capitulate,” *Journal of Patient Safety,* 8 (March 2012) : 8.

8. Found in J. Richard Hackman, *Leading Teams: Setting the Stage for Great Performance*, referencing Paul Osterman, “How common is workplace transformation and who adopts it?” *Industrial and Labor Relations Review,* 47, (1994) : 172–188.

9. Found in Hackman, *Leading Teams*, referencing a news release Work in America Institute, July 15, 1998.

10. See: Robin Dunbar, “Neocortex size as a constraintion on group size in primates” . *Journal of Human Evolution* 22, no. 6 (1992) : 469–493.

11. Diane Coutu interviewing J. Richard Hackman, “Why Teams Don’t Work,” *Harvard Business Review*, May 1, 2009, http: //hbr.org/2009/05/why-teams-dont-work.

12. Richard J. Hackman, Leading teams: setting the stage for great performances. Boston, Mass.: Harvard Business School Press, (2002) : 116.

13. Dexter Filkins, “General Says Less Coercion of Captives Yields Better Data,” *New York Times*, September 7, 2004, http://www.nytimes.com/2004/09/07/international/middleeast/07detain.html? fta= y&_ r= 0.

14. “Fierce Fighting in Fallujah as US Death Toll Tops 1,000,” *NBC News*, September 9, 2004, http://www.nbcnews.com/id/5911852/ns/world_news-mideast_n_africa/t/fierce-fighting-fallujah-us-toll-tops/.

15. Michael Knights and Eamon McCarthy, “Provincial Politics in Iraq: Fragmentation or New Awakening?” Washington Institute for Near East Policy, April 2008, 6.

第三部分 信息分享

1. National Commission on Terrorist Attacks upon the United States (Philip Zelikow, Executive Director; Bonnie D. Jenkins, Counsel; Ernest R. May,Senior

Advisor）, *The 9/11 Commission Report*（New York: W. W. Norton &Company, 2004）, 271.

2. *Ibid.*, 272.

3. *Ibid.*, 272.

4. *Ibid.*, 277.

第七章　打造体系思维

1. Adam Smith, *The Wealth of Nations, Books 1-3,* ed. Andrew Skinner,（New York: Penguin, 1986）, 109–110.

2. "Address at Rice University on the Nation' s Space Effort," *John F. Kennedy Presidential Library & Museum*, July 21, 2014, http://www.jfklibrary.org/Asset-Viewer/MkATdOcdU06X5uNHbmqm1Q.aspx.

3. *The Telegraph*, "Apollo 11 Moon Landing: Ten Facts About Armstrong, Aldrin and Collins' Mission," July 18, 2009, http://www.telegraph.co.uk/science/space/5852237/Apollo-11-Moon-landing-ten-facts-about-Armstrong-Aldrin-and-Collins-mission.html.

4. Clara Moskowitz, "American Flags Planted on the Moon Are Still Standing Decades Later," *Business Insider*, July 30, 2012,http://www.businessinsider.com/american-flags-planted-on-the-moon-still-stand-2012-7.

5. R. C. Seamans and F. I. Ordway, "The Apollo Tradition: An Object Lesson for the Management of Large-scale Technological Endeavors," *Interdisciplinary Science Reviews* 2, no. 4（year TK）: 270–303.

6. Johnson, *Secret of Apollo*, 128.

7. Johnson, *Secret of Apollo*, 128.

8. Johnson, *Secret of Apollo*, 9.

9. Johnson, *Secret of Apollo*, 10–11.

10. Johnson, *Secret of Apollo*, 12.

11. Howard E. McCurdy, "Inside NASA: High Technology and Organizational Change in the US Space Program," *New Series in NASA History*（Baltimore: Johns Hopkins University Press, 1993）, 75.

12. McCurdy, "Inside NASA," 75.

13. McCurdy, "Inside NASA," 75.

14. Johnson, *Secret of Apollo*, 5.

15. Johnson, *Secret of Apollo*, 81.

16. Johnson, *Secret of Apollo*, 142.

17. Johnson, *Secret of Apollo*, 151.

18. Johnson, *Secret of Apollo*, 134.

19. Johnson, *Secret of Apollo*, 124.

20. Johnson, *Secret of Apollo*, 138.

21. Johnson, *Secret of Apollo*, 148.

22. McCurdy, "Inside NASA," 66.

23. McCurdy, "Inside NASA," 48.

24. Johnson, *Secret of Apollo*, 124.
25. McCurdy, "Inside NASA," 68.
26. Johnson, *Secret of Apollo*, 142.
27. Johnson, *Secret of Apollo*, 113.
28. McCurdy, "Inside NASA," 48.
29. Johnson, *Secret of Apollo*, 159–160.
30. Johnson, *Secret of Apollo*, 161.
31. Johnson, *Secret of Apollo*, 166.
32. Johnson, *Secret of Apollo*, 165.
33. Johnson, *Secret of Apollo*, 163.
34. Johnson, *Secret of Apollo*, 169.
35. Johnson, *Secret of Apollo*, 173.
36. Johnson, *Secret of Apollo*, 175.
37. Jean-Jacques Servan-Schreiber,The American Challenge, trans. Robert Steel（New York: Avon Books, 1969）,168. Quoted in Johnson, *Secret of Apollo*, 157.
38. Johnson, *Secret of Apollo*, 157.
39. Johnson, *Secret of Apollo*, 5.
40. Johnson, *Secret of Apollo*, 3.
41. McCurdy, Inside NASA, 98–99.
42. McCurdy, Inside NASA, 132.
43. McCurdy, *Faster, Better, Cheaper*, 10.

第八章 培育共享意识

1. Nikil Saval, *Cubed: A Secret History of the Workplace*（New York: Random House, 2014）,17–18.
2. Alfred D. Chandler Jr., *The Visible Hand*（Cambridge, MA: Harvard University Press, 1993）, 15. In Saval, *Cubed*, 20.
3. Saval, *Cubed*, 36–40.
4. Saval, *Cubed*, 36.
5. Saval, *Cubed*, 109.
6. Saval, *Cubed*, 40.
7. Saval, *Cubed*, 144.
8. Saval, *Cubed*, 39.
9. Saval, *Cubed*, 5, 67.
10. Saval, *Cubed*, 151.
11. Saval, *Cubed*, 61.
12. Saval, *Cubed*, 148.
13. Saval, *Cubed*, 257,146.
14. Saval, *Cubed*, 258.
15. Michael Bloomberg and Matthew Winkler, *Bloomberg by Bloomberg*（New York: John Wiley & Sons, 2001）, 163.
16. Bloomberg and Winkler, 165.

17. Bloomberg and Winkler, 21.

18. Michael Barbaro, "The Bullpen Bloomberg Built: Candidates Debate Its Future," *New York Times*, March 22, 2013, http://www.nytimes.com/2013/03/23/nyregion/bloombergs-bullpen-candidates-debate-its-future.html.

19. Bill Keller, "The Bloomberg Legacy," *New York Times*, July 14, 2013, http://www.nytimes.com/2013/07/15/opinion/keller-the-bloomberg-legacy.html?_ r= 0.

20. Saval, *Cubed*, 206.

21. Saval, *Cubed*, 212.

22. Saval, *Cubed*, 214.

23. Saval, *Cubed*, 217.

24. Saval, *Cubed*, 216.

25. Saval, *Cubed*, 2.

26. Saval, *Cubed*, 220.

27. "Remarks to the Press on Release of Purportedly Confidential Documents by Wikileaks," U.S. State Department, November 29, 2010, http://www.state.gov/secretary/20092013clinton/rm/2010/11/152078.htm.

28. James P. Pinkerton, "America Needs Willpower—and the Right Leaders," *Fox News*, July 29, 2010, http://www.foxnews.com/opinion/2010/07/29/james-pinkerton-world-trade-centre-arizona-alqaeda-wikileaks-ground-zero-mosque.

29. Dana Priest and William Arkin, *Top Secret America:The Rise of the New American Security State*（New York: Little, Brown, and Co., 2011）, 158.

第九章　击败“囚徒困境”

1. Robert Axelrod, Introduction to *The Evolution of Cooperation*,（New York: Basic Books, 2006）, rev. ed., vii.

2. Metta Spencer, "Rapoport at Ninety," *Peace Magazine* 17, no. 4（2001）: 23.

3. Daniel Kahneman, *Thinking, Fast and Slow*（New York: Farrar, Straus and Giroux, 2011）, 19-21.

4. *General Motors Ignition Switch Recall: Hearing Before the Committee on Energy & Commerce, Oversights & Investigations Subcommittee, United States House of Representatives*（2009）, 113th Cong., 2014, http://energycommerce.house.gov/hearing/% E2% 80% 9C-gm-ignition-switch-recall-why-did-it-take-so-long%E2% 80% 9D.

5. Maggie McGrath, "General Motors Recalls Another 7 Million Vehicles, Some Dating Back to 1997," *Forbes*, June 30, 2014, http://www.forbes.com/sites/maggiemcgrath/2014/06/30/general-motors-recalls-another-7-million-vehicles-some-dating-back-to-1997/.

6. Tom Krisher, "GM Recall: Many Victims Were Young Drivers," *Associated Press*, March 31, 2014, http://bigstory.ap.org/article/gm-recall-many-victims-were-young-drivers.

7. *General Motors Ignition Switch Recall: Hearing Before the Committee on Energy & Commerce, Oversights & Investigations Subcommittee, United States House*

of Representatives（2009）, 113th Cong., 2014, http://energycommerce.house.gov/hearing/% E2%80%9C-gm-ignition-switch-recall-why-did-it-take-so-long%E2% 80% 9D.

8. "General Motors Recalls Another 7 Million Vehicles, Some Dating Back to 1997," Forbes, June 30, 2014, http://www.forbes.com/sites/maggiemcgrath/2014/06/30/general-motors-recalls-another-7-million-vehicles-some-dating-back-to-1997/.

9. Ben Klayman, "Deaths Linked to GM Ignition-Switch Defect Rise to 23," *Reuters*, September 29, 2014, http://www.reuters .com/article/2014/09/29/us-gm-recall-compensation -idUSKCN0HO1F220140929.

10. 1908—1910年，杜兰特总共买了25家公司；1916—1920年，他又买了14家公司。William Holstein, *Why GM Matters: Inside the Race to Transform an American Icon*（London: Bloomsbury Publishing, 2010）, 4.

11. Alfred D. Chandler, *Strategy and Structure: Chapters in the History of American Enterprise*（Beard Books, 2003）, 125.

12. Ben Klayman, "Deaths Linked to GM Ignition-Switch Defect Rise to 23," Reuters, September 29, 2014, http://www.reuters.com/art icle/2014/09/29/us gm recal l-compensation -idUSKCN0HO1F220140929.

13. William Pelfrey, *Billy, Alfred, and General Motors: The Story of Two Unique Men, a Legendary Company, and a Remarkable Time in American History* (New York: AMACOM Books, 2006）, 11.

14. Pelfrey, *Billy, Alfred, and General Motors*, 249.

15. Pelfrey, *Billy, Alfred, and General Motors*, 11.

16. Pelfrey, *Billy, Alfred, and General Motors*, 265.

17. Pelfrey, *Billy, Alfred, and General Motors*, 272.

18. Pelfrey, *Billy, Alfred, and General Motors*, 237.

19 Pelfrey, *Billy, Alfred, and General Motors*, 265.

20. Taylor, *Sixty to Zero*, 15.

21. Pelfrey, *Billy, Alfred, and General Motors*, 268.Alex Taylor, *Sixty to Zero: An Inside Look at the Collapse of General Motors and the Detroit Auto Industry*,（New Haven: Yale University Press, 2010）, 14.

22. Pelfrey, *Billy, Alfred, and General Motors*, 11.

23. Alex Taylor, *Sixty to Zero: An Inside Look at the Collapse of General Motors and the Detroit Auto Industry*（New Haven, CT.: Yale University Press, 2010）, 2.

24. Taylor, *Sixty to Zero*, 37.

25. Taylor, *Sixty to Zero*, 45.

26. Taylor, *Sixty to Zero*, 39.

27. Rana Foroohar, "We've All Got GM Problems," *Time*, June 12, 2014, http://time.com/ 2863214/weve-all-got-gm-problems/.

28. Anton Valukas, "Report to Board of Directors of General Motors Company Regarding Ignition Switch Recalls," Jenner & Block LLP, May 29, 2014, 54. Full report available at http://www.nytimes.com/interactive/2014/06/05/business/06gm-report-doc.html?_ r= 0.

29. Valukas, "Report to Board of Directors of General Motors Company Regarding

Ignition Switch Recalls," 95.

30. Valukas, "Report to Board of Directors of General Motors Company Regarding Ignition Switch Recalls," 44, 50.

31. Valukas, "Report to Board of Directors of General Motors Company Regarding Ignition Switch Recalls," 256–257.

32. Valukas, "Report to Board of Directors of General Motors Company Regarding Ignition Switch Recalls," 255.

33. Valukas, "Report to Board of Directors of General Motors Company Regarding Ignition Switch Recalls," 250.

34. Valukas, "Report to Board of Directors of General Motors Company Regarding Ignition Switch Recalls," 255.

35. Valukas, "Report to Board of directors of General Motors Company Regarding Ignition Switch Recalls," 227.

36. Todd Spangler, "Mom of GM Crash Victim: 'My Heart Is So Broken,' " *USA Today*, April 1, 2014, http://www.usatoday.com/story/money/cars/2014/04/01/families-gm-deaths/7152985/.

37. Valukas, "Report to Board of Directors of General Motors Company Regarding Ignition Switch Recalls," 143.

38. Bryce Hoffman, *American Icon: Alan Mulally and the Fight to Save Ford Motor Company*（New York: Crown Publishing Group, 2013）, 38.

39. Hoffman, *American Icon*, 62.

40. Hoffman, *American Icon*, 57.

41. *21st Century Jet: The Building of the 777*, directed by Karl Sabbagh, PBS Home Video, 1996. Available on YouTube.

42. *21st Century Jet*: *The Building of the 777*.

43 Hoffman, *American Icon*, 145.

44. Hoffman, *American Icon*, 102.

45. Hoffman, *American Icon*, 106–107.

46. Hoffman, *American Icon*, 102.

47. Hoffman, *American Icon*, 103.

48. Hoffman, *American Icon*, 103.

49. Hoffman, *American Icon*, 131.

50. Hoffman, *American Icon*, 132.

51. Hoffman, *American Icon*, 201.

52. Hoffman, *American Icon*, 222.

53. Hoffman, *American Icon*, 235.

54. Hoffman, *American Icon*, 380.

55. Hoffman, *American Icon*, 380.

56. Hoffman, *American Icon*, 395.

57. Hoffman, *American Icon*, 393.

58. Pentland, Title TK, 88.

59. Pentland, *Social Ohysics*, 61.

60. Pentland, *Social Ohysics*,33–34.

61. Pentland, *Social Ohysics*,19–20.
62. Pentland, *Social Ohysics*,60.
63. Pentland, *Social Ohysics*,38. Footnote:Pentland, 37.
64. Pentland, *Social Ohysics*,88.
65. Pentland, *Social Ohysics*,95–96.
66. Pentland, *Social Ohysics*,89.
67. Pentland, *Social Ohysics*,99.
68. Pentland, *Social Ohysics*,100.
69. Pentland, *Social Ohysics*,102.
70. Pentland, *Social Ohysics*,106.
71. Pentland, *Social Ohysics*,93.
72. Pentland, *Social Ohysics*,94.
73. Pentland, *Social Ohysics*, 95.

第四部分　赋能

1. Nicolson, *Seize the Fire*.

第十章　应对不确定性的关键：赋能

1. Geoffrey Gunn, *First Globalization: The Eurasian Exchange, 1500 to 1800*（Lanham, Md: Rowman & Littlefield, 2003）, 151.
2. Schroeder, *Matthew Calbraith Perry*, 25.
3. Schroeder, *Matthew Calbraith Perry*, 47.
4. Schroeder, *Matthew Calbraith Perry*, 76.
5. Schroeder, *Matthew Calbraith Perry*, xiv.
6. Schroeder, *Matthew Calbraith Perry*, 168.
7. Schroeder, *Matthew Calbraith Perry*, 171.
8. Schroeder, *Matthew Calbraith Perry*, 257.
9. Schroeder, *Matthew Calbraith Perry*, 171.
10. Perry quoted in Samuel Eliot Morison, *"Old Bruin": Commodore Matthew C. Perry 1794–1858*（Boston: Little, Brown and Co., 1967）, 279.
11. Morison, "*Old Bruin*," 282.
12. Schroeder, *Matthew Calbraith Perry*, 76.
13. Morison, "*Old Bruin*," 283.
14. Schroeder, *Matthew Calbraith Perry*, 257, note 44, and Yosaburo ¯ Takekoshi, *The Economic Aspects of the History of the Civilization of Japan, Volume 3*（London: Taylor & Francis, 2004）, 285–286.
15. Carl Builder, *Masks of War: American Military Styles in Strategy and Analysis*（Santa Monica, CA: RAND Corporation, 1989）, 18–19.
16. William F. Strobridge, *Regulars in the Redwoods: The U.S. Army in Northern California 1852–1861*（Glendale, CA: Arthur H.Clark, 1994）, 31.

17. Strobridge, *Regulars in the Redwoods*, chapter 1.

18. Ulysses S. Grant, *Personal Memoirs of U. S. Grant, Complete* (New York: Charles L. Webster and Co., 1885).Retrieved from Project Gutenberg at http://www.gutenberg.org/files/4367/4367-h/4367-h.htm; chapter LI.

19. Joseph Conrad quoted in James Stavridis and William P. Mack, Command at Sea, 5th ed. (Annapolis, MD: U.S. Naval Institute, 1999), 4.

20. Builder, Masks of War, 18–21.

21. "Fact Sheet," The Ritz-Carlton Hotel Company, http://corporate.ritzcarlton.com/ en/ Press/ FactSheet.htm.

22. Zagat named the Ritz-Carlton's Dallas location as the nation's best large hotel in 2009. "Zagat Names the Ritz-Carlton Dallas Number One Large Hotel," *Luxury Travel Magazine*, November 19,2008, http://www.luxurytravelmagazine.com/news-articles/zagats-names-the-ritz-carlton-dallas-number-one-large-hotel-12612.php.

23. Joseph Michelli, *The New Gold Standard: 5 Leadership Principles for Creating a Legendary Customer Experience Courtesy of the Ritz-Carlton Hotel Company* (New York: McGraw Hill, 2008), 9.

24. Robert Reiss, "How Ritz Carlton States at the Top," *Forbes*, October 30, 2009, http://www.forbes.com/2009/10/30/simon-cooper-ritz-leadership-ceonetwork-hotels.html.

25. Sandra J. Sucher and Stacy McManus, "The Ritz-Carlton Hotel Company," Harvard Business School Case 601-163,March 2001. (Revised September 2005.)

26. Jason S. Wrench, *Workplace Communication for the 21st Century: Tools and Strategies That Impact the Bottom Line, Volume 1* (Santa Barbara, CA: ABC-CLIO,2013), 216.

27. See Robert Spector and Patrick D. McCarthy, *The Nordstrom Way to Customer Service Excellence: The Handbook for Becoming the"Nordstrom" of Your Industry* (New York: John Wiley & Sons, 2012).

28. Jay A. Conger and Rabindra N.Kanungo, "The Empowerment Process: Integrating Theory and Practice," *The Academy of Management Review* 13, no. 3 (July 1988): 474.

29. Kenneth W. Thomas and Betty A. Velthouse, "Cognitive Elements of Empowerment: An 'Interpretive' Model of Intrinsic Task Motivation," *The Academy of Management Review* 15, no. 4 (October 1990): 666.

30. S. Ning, H. Zhong, W. Libo, and L. Qiujie, "The Impact of Nurse Empowerment on Job Satisfaction," *Journal of Advanced Nursing* 65, issue 12 (December 2009), http://www.ncbi.nlm.nih.gov/pubmed/ 19941547.

31. Elbeyi Pelit, Yüksel Öztürk, and Yalçın Arslantürk, "The Effects of Employee Empowerment on Employee Job Satisfaction: A Study on Hotels in Turkey," *International Journal of Contemporary Hospitality Management* 23, no. 6 (2011), http://www.emeraldinsight.com/journals.htm? articleid= 1944210.

32. Kanigel, *One Best Way*, 377.

33. Josh Bernoff and Ted Schadler, "Empowered," *Harvard Business Review* (July

2010）: 5, http:// hbr.org/ 2010/ 07/empowered/ ar/ 1.

34. Rosabeth Moss Kanter, *Change Masters: Innovation & Entrepreneurship in the American Corporation*（New York: Touchstone, 1984), 18.

35. Kanter, 18.

36. Bernoff and Schadler, "Empowered," introduction.

37. Bernoff and Schadler, 2.

38. Bernoff and Schadler, 2.

39. Bernoff and Schadler, 2.

40. Mark Berman, "A Long Day's Journey into Cancelling Comcast Service," *Washington Post*, July 15, 2014, http://www.washingtonpost.com/news/post-nation/wp/2014/07/15/a-long-days- journey-into-canceling-comcast-service/.

41. Bernoff and Schadler, "Emporwered," 2.

42. Bernoff and Schadler, "Emporwered," 3.

43. Bernoff and Schadler, "Emporwered," 3.

44. Adam Nicolson, *Trafalgar and the Making of an English Hero*（New York: HarperCollins, 2005）, 256.

45. 和纳尔逊将军不一样，维尔纳夫在战役中存活了下来，虽然成为战俘，但是得到了亲切的对待（他曾经参加过纳尔逊的葬礼），并在战俘交换中得到了释放。回到法国后，据说他自杀身亡，但更大的可能是被拿破仑谋杀致死。这段资料也源于尼科尔森，即N. H. Nicolas, *The Dispatches and Letters of Vice Admiral Lord Viscount Nelson*, vol. 7（London, 1846）, 314.

第十一章　像园丁一样去领导

1. See *The Hunt for Red October*, directed by John McTieran（Hollywood, CA: Paramount Pictures, 1990）.

2. Daniel J. Levitin, *The Organized Mind: Thinking Straight in the Age of Information Overload*（New York: Penguin, 2014）, 6.

3. Levitin, *Organized Mind*, 16.

第五部分　走在时代前面

1. Alexis de Tocqueville, *Democracy in America*, trans. George Lawrence（New York: Harper & Row, 1966）, 12.

第十二章　新的时代需要新的组织架构

1.对于接下来在作战任务中所发生的事情的描述，其主要来源有两个：一是我的回忆，二是对特遣部队中各层级参与行动者的采访。

2. 上述事件所发生的时间，来自驻伊拉克多国部队在2006年6月12日和6月15日所发布的媒体简报。Multi-National Force–Iraq（Major General William B. Caldwell IV）, "Iraq Operational Update"（briefing）, June 12, 2006, and June 15, 2006.

3. Alexis de Tocqueville, *Democracy in America*, trans. Henry Reeve, ed. John Canfield Spencer (New York: Gerard Adlard, 1839) , 11.

4. Alexis de Tocqueville, *Democracy in America*, ed. Phillips Bradley (New York: Vintage Books, 1945) , 198.

5. Alexis de Tocqueville, *Selections from Democracy in America* (New York: Sterling Publishing, 2005) , 202.

6. Alexis de Tocqueville, *Democracy in America*, trans. George Lawrence (New York: Harper & Row, 1966) , 12.

7. Brian Danoff, *Educating Democracy: Alexis de Tocqueville and Leadership in America* (New York: SUNY Press, 2010) , 7.

8. J. H. Blits, "Tocqueville on Democratic Education: The Problem of Public Passivity," *Educational Theory 47*, no. 1 (1997) : 15.

9. The Autonomous Intersection Management project is conducted by Professor Peter Stone at the Artificial Intelligence Laboratory in the University of Texas at Austin's Department of Computer Science.

10. "Computer Scientist Developing Intersections of the Future with Fully Autonomous Vehicles," *University of Texas News*, February 20, 2012, http:// www.utexas.edu/news/2012/02/20/autonomous_ intersection/.

11. "No Lights, No Signs, No Accidents: Future Intersections for Driverless Cars," Reuters Video, March 22, 2012, http://www.reuters.com/video/2012/03/22/no-lights-no-signs-no-accidents-future-i?videoId= 232193655.

12. "No Lights," Reuters Video.

13. "Stereotypes Are a Real Timesaver," *The Onion*, August 14, 2002, http://www.theonion.com/articles/stereotypes- are-a-real-timesaver,10696/.

14. Peter Senge, *The Fifth Discipline: The Art & Practice of the Learning Organization* (New York: Random House, 2006) , 164.

15. Senge, *Fifth Discipline*, 270.

16. See Anne Murray Allen and Dennis Sandow, "The Nature of Social Collaboration," *Reflections, the SoL Journal* 6, no. 2, cited in Senge, *Fifth Discipline*, 271.